教育类专业"岗课赛证融通"配套教材

幼儿教育心理
（第2版）

YOU'ER JIAOYU XINLI

主　编：林泳海　刘名卓
封面照片：张鸿霈

北京师范大学出版集团
BEIJING NORMAL UNIVERSITY PUBLISHING GROUP
北京师范大学出版社

图书在版编目(CIP)数据

幼儿教育心理/林泳海，刘名卓主编. —2 版. —北京：北京
师范大学出版社，2022.8(2025.7 重印)
　　ISBN 978-7-303-27960-9

　　Ⅰ. ①幼…　Ⅱ. ①林…　②刘…　Ⅲ. ①幼儿教育－教育心
理学－幼儿师范学校－教材　Ⅳ. ①G44

　　中国版本图书馆 CIP 数据核字(2022)第 123715 号

出版发行：北京师范大学出版社 https://www.bnupg.com
　　　　　北京市西城区新街口外大街 12-3 号
　　　　　邮政编码：100088
印　　刷：天津旭非印刷有限公司
经　　销：全国新华书店
开　　本：889 mm×1194 mm　1/16
印　　张：15.75
字　　数：356 千字
版　　次：2022 年 8 月第 2 版
印　　次：2025 年 7 月第 18 次印刷
定　　价：44.80 元

策划编辑：姚贵平　　　　　责任编辑：宋　星
美术编辑：焦　丽　　　　　装帧设计：焦　丽
责任校对：陈　荟　李锋娟　责任印制：陈　涛　赵　龙

前言
FOREWORD

幼儿教育心理是学前教育专业的主干课程之一，旨在使学生理解幼儿学习与教育的规律，并将其运用到实际的教育教学过程中。从多项研究结果和一线工作的反馈情况来看，教师对幼儿认知与学习原理的理解程度，是制约幼儿教育教学质量的关键。因此，一线幼儿教育工作者应加强幼儿心理方面的学习，这也是幼儿教育走向科学化的必经途径。

近年来，我国各类学校的学前教育专业大多开设了这门课程，幼儿园教师的在职培训与职后学历教育也大多开设了这门课程。我国学前教育专业的发展已对此课程的专业基础教材及教学参考书提出了非常迫切的需求。

本教材坚持以习近平新时代中国特色社会主义思想为指导，全面贯彻党的二十大精神，落实立德树人根本任务，紧扣培养目标选择内容、设计体例。每个专题的起始处都提供了学习目标和学习要点，便于学生迅速浏览。正文部分穿插了表格、资料库、图片等，提供了丰富而有用的信息；同时还配有一些案例，为设计教学方案提供了参考。正文旁边的关键词及其解释有利于学习者理解概念、把握重点。每个专题后附有幼儿园教师资格考试模拟测试，多数问题可在本教材中找到答案，满足部分学习者对职业发展的需求。

本教材强调将心理学原理应用于幼儿学习与教学中，关注幼儿的发展特点、学习特点及对幼儿有效的教育指导，尽可能使内容简明扼要且具有系统性。同时，围绕幼儿的学习与教育问题，吸收当代心理学的研究成果，尽可能体现出学术性和实际的应用价值。除此之外，相比于同类教材，本教材增加了幼儿心理健康教育和教师心理健康方面的内容。

一本教材的产生，是作者与读者、出版人员通力合作的结果。特别是那些同领域的专家，如师长李季湄、益友王振宇、前辈朱家雄，华东师范大学学前教育与特殊教育学院的方俊明、汪海萍、华爱华、施燕等人，为本教材的修订提供了思想指导和支持。

感谢浙江、山东、广东、广西、上海等省区市多年合作的幼儿园园长和老师们：崔同花、王惠琴、沈毅敏、李庆南、王娴婷、高爱民、章晓霞、钱莹臻、贺蓉、周燕云、沈智敏、钱玲华、胡慧萍、曹琪、董琼、冯艳红、陆秋红、曾一飞、单光耘、黄莉、李京媛、杨玉芬、唐华、李晓红、李凤英、王展芹、吕姿贻、陈宏坚、叶菊银、杨诚子、杨璐、谢碧兴、梁惠超、刘国艳、蔡丹妮、林雨晴等。编者在课程交流和观察教学的过程中获得了很多启发。

本教材引用、参考了大量国内外文献，在此对所有相关文献的作者表示最诚挚的感谢。由于编者学识浅陋，书中难免存在不足之处，恳请各位读者批评指正，在此万分感谢。

编　者

目　录
CONTENTS

专题一 认识幼儿教育心理学

学习目标

1. 了解学习和幼儿学习的含义。
2. 理解教学的构成。
3. 知道教育心理学发展的历史。
4. 理解幼儿教育心理学学科的性质和内涵。
5. 掌握幼儿教育心理学的研究方法。

学习要点

1. 幼儿学习与幼儿教学
   幼儿学习
   教学的内涵
   教学决策
2. 教育心理学发展的历史
   教育心理学的孕育期（1700—1900 年）
   教育心理学的初创期（1900—1920 年）
   教育心理学的发展期（1920—1960 年）
   教育心理学的成熟期（1960—1980 年）
   教育心理学的完善期（1980 年至今）
3. 幼儿教育心理学的学科性质
   幼儿教育心理学的学科界定
   幼儿教育心理学研究对象的特殊性
4. 幼儿教育心理学的研究方法
   学科中研究方法的变化与定位
   常用的研究方法
   对研究方法的思考
   幼儿教育心理学的研究趋势

　　3岁的菲菲在上幼儿园小班。一天中午，爸爸来幼儿园看她，正好碰上班里的保育员在喂她吃饭。因为菲菲吃饭慢，保育员就很不耐烦地说："还不快吃！"这个情景刚好被爸爸看见了，保育员也有些尴尬。

　　问题：对于孩子吃饭慢等生活问题，保育员（或教师）应如何引导或训练幼儿呢？

学习主题一
幼儿学习与幼儿教学

> **学习：**
> 人和动物在生活中由经验引起的相对持久的行为或行为潜能的变化。

　　幼儿学习既是游戏，也是活动，这就使得幼儿园教学活动具有一定的特殊性。教师要想使教学达到预期的效果，就要做出正确的教学决策。

一、幼儿学习 ▶▶▶▶▶▶▶▶▶▶▶▶▶▶▶▶▶▶▶▶▶▶▶▶▶▶▶▶▶▶▶▶▶▶▶

　　学习问题是教育心理学研究的核心。一般认为，学习是人和动物在生活中，由经验引起的相对持久的行为或行为潜能的变化。

资料库

不同种类的学习

　　一、按学习内容分类

　　技能学习指幼儿通过练习掌握动作或智力技能的过程。

　　概念学习指幼儿获得概念的一般意义的过程，即掌握事物的本质属性，并将具有共性的同一类事物用词语加以概括。

　　创造性学习指幼儿通过发挥主体性和能动性进行自我建构、自我发现的过程，如在探索性游戏中获得认知的发展。

　　社会性学习指幼儿在活动中获得社会性经验并改变其行为的过程。

　　二、按学习方式分类

　　（一）发现学习和接受学习

　　发现学习指学习者通过亲自参与、独立思考、独立探索去发现知识。接受学习指学习者通过教师讲授的方式来学习知识。在实际教学中，这两种学习方式是并行存在的。

　　（二）言语学习和操作学习

　　言语学习指主要借助语言交流，通过意义理解获取知识。操作学习指主要借助实物操作，通过动作内化获取知识。这两种学习方式对于幼儿的发展来说都很重要。

（一）幼儿学习的层次

1. 婴儿学习

①习惯化是指婴儿接受一种引起选择性定向反应的刺激时，由于刺激不断重复，婴儿不再对该刺激做出选择性定向反应的现象。

②经典或工具性条件反射学习，或刺激—反应联结学习，类似于信号学习。

③语言掌握或概念学习，如婴儿学会了最简单的分类。分类反映了婴儿学习从低级到高级、从简单到复杂的发展过程。

2. 幼儿学习

幼儿学习不仅表现为学习内容的不断深化，而且表现为学习方式的复杂化。从发展的角度来看，幼儿学习可分为三个层次：辨别学习、概念学习、解决问题学习。

（二）幼儿学习的基本活动模式——操作学习

1. 操作学习及其种类

操作学习是一个复杂的认识过程，既包括以操作为方法和手段的操作性学习，又包括以操作为目的和内容的操作本身的学习。

根据学习目的，操作学习分为以下几种。

①探究性操作学习：目的是培养和提高幼儿对操作学习的兴趣，使幼儿善于发现问题并积极思考，从而锻炼其思维和感知能力。

②形成性操作学习：目的是让幼儿掌握知识、技能以及培养幼儿分析综合、分类概括等能力。

③强化性操作学习：以动作技能的巩固和掌握为目的，带有训练的性质。

④模仿性操作学习：由演示、观察和再现等系列操作环节组成。

⑤创造性操作学习：依靠想象对经验进行创造性运用。

2. 幼儿操作学习的特点

与言语学习相比，幼儿操作学习有哪些特点呢？

①在学习方式上，言语学习是言语—经验学习，语言是学习的载体；操作学习是通过内部和外部动作来获得经验的学习，即动作—经验学习，动作是学习的载体。

②在学习内容上，操作学习的知识、技能是言语学习无法获得的。

③在学习过程和结果上，言语学习中的幼儿既是学习活动的主体，又是教学活动的对象，因而有一定的被动性，学习结果是获得他人的间接经验；操作学习是以幼儿为主体的活动，学习结果是获得主体的经验。

（三）幼儿学习的实质

1. 游戏是幼儿学习的基本形式

幼儿通过各类游戏不仅可以发展动作技能、语言能力、解决问题的能力以及创造力，而且可以在游戏中了解个人与环境的关系，使情感和社会性得到发展。游戏与学习是相辅相成的，甚至是互为一体的。从某种程度上讲，幼儿的游戏就是一种隐性学习，也是一种学习手段。

2. 幼儿学习是在生活和交往中进行的

美国教育家心理学家杜威认为，教育即生活，教育不能脱离生活，更不能与

习惯化：

婴儿接受一种引起选择性定向反应的刺激时，由于刺激不断重复，婴儿不再对该刺激做出选择性定向反应的现象。

📝 学习笔记

🔗 名人点睛

人如同陶瓷器一样，小时候就形成一生的雏形。幼儿时期就好比制造陶瓷器的黏土，给予什么样的教育就会成为什么样的雏形。

——塞德兹

生活隔离开来。现代社会要求幼儿不仅能主动学习，还要学会学习，具有良好的自学能力，甚至终身学习。幼儿期的学习是终身学习的起始阶段，培养幼儿在生活和交往中的学习能力和学习习惯是至关重要的。

3. 幼儿学习强调真实经验和主动参与

幼儿是在主动与环境中的各种因素相互作用的过程中学习和发展的。幼儿的课程应该以真实的生活为基础。在幼儿一日生活中，无论是教师指导活动，还是幼儿自主活动，都应尽可能给予幼儿动手操作、直接观察的机会，让他们有亲身的经历和体会，并能用自己的话说出事情发生的过程。

4. 幼儿学习需要教学指导

幼儿园教学是教师和幼儿共同的活动，是教师有目的、有计划地根据教育要求、教学大纲，以丰富的教育内容和生动活泼的组织形式，引导幼儿积极、主动地参与学习的活动。幼儿园教学具有活动性、游戏性、综合性的特点。在教学活动过程中，教师可以最大限度地利用各种因素使幼儿得到全面、和谐的发展。

以上是从宏观上对幼儿学习的本质进行的论述，有关幼儿在诸方面表现的学习规律和特点将在之后的内容中做详细论述。

二、教学的内涵 >>>>>>>>>>>>>>>>>>>>>>>>>>>>>>>>>>>>>

(一)教学是科学还是艺术

教学是科学还是艺术？对于这个问题，教育界争论已久。如果是科学，就得掌握某些知识和技能，这些都只能通过学习来获得；如果是艺术，就需要天赋、灵感、直觉和创造性，这些都是不可言传的。总之，关于这个问题主要有以下三种见解。

①教学科学论者认为，有效的教学基础是教学科学，教师能从教学科学中学到有效的教学行为。

②教学艺术论者坚信，好的教师是天生的，而不是后天造就的，他们认为行为的基础是直觉。

③大多数人采取折中的态度，认为教学既是科学，又是艺术，也是思想。

(二)教学的四变量和三过程

1. 教学的四变量

教学主要涉及四个变量，即教什么(教学内容)、教谁(幼儿)、谁在教(教师)和在哪里教(教学环境)。理解这四个变量是教学成功的关键。

(1)教学内容

教学内容是传递信息的主要部分，是教学的客体。教学内容主要反映在教材中。教学内容要具有合理的知识结构，既适合幼儿学习，又有利于幼儿的思维发展。

由于教学内容分布于不同的学科(按科学知识分类)，而人的发展又包括认知、情感、意志等方面，再加上教育的不同目标(包括德智体美劳各方面的目标)，因此，教学内容的选择必须考虑很多因素。

（2）幼儿

在教学中，幼儿是最活跃、最丰富多彩的变量。不同年龄阶段的幼儿的特点不同，同一年龄阶段的幼儿的特点也不同，甚至同一个幼儿在学习各方面的发展也是不平衡的，个体差异是普遍存在的。

（3）教师

教师在教学中是起主导作用的变量。一名好教师应具备以下特征。

①了解教材的知识结构。

②熟悉幼儿的学习特点。

③知道如何把知识传授给幼儿。

④善于学习，是一个好的学习者。

⑤善于反思。

⑥是幼儿的好榜样。

（4）教学环境

教学环境是教学发生的场所，包括硬件和软件两部分。

①硬件，即物质环境，包括教学媒体、学校的物质环境、教室的布置、室内温度等。在硬件方面，教学媒体是最重要的一项。它是教学内容的载体，是教师与幼儿之间传递信息的工具，如教具。它影响着教学内容的呈现方式和质量，对教学、幼儿学习有深远的影响。

②软件，即心理环境，包括班风、校风、舆论以及同伴之间的关系和师生之间的关系等。

2. 教学的三过程

教学过程包括学习过程、教学过程和评价反思过程三个方面。

①学习过程，指幼儿获得知识、技能和道德规范的过程。

②教学过程，指教师用有效的方法把知识传授给幼儿，引导幼儿建构知识的过程。

③评价反思过程，指对学习与教学效果进行的测量、评价和反思。这对改进教学很重要，也是普通教师成长为专家型教师所必需的环节。

图 1-1　上海市宋庆龄幼儿园

三、教学决策 >>>>>>>>>>>>>>>>>>>>>>>>>>>>>>>>>

（一）教学决策的概念和模式

教学决策，是指为达到好的教学效果而采取的方针、思路。具体来说，就是指如何呈现教材，如何安排教学进度，期待什么样的效果等。教学决策对教学的有效性至关重要。一般教学决策模式参见图1-2。

> **想一想**
>
> 新学期开始，教师为什么要去幼儿家里做家访？

> **学习笔记**

> **教学决策：**
> 为达到好的教学效果而采取的方针、思路。

一般教学目标

↓

课程内容
幼儿发展

↓

教师对教材、心理事实的认识以及与幼儿相处的经验

↓

充实教学　　　　对所有幼儿课程的期望　　　　补救教学

↓

学习环境
（全班、小团体、个人指导的实验、实习活动）

↓

评价

↓

来自核心课程的新内容呈现

图1-2　一般教学决策模式

(二)教学成功基于科学的教学决策

以下三个方面可为教学决策提供有价值的信息。

1. 行动地带

行动地带(action zone)，即教室前排居中的座位和直接顺着中间通道延伸的座位。座位在这些地方的幼儿会比其他地方的幼儿获得更多参与班级活动的机会。

2. 提问的等待时间

教师在提出一个问题后，通常会花比较长的时间等待能力强的幼儿来回答，而对能力差的幼儿等待时间则较短，缺乏耐心。

3. 关于赞美

赞美总是好的，这句话对吗？研究发现，赞美的时机和品质比频率更重要。此外，教师还必须考虑到幼儿对赞美的解释方式，对于相同的教师行为，不同的幼儿会有不同的反应。赞美问题的复杂性表明，教师必须不断思考，并做出正确、合适的决策。

(三)教学决策的实施

1. 提倡个人的精心计划

教学方式及其效果随教师而异，教学方式不可生搬硬套。所谓结构上的精心计划(structural elaboration)，是指推动其他教师使用过的某一种具体的教学方式。例如，把对高年级儿童采取的教学方式用在低年级儿童身上，或把城市学校中的某种有效的教学方式应用在乡村地区的学校中。

个人的精心计划(personal elaboration)是指针对个人的、明智的和思考周密的教学行动。它可以帮助教师了解幼儿的行为、动机以及造成幼儿预期改变的因素。这在教学决策中是值得提倡的。

2. 掌握学科知识和行动系统知识

在教学决策中，教师需要掌握两类知识：一类是学科知识(subject-matter knowledge)，是指对理解、呈现学科内容所需要的特定知识；另一类是行动系统知识(action-system knowledge)，是指课程的计划、关于课时进度的决策、对学科以及幼儿学习方式之间差异掌握的技能。

教学决策失败有两种情况：一种情况是由教师缺乏学科知识而导致的教学失败；另一种情况是教师虽然了解学科，但是不了解幼儿及幼儿所处的环境(行动系统知识)而导致的教学失败。对于成功的教学决策来说，这两种知识都是必需的。

3. 理解不同情况下的幼儿

(1)幼儿的僵化预期

当不喜欢或无法完成某项数学作业时，幼儿可能会难以专注在新的数学作业

上，形成一种僵化预期。在这种情况下，教师与幼儿可能都会产生错误认知，幼儿认为自己对数学不感兴趣，教师也会停止尝试使用新方法使幼儿对数学重拾兴趣。这种情况会使教师在决策上出现失误。

（2）影响幼儿的负面因素

①社会因素。虽然学校环境是相当稳定的、可以预测的，但是幼儿生活的社会环境是无法预知的。在这个互联网应用越来越广泛的时代，网络对幼儿产生着深刻的影响，教师应在教学中注意甄别，防止网络不良信息、内容对幼儿的侵害。

②家庭因素。有时，家庭中的一些因素也会对幼儿产生消极影响，如父母专制、纵容等不当教养方式。为此可采取的对策是，教师在教学中应尊重幼儿，与幼儿建立积极的情感联系，培养幼儿自我约束的能力。

（3）社会团体压力

①看起来似乎有益的压力。如果幼儿自发形成的团体或班集体对一个人所扮演的角色施加压力，教师就会很难对个别幼儿展开实质的、开放式的对话。幼儿在课堂上会采取"避免自败策略"。许多依赖型的幼儿会观察教师，如果教师微笑、点头或表现出任何表示同意的方式，他们会变得比较放松，声音较大，语速较快。如果教师表现出不满意的非言语行为，幼儿可能就会做出思考的动作，皱起眉头，甚至拒绝回应教师。

②幼儿的掩饰策略。幼儿会利用多种策略来掩饰自己知识的缺乏，以此减轻外在给予的压力，如"让我再考虑一下"。这种策略有时是暂时有效的，因为这会让教师感受到必须采取行动的压力，或因幼儿无法回答而陷入困境。但从长远来看，这种策略使幼儿获益较少。

③印象装饰。外界压力会使幼儿将很多时间花在印象装饰上，如上课表现出认真听讲的样子，尝试使自己的表现看起来不错，或者形成一种习得性无助（learned helplessness）的自败行为模式。这种情况会误导教师，让教师难以对幼儿行为进行有效解释。

4. 把握教室中教学层面的特点

（1）多重面向

由于有许多不同的任务或事件发生在教室中，因此教师需要对监督、评价等工作进行记录，一件小事可能会产生多重结果。例如，等候几秒让甲幼儿回答问题，或许可以增强甲幼儿回答问题的动机，却削弱了乙幼儿回答问题的动机。

（2）同时性

在教室中，许多事件可能会在同一时间发生。在讨论中，教师既要协助幼儿回答问题，又要注意未做出反应的幼儿的理解信号。

图 1-3　佛山市顺德机关幼儿园

（3）即时性

教室事件的发生是很快的。例如，教师每小时可能会评价幼儿很多次。

（4）不可预测性

有些事件是不可预测的，例如，幼儿能凭借师生之间的互动推断教师对某些幼儿是否偏爱等。

(5)班级的历史

同一个班级的幼儿会在较长时间内相聚在一起，因此会形成共同的规范。初建班级时教师对事件的处理方式会影响班风的形成。

学习主题二
教育心理学发展的历史

学习笔记

幼儿教育心理学是教育心理学的分支学科。我们要想从理论、实验及实践的发展高度来理解这门学科，就必须了解教育心理学发展的历史。300 多年来，哲学家、教育家、心理学家从多个角度对幼儿学习和教学提出了不同的见解，做了大量的理论与实验研究，这些构成了幼儿教育心理学这门学科的基本内容。

一、教育心理学的孕育期(1700—1900 年) >>>>>>>>>

(一)欧洲——教育心理学的孕育

从 18 世纪到 19 世纪初，教育家的主张流露出一些朴素的心理学思想，主要代表人物包括卢梭、裴斯泰洛齐、赫尔巴特以及福禄培尔。

卢梭主张自然主义或浪漫主义教育。他所著的《爱弥儿》一书强调幼儿自然本性的发展，教师不应代替幼儿思考。

裴斯泰洛齐反对背诵课文和机械记忆，认为教育应遵循儿童身心发展规律，重视人的全面和谐发展。

赫尔巴特作为"现代教育学之父"，是第一个给自己的教育理论提出心理学依据的人。他提出统觉(进入意识的观念)和统觉团(使观念有意识并为整体同化)的概念，并提出著名的五段教学法——准备、呈现、联系和比较、概括或抽取、实际应用。这种教育方法受到人们的普遍欢迎。[①]

福禄培尔作为幼儿园运动的倡导者，强调活动是所有教育的根本，并为幼儿活动设计了一套玩具，即恩物。

英国有影响的教育心理学思想主要包括两种：一是观念联想的思想；二是官能心理学，在教育中表现为形式训练说，即人的心智是由各种感官构成的，每一种感官都可以通过练习来培养，就像通过练习使肌肉力量增强一样。形式训练说强调形式，对学科的内容有所忽视，于是被后来的共同要素说代替。

(二)美国——欧洲教育思想的传播

欧洲教育思想在 19 世纪传到了美洲大陆。对教育心理学有较大贡献的代表人物主要包括以下四位。

哈里斯，美国 19 世纪的哲学家黑格尔的得意门生，但特别欣赏赫尔巴特的教

延伸学习

蒙台梭利(1870—1952)，20 世纪意大利教育家。查阅文献，了解蒙氏教育法具有哪些特点。

---

① 吴庆麟：《教育心理学》，2 页，北京，人民教育出版社，1999。

育思想。他认为，教育不应强调多看、多听、多操作事物，而应强调认识这些事物。1898 年，他写了《教育的心理学基础》，对美国学校产生了深远影响。

帕克曾提出"昆西计划"，摒弃传统的课程及刻板的教学方法，主张教师围绕一个中心来安排相互联系的学习科目，强调社会活动及创造性的自我表现。

霍尔被称为"美国儿童心理学之父"，他最大的兴趣就是研究儿童，因此也被称为"儿童研究运动之父"，他于 1891 年创办了第一份儿童和教育心理学刊物《教育研究》，并于 1892 年创办了美国心理学会。他是美国心理学的先行者，编制了近 200 种问卷，对教育心理学的诞生有突出贡献。

詹姆斯作为机能心理学的奠基人，他强调将心理学实验与课堂教学融为一体。他写了《与教员学生谈话》一书，强调心理科学应与教学艺术相结合。

二、教育心理学的初创期(1900—1920 年) >>>>>>>>>>>>>>>>

(一)促使教育心理学诞生的三位学者

1. 杜威

杜威是美国哲学家、教育家、心理学家，实用主义哲学的代表人物之一，25 岁时就写出论文《新心理学》。作为进步主义的倡导者，杜威于 1896 年创办了实验学校，主张学校应与社会生活相联系，教育重点应从课本、教师转移到儿童，强调做中学。

1905 年，因受到卡特尔的赏识，杜威到哥伦比亚大学任教。后来出版了一系列著作，如《学校与社会：明日之学校》《民主主义与教育》等。

2. 桑代克

桑代克(见图 1-4)，教育心理学家，被称为"教育心理学之父"。他致力于研究动物的学习。1903 年出版的《教育心理学》，是西方第一本以"教育心理学"命名的专著。该书分为三部分：一是人类的本性；二是学习心理；三是个体差异及其原因。后来他与伍德沃斯合作研究，提出了学习迁移的共同要素说。

桑代克对教育实验的贡献表现在两个方面：一是用自己的学习理论改进了当时的教学；二是开发了一系列测量儿童及学习结果的量表，如阅读量表、书写量表、作文量表和绘画量表等。在他看来，凡是存在之物，均以一定的量存在。

总之，桑代克是联结主义的代表人物，提倡教育研究中的科学运动；杜威则支持实用主义，倡导教育中的进步运动。两位心理学家的观点存在一些不同。①在人的行为本质上有所不同。桑代克认为，无论是低级行为还是高级行为都可归结为联结的形成；杜威反对把人的行为看成一种人为的科学结构，反对把人的行为进行人为分析和简化，认为应该从有机体适应环境的意义方面来研究行为。②在对待心理学及其应用关系上有所不同。桑代克不仅重视实验科学的方法，而且重视测量的方法，认为各种做法都应建立在数据的基础之上；杜威认为，从科学向实践转化是一项长期的工作。

可以说，教育心理学的创立既需要桑代克的实验与理论风格，也需要杜威的进步主义思想。

图 1-4　桑代克

学习笔记

3. 贾德

贾德在教育心理学初创时的贡献被人为地冲淡或忽略了。人们仅知道他在迁移理论中占有一席之地。实际上在那个时代,他呼吁研究人的高级心理是很有远见的。

当冯特对语言及社会心理学的研究初露端倪时,詹姆斯的思想在美国已占据主要地位。后来,行为主义成为美国的一项革新,贾德带有异国特色的德国心理学思想因此被冷落了。如果当时能允许多种学术思想的存在,并由此引发人们对高级心理过程更激烈的探讨,像贾德所强调的那样,或许教育心理学的历史会被重写。[1]

(二)格式塔心理学的观点和精神分析的观点

当桑代克的联结主义和杜威的机能主义心理学观点还不足以解决教育理论的冲突时,曾有人想从格式塔心理学去寻找新的出路,"顿悟"等术语又回到了教育心理学的研究体系内。一本具有格式塔心理学倾向的《教育心理学》认为,凡事都可用顿悟来解释:一个女孩总是学不会游泳,突然有一天顿悟了,能游出50米。当然这种极端的看法引起了其他心理学家的反感。

精神分析的观点在20世纪30年代是流行的,但很少在教育心理学的研究中被引用。虽然精神分析对于强调教育应适应幼儿的需要具有一定的启示作用,但并未给教育心理学指明新的出路。

三、教育心理学的发展期(1920—1960年) >>>>>>>>>>>>>

(一)教育心理学受到关注

在杜威和桑代克对教育实践研究的推动下,教育心理学在向前发展。心理科学与教育实践休戚与共的局面维持了一段较短的时间,此后心理学和教育学因各自有优先考虑的问题而分道扬镳。第二次世界大战期间,心理学家迫切希望心理学成为一门自然科学,以便使心理学跻身科学之林。为此,心理学家纷纷走进实验室,贯彻技术路线,以求理论建树。

(二)教育心理学的内容变化

从1926年华生对教育心理学的概括到1956年盖斯对教育心理学的概括,教育心理学的内容发生了以下变化:一是对脑神经系统的关注度下降,取而代之的是对人格、心理健康和无意识动机等的关注;二是对学习理论及测量的兴趣依旧不变,对发展心理学日益看重,但对学科心理学的关注呈现下降趋势。

这一时期教育心理学的发展体现在以下几个方面。

第一,心理学吸收了儿童心理学和心理测量方面的研究成果。

第二,精神分析理论得到广泛传播,儿童个性、社会适应及心理卫生等问题也被引入教育心理学。

第三,行为主义和格式塔学派对动物学习的研究成果被引入教育心理学。

第四,程序教学和教学机器的兴起丰富了教育心理学的实践成果。

第五,维果茨基把在20世纪30年代提出的文化发展论和内化说引入教育心理学。

---

[1] 吴庆麟:《教育心理学》,11~12页,北京,人民教育出版社,1999。

四、教育心理学的成熟期(1960—1980 年) >>>>>>>>>>>>>>

在教育心理学的成熟期,教学心理学的兴起是较为重要的事件。

(一)认知革命运动

20 世纪 60 年代后,美国兴起了一场认知革命(cognitive revolution)。早期行为主义心理学家反对内省心理学家以自我报告的方式对心理现象进行研究,认为只有基于直接观察到的刺激—反应联结的研究,才能使心理学成为一门真正的科学。行为主义这种停留在人的行为水平上的分析不足以解释人类的高级认知活动,于是认知心理学家开始对行为主义进行"革命"。

另外,1957 年苏联卫星发射成功,促使美国政府对传统教育进行改革,这客观上也促进了这场认知革命运动的兴起。

(二)教学心理学发展的主要表现

1. 新教学技术

新教学技术包括视听辅助手段、教学机器和计算机辅助教学。新教学技术催生了与新教学技术相关的研究,包括如何让电视传递的信息引起儿童的主动反应而不是被动接受,语音实验室是如何在外语教学中发挥作用的等。

2. 程序教学

斯金纳于 1958 年发表了《教学机器》,此后程序教学赢得了人们的信赖。所谓程序教学,是指通过一些小步子的程序和反馈强化来达到特定的学习目的。

程序教学和计算机辅助教学等给教育心理学带来三个方面的积极影响:①这类教学技术为个别化教学、诊断性教学及获得儿童进步情况的精确记录提供了各种可能性;②新教学技术所研究的是实际教学情境,教材都来自课堂,而不是实验室人为的材料;③一些技术性问题难以解决,又激起了人们浓厚的兴趣,一些心理学家热衷于这项工作。

3. 适应个体差异的教学改革

教师在处理儿童的个体差异方面往往采取升级、留级或跳级等措施。由于年龄上的差异,这种做法不利于儿童的发展。于是有人提出了社会性促进(social promotion)的概念,意指同龄伙伴在一起相处有助于各自的身心得到发展的现象。在 20 世纪 30 年代,有人对能力分组或同质分组(homogeneous group)的做法提出了批评。

斯金纳的好友和追随者凯利提出了个别化教育法,要求教师转变自己的角色,对每一个儿童付出更多的责任心。另外,布鲁姆的掌握学习(mastery learning)原理也提倡个别化教育。

4. 教学心理学的繁荣

20 世纪 60 年代至 70 年代初,教学心理学的发展以加涅《教学心理学》的出版为标志。加涅强调教育心理学要为教学实际服务。这个时期发生的大事件包括:①布鲁纳发起了结构课程改革运动;②罗杰斯的人本主义心理学主张以儿童为中心,尊重儿童;③计算机辅助教学研究探索了儿童在多媒体环境下的学习特点;④奥苏贝尔提出了同化学习理论;⑤班杜拉提出了社会学习理论。

学习笔记

程序教学:
通过一些小步子的程序和反馈强化来达到特定的学习目的。

社会性促进:
同龄伙伴在一起相处有助于各自的身心得到发展的现象。

5. 教学心理学的研究

当时教学心理学的研究虽有所收获，但依然未能令人满意。有人开始质疑斯金纳的程序教学：其目标分解得如此详细，难道这就是教育最终应达到的目的？从20世纪70年代起，早期认同行为主义的心理学家开始接受认知学派的观点。他们纷纷走出实验室，转向对教学过程的分析与研究。

加涅于1969年在《心理学年度评论》上评述了他的研究工作。到1981年，认知教学心理学已盛行起来，似乎又回到了20世纪初——杜威和桑代克建立了教育学与心理学的友好关系。但与20世纪初的研究不同，此时的教学理论和实践研究已是在对更高级的人的认识基础上得到的新的统一。从1970年到1980年，教学心理学的研究重点表现为：一是对儿童在不同学科领域获得的各种胜任能力所做的分析；二是对学与教的干预条件和干预活动所做的种种探索。例如，儿童的知识是怎样组织起来的，不同学科的问题表征对问题解决的作用如何，认知策略、自我调控是如何影响解决问题的。

（三）苏联教育心理学的发展

苏联教育心理学走出了自己的发展道路，体现在以下几个方面。

①教育日益与发展心理学相结合，开展了许多针对儿童发展的实验研究。例如，赞科夫进行教学与发展的实验研究持续了很长时间，并提出了教学注重原理学习等原则。

②发展了巴甫洛夫的经典条件反射理论，出现了列昂节夫和加里培林的学习活动理论。

③重视人际关系在儿童发展中的作用。

④重视教育方法论和具体研究方法的探讨，提倡自然实验法。

五、教育心理学的完善期(1980年至今) >>>>>>>>>>>>>>>>>

（一）教育心理学发展完善的表现

布鲁纳在1994年美国教育心理学会议上总结了过去十几年的研究成果，认为教育心理学的发展已进入完善期，表现为以下四个特点。[1]

①主动性，研究如何使儿童主动参与教学过程，如何对自身活动做更多的控制。

②反思性，指从内部理解所学内容的意义。

③合作性，重视在一定情境下将儿童组织起来一起学习，如同伴辅导、合作学习和交互学习等。

④重视社会文化对学习的影响。

总之，这个时期出现了不同流派、不同文化相融合的趋势。教育心理学流派的分歧越来越小，表现为：一方面，认知理论和行为主义理论相互吸收对方合理的观点；另一方面，东西方心理学思想相互吸收，如维果茨基的思想在西方受到了重视。

图1-5 佛山市机关幼儿园

---

[1] 陈琦、刘儒德：《当代教育心理学》，15~16页，北京，北京师范大学出版社，1997。

(二)教育心理学的发展动向

随着信息技术的普及和网络时代的推进，教育心理学越来越受到人们的重视。

1. 从加涅到安德森

自 20 世纪 60 年代中期到 90 年代，加涅揭示了各类学习的种种内外条件，引出了教学设计中应贯穿的各个原理，涉及知识—言语信息、能力—智慧技能、创造性—问题解决、学会学习—认知策略以及态度、品质学习的条件等。加涅对各领域的广泛探索，体现了一位学者博采众长来建立自己的学说体系的能力。例如，在知识获得问题上，他吸收了奥苏贝尔的有意义学习；在从低级到高级的学习排序上，他吸收了行为主义的刺激—反应联结的理论；在不同层次学习之间的联系上，他吸收了达尔文的进化论思想，即高级学习的可能性或许隐含于低级学习的结果中。

认知心理学家安德森关于知识分类、知识表征和知识获得的研究被吸收进教育心理学中。如果说加涅的工作多涉及一些个别概念或规则的学习，就好比是学习怎样弹奏单个音符，那安德森的工作则像是把这些音符连贯起来，弹奏出一首动听的乐曲。

2. 皮亚杰理论的新发展

20 世纪 80 年代中期以后，凯斯对皮亚杰的认知发展理论进行了修正，认为教学可以根据儿童认知发展的复杂程度来设计。日内瓦的新皮亚杰学派不赞成只研究儿童认知的发展，认为还要把儿童当作一个整体来研究，包括情绪、意志和人格等，在研究方法方面，更关注设计多个变量相互作用的实验情境，给儿童提供认识更复杂的客体属性的机会。

3. 认知心理学的发展

认知心理学家对各科教学，如阅读、写作、数学、自然科学等方面的认知与教学也有了新的研究成果，丰富了教育心理学的内容。玛丽·霍曼等人于 1995 年出版的《活动中的幼儿：幼儿认知发展课程(幼儿园教师手册)》一书对幼儿的关键经验，如语言、经验与表征、分类、数概念、时空关系等，进行了系统论述，这些内容很多都基于皮亚杰的研究。

(三)教育心理学在我国的发展

中华人民共和国成立后，我国的教育心理学研究以学习苏联为主。20 世纪 80 年代，潘菽撰写了《教育心理学》。此后，冯忠良、章志光、张必隐、邵瑞珍、皮连生、吴庆麟都撰写过有关教育心理学的专著。

目前国内学者不断地吸收国外先进的科研成果，并结合国内教育教学的实际，开展相应的理论和应用研究。我国教育心理学的发展表现为以下趋势：一是教学观念的转变。教育心理学的研究从 S-R 范式向认知范式转化，强调学习是一种认知加工过程，是学生对知识的一种主动构建过程，学习不是记录信息而是理解信息。教学的重心也从课程转向学生的认知，帮助学生掌握适合各学科的学习和思考策略。二是关注影响教育的社会心理因素。学生的学习受到很多因素的影响。相同教学环境中的学生所能取得的成就是各不相同的。了解与探求影响认知过程的各因素及其相互关系，是十分重要的。三是注重实际教学中学习策略和元认知的研究。对这些问题的探索有助于解决相关学科的教学有效性问题。

学习主题三
幼儿教育心理学的学科性质

讨论一门学科的性质，可以更好地为这门学科定位，并能够从学术角度来审视其应用价值。

一、幼儿教育心理学的学科界定 >>>>>>>>>>>>>>>>>>>>

（一）幼儿教育心理学属于心理学还是教育学

幼儿教育心理学研究的核心是幼儿学习心理和幼儿教学心理。为突出其作为心理学研究基础的现实性和重要性，我们可以把幼儿教育心理学纳入心理学的学科范畴。

（二）幼儿教育心理学属于幼儿教育学还是幼儿心理学

幼儿教育心理学所涉及的内容或问题与幼儿教育学有很多相通之处，但二者的着眼点不同。幼儿教育心理学讨论更多的是教学问题的心理学依据并回答为什么的问题。至于幼儿教育心理学与幼儿心理学的关系，幼儿心理学所探讨的幼儿心理发展的年龄特点和规律，本身就是教育教学的依据，像认知发展与教育、社会发展与教育等内容本身就取自幼儿心理学。幼儿心理学更关注发展，而幼儿教育心理学更偏重对学习的心理基础与发展的促进训练的探讨。二者都涉及幼儿心理的深层问题，可相互借鉴，共同促进幼儿的学习与发展。

总之，幼儿教育心理学不等于幼儿教育学，也不等于幼儿心理学。幼儿教育心理学与幼儿园课程或学科教学法也有很大差异。我们不能简单地说幼儿教育心理学属于幼儿教育学还是幼儿心理学。

（三）幼儿教育心理学与教育心理学的异同

1. 二者的相同之处

幼儿教育心理学与教育心理学所涉及的基本体系、基本原理、基本内容都是一致的，只是侧重点有所不同。幼儿教育心理学更加关注学龄前幼儿的学习与教学问题。总的来说，幼儿教育心理学是教育心理学的一个分支。

可以说，教育心理学在内容上理应包括德育、学科教育等，但随着内容的变化，其越来越突出教与学的基本原理，于是越来越近似于教学心理学(或学与教心理学)；另外，内容上加大了对认知心理学研究成果的重视，于是出现了认知教学心理学。这些教育心理学的变化趋向也逐渐影响到幼儿教育心理学的内容建构。

2. 二者的不同之处

一是产生的时间不同。如果从桑代克《教育心理学》的出版时间 1903 年算起，教育心理学距今已有百余年的历史，而幼儿教育心理学的产生只是近些年的事，是应全国各类学校学前教育专业开设这门课程的需要而产生的。二是成熟程度不同。教育心理学在 1980 年以后已经进入完善期。这门学科完善的标志是教育心理学的理论分歧越来越小，与教育实践的结合越来越紧密。教育心理学正在走向成熟；相比而言，幼儿教育心理学还没有形成独立的学科体系，更多依赖教育心理学的基本框架。所以说，幼儿教育心理学不可等同于教育心理学。

二、幼儿教育心理学研究对象的特殊性 >>>>>>>>>>>>>>>>>

幼儿教育心理学是一门独立学科，还是上述几门学科的大杂烩？衡量一门学科是否独立，有两个问题必须考虑：一是这门学科是否有独特的研究对象；二是这门学科是否有独立的研究方法。幼儿教育心理学的研究对象是幼儿学习与幼儿教学，它具有一定的独特性和特殊性。

（一）幼儿学习的特殊性

1. 幼儿学习不同于动物学习

婴儿早期的条件反射学习类似于动物学习，但年长一些的幼儿的学习不同于动物学习，表现出语言、数字方面的优势。特别不同的是，幼儿学习具有无限潜能。

2. 幼儿学习不同于但可类比于原始人学习

复演说认为，幼儿学习可类比原始人学习。原始人在运用符号、绘画、思维、推理、解决问题等诸多方面表现出低水平，与幼儿阶段的学习类似。借用早期人类文明进化时的思维方式、工具和学习方法，可帮助人类幼儿理解和促进其初始阶段的学习。

3. 幼儿学习不同于小学生学习

幼儿学习不同于小学生学习，幼儿学习表现出动作、工具、语言等方面的外显性特点。另外，幼儿学习有一个较长的时间跨度变化：3 岁前的学习与 3~6 岁的学习有很大不同；幼儿在口语产生前后或文字掌握前后表现出不同的学习方式。

（二）幼儿教学的特殊性

1. 幼儿教育表现出非正规性

幼儿教育表现出与学龄儿童教育不同的地方。幼儿教育的对象是七岁以下的学龄前儿童。幼儿教育在形式上比较多样化，对教学时间、课程、教材等没有严格的规定和要求。学龄儿童教育则关注知识的获得，教材要求规范、严格。

2. 幼儿教学的目标重在幼儿的发展

幼儿教学的目标更多是促进幼儿的发展，而不是对幼儿的塑造。

幼儿的行为发展不够成熟，思维处于较低水平，他们更多需要成人的教导。随着社会的发展，更多人支持让幼儿成为他自己，因此幼儿的发展便成为重点。这里的深层意思是，幼儿教育的重心不在于传授知识，而在于使幼儿的能力和个性得到全面发展。

图 1-6　杭州市紫阳幼儿园

学习笔记

3. 幼儿教学特殊性的具体表现

(1)幼儿教学提倡过程模式

教学模式主要分为以下两类①。

一是目标模式。学习是有系统的、可以预测的，这是行为主义的教育观点；课程是完成目标的手段；学习成果是可以预期的；重视能学到什么；教师是学习的主导者。

二是过程模式。幼儿教学提倡这种过程模式，这种模式符合进步主义教育观，其主要表现如下。

①强调知识是由经验获得、自己发现的。

②经验是教育过程的核心。

③以幼儿的兴趣、能力和经验为教育的起点。

④教学环境的安排，给予幼儿自由创造的机会。

⑤强调幼儿内在的心智、情绪、生理经验。

⑥强调教学目标可随时根据幼儿的兴趣改变。

⑦评价不提倡依据事先设定的详细目标，也不应过分依赖量化测评。

⑧教育环境鼓励幼儿自由选择、自由探索。

⑨气氛是开放式的、非正式的。

⑩关于教师角色，教师应是安排者、观察者、促进者、研究者、学习者。

(2)幼儿教学使用的媒介范围更广

媒介是幼儿教学的要素之一。使用媒介过程中强调师幼互动、幼幼互动，这与中小学有很大不同。幼儿教学使用的媒介主要包括以下几种。

①游戏：游戏是幼儿最喜欢的活动方式，游戏化学习可提高幼儿的参与性与主动性。

②作业本：倾向于个别活动，具有训练的作用，允许幼儿用少量的时间和材料去练习。

③操作物：让幼儿在操作过程中学习。

④媒体：通过电视、计算机等媒介学习。

(3)幼儿学习即活动

幼儿学习即活动，即生活，即游戏，是一种人际的交互作用。对于幼儿学习活动的设计，要考虑以下几点。

①活动是否符合幼儿的年龄特点。

②活动是否适合幼儿的背景经验。

③活动能否引起他们的兴趣。

④活动过程能否最大限度地促进其发展。

⑤活动是否可操作、可行。

(4)建立良好的人际关系在幼儿教学中很重要

温暖、同情心是促进幼儿适应学校的有效方法，也是幼儿教学的一项基本要求。另外，家长可以参与到幼儿园的教学中去。幼儿教育鼓励家长到教室中去，

---

① 朱家雄：《幼儿园课程》，133～139页，上海，华东师范大学出版社，2003。

协助教师做事情，指导幼儿学习，对课程提出意见等。

(5)幼儿教学方案具有特殊性

与小学不同，幼儿教学方案要满足以下要求。

①为幼儿安排的活动要适合其发展，如果课程太难，就像把幼儿推到深水区一样，会使他们害怕水，即使能自己从水中出来也会害怕。

②在自我选择与教师引导之间寻求平衡，鼓励幼儿选择感兴趣的探索活动。

③好的教学方案应有丰富的内容。在幼儿活动中，能体现出身体我、情绪我、社会我、创作我和认知我。

④有适合每个幼儿的课程，每个幼儿都可以依据自己的进度来学习。

⑤教学方案具有稳定性、规则性和多样性，表现为：幼儿需要有不同的经验；提供给幼儿学习的材料应有难有易；避免单调重复的活动，幼儿的各种经验必须保持平衡。

由以上分析可知，幼儿教育心理学具有相对固定的、独特的研究对象，这是这门学科能够独立的重要基础。

> **名人点睛**
>
> 大自然、大社会都是活教材。
>
> ——陈鹤琴

案例

蒙台梭利幼儿园的清晨活动

一、来园签到

幼儿在教师的引导下签到(看日历，知道今天是哪年哪月哪日星期几，观察天气情况，并用天气印章在当天的日期上进行标记)。

二、早餐

1. 幼儿准备餐垫、餐具，小组的幼儿布置餐桌(包括摆餐花、擦桌布、装杂物的碟子)；大组的幼儿分早餐；中组的幼儿折叠擦嘴巾，准备洗碗水。

2. 播放进餐音乐，幼儿自己按需要取食物，愉快地进餐。

3. 餐后幼儿将自己的桌面清理干净，把碗拿到洗碗池洗净。

三、晨谈

幼儿自由交谈、看书、观察动植物或分享玩具等。教师观察并做记录，或有目的地引导幼儿交谈(有趣的话题)。

四、走线

目的：培养平衡协调能力，放松身心，调整注意力和自我控制力，为进入学习状态做好准备。

准备：持物走线用具(旗子、串珠、勺子、乒乓球、玻璃杯、风铃、烛台、书本、水桶、水果和托盘等)，柔和的轻音乐。

引导：

1. 同方向(顺时针)的运动，保持安静。

2. 双脚踩在线上。

3. 保持一定的距离，只要不碰到前面的小朋友就好。

4. 脚跟挨着脚尖走(适合3岁以上的幼儿)，锻炼自我控制力。

5. 保持文雅的姿态。

6. 持物，邀请全班三分之一的幼儿进到里圈进行持物走线。可增加持物的难度，增强趣味性和挑战性。

五、静寂练习

听室内的声音，目的是练习幼儿倾听和语言表达的能力。

1. 走线活动结束后，请幼儿坐在线上，教师小声地说：请小朋友把眼睛闭起来，仔细听一听，教室里有什么声音。请把你听到的声音记在心里，等会儿告诉我。

2. 幼儿睁开眼睛，教师请幼儿说一说自己听到的声音。

学习主题四
幼儿教育心理学的研究方法

学习笔记

一、学科中研究方法的变化与定位 >>>>>>>>>>>>>>>>

研究方法对一门学科的发展来说是极为关键的。

（一）研究方法在学科中被忽略

早期的教育心理学著作中都有关于研究方法的章节，但近些年，许多教材都删除了这部分内容。这里有两个方面的原因。第一，教育、心理科学研究方法已经自成体系，分别形成了独立的学科。第二，在心理学中，实验心理学、儿童心理学皆论述了有关研究方法的问题；而在教育科学中，学科教育学、教育测量学、教育评价学也涉及研究方法。

（二）研究方法的层次定位

幼儿教育心理学的研究方法处于哪个层次？从自然科学到人文科学或从理论科学到应用科学，幼儿教育心理学处在中间位置，其具体的研究方法既有偏于自然科学的实验法，又有偏于人文科学的历史文献法、调查法，而且很多研究问题来自教育现实。

有价值的研究既应有坚实的理论基础，是经过严密思考提出的理论假设，类似于哲学家的思辨，又应有科学的研究技术、手段和方法，以对假设进行验证，类似于科学家的实证。心理学的研究方法不是孤立的、枯燥的。

幼儿教育心理学研究教师的教和幼儿的学，涉及个人、环境、相互作用等诸多因素。研究要有深度是不容易的，需要综合运用多种学科知识和研究方法。

图1-7　招远市金虹幼儿园

二、常用的研究方法 >>>>>>>>>>>>>>>>>

（一）描述法与实验法

幼儿教育心理学的研究方法大致分为两类：一是描述法，包括观察法、调查法、文献法、测验法等；二是实验法，包括自然实验法和实验室实验法等。

教育心理学家常用的研究方法大多属于这两类，如早期行为主义的代表人物桑代克、斯金纳使用的是实验室实验法，维果茨基使用的是描述法。

（二）过程—产品法与以解释性定义为中心的研究方法

教育心理学研究多年来一直强调科学化和客观主义倾向，忽略了内省的方法。现介绍两种值得借鉴的方法。

1. 过程—产品法

过程—产品法是一种寻求教师行为与儿童成绩之间关系的研究方法。这种方法的明显特点就是试图以相关法来建立因果关系。为提高研究水平，对大量数据采用多元分析法进行分析，可以超越教师在特定情境中开展特定研究的局限性。例如，一项对 8000 个样本进行的过程—产品比较研究，确定了影响认知、情感和行为学习的三组因素：一是儿童资源，包括能力(测验成绩)、发展水平和动机；二是教学，包括儿童投入学习的时间、教学经验的质量；三是心理环境，包括家庭课程、小组的士气、同伴小组的影响以及合适的娱乐时间。①

> **过程—产品法：**
> 一种寻求教师行为与儿童成绩之间关系的研究方法。

2. 以解释性定义为中心的研究方法

以解释性定义为中心的研究方法被称为后实证主义的方法，与过程—产品法相反，这种方法强调儿童学习是一种理解的、质的转化过程，而不是简单的信息积累。教学不再被认为是一种提供指导的方法，而是一种促进新的理解的方法。这种研究方法一是强调动机在学习中起关键作用，从关注内驱力、强化到关注个体认知参与决策过程；二是强调自我引导学习(self-directed learning)的重要性；三是重视对数学、科学教学情境的认知，强调将教师作为反思性实践者的观念。

三、对研究方法的思考 >>>>>>>>>>>>>>>>>>>>>>>>>>>>

如何用新的研究方法和思路来提升幼儿教育心理学的学科水平？下面从不同方面论述这个问题。

（一）研究的基本问题与回顾

1. 幼儿教育心理学研究的基本问题

①人是如何学习的？

②婴儿、幼儿与成人的学习有何不同？

③人和动物的学习有何不同？

④幼儿的个体差异表现在哪些方面？

⑤学习的东西有多少是由文化塑造的？

⑥哪些学习方式更关键或更重要？

⑦学习是否存在无师自通？

⑧好的教师是如何培养的？

⑨不同时期的心理学家对上述问题采取了哪些不同的研究方式？

> 📝 **学习笔记**

---

① ［德］鲍利克、［美］罗森茨维格：《国际心理学手册》，张厚粲等译，670～672 页，上海，华东师范大学出版社，2002。

2. 研究的路线

历史上教育心理学研究大致沿着两条路径进行：①早期的学习心理学家试图建立一种通用的、适合整个人类发展的学习理论；②对教学理论、教学实践感兴趣。

3. 研究重点的演变

早期研究注重个体的学习过程，后期研究注重文化背景的重要性。这个演变过程涉及以下几个方面。

①詹姆斯、杜威强调以相互影响来概括学习。

②斯金纳强调环境决定论。

③认知心理学家关心学习的内在机制。

④维果茨基又回到相互作用论，强调社会文化对学习的影响。

4. 研究的两难问题及解决途径

教育心理学研究存在理论与实践难以兼顾的两难问题：一方面偏理论实验，脱离了教学实践；另一方面偏教学实践，没有理论和实验的支持。具体表现在以下方面。

①缺乏理论与实践的统一。事实上，教育心理学的很多研究往往缺乏心理学的深度，特别是难以找到系统的线索把各种研究联系起来。奥苏贝尔认为，教育心理学研究似乎是肤浅的、缺乏消化的、没有条理的，是把学习理论、发展心理学、社会心理学、测量等以及以儿童为中心的教育串在一起的混合物。

②教育心理学研究迷失了方向。20世纪六七十年代，主流心理学强调实证主义，采用实验研究收集了很多证据，但这种理智、客观的假说并不适合个别教育观念。

解决以上两难问题的途径是什么？古德等人提出了一种现实主义的方法，认为成功的教学研究的关键是把理论概念整合到适应特定的儿童群体学习需要的教学策略中。这是解决教育心理学研究中的问题的很好的途径。

图1-8 中国人民大学朝阳幼儿园

以往的教育心理学研究常常被认为是深奥的、学术化的，常常与教师、学习者在实际教育情境中遇到的实际问题相脱节，在进行幼儿教育心理学研究时应特别关注这个问题。

(二)教育心理学研究的国际性观点

1. 美国和西欧的教育心理学研究特点

美欧在研究上采用自然科学的方法，具有实证主义倾向；受美国文化和西欧文化的影响，强调自由主义、理性道德以及个人自治。

2. 中国的教育心理学研究特点

中国的教育心理学研究根植于儒家哲学，具有集体主义传统，主要表现为以下两点。

①在儒家哲学看来，个人的成就是精神美德的一种形式，这种成就是靠个人的努力、家庭和朋友的支持获得的。

②扩展了个人努力的概念，认为个人努力应包括个人归属团体的责任感。

四、幼儿教育心理学的研究趋势 >>>>>>>>>>>>>>>>>>

（一）科学实验心理学是未来的研究方向：早期的探索和新的发展

早期的教育心理学研究提出的一些假设和问题，在使用新的研究技术之后会有新的突破。

①对于早期的动物心理、学习研究，行为主义和格式塔心理学都做了尝试，提出了学习研究的新目标。

②赫尔在心理学研究上的数字化倾向虽然使其道路越走越窄，但仍然预示着一种对未来的期盼，也许等计算网络学、神经生理学有所突破以后会重新有用武之地。

③拓扑心理学用物理空间来说明心理行为的发生和规律，把物理学、拓扑学的概念引入心理学，不失为一种全新的理念。

总之，研究技术与方法的新发展，如利用正电子发射计算机断层显像、功能性磁共振成像可直接观察到人大脑内部的学习过程，为研究早期经验对学习的影响提供了证据①，这必将为幼儿学习与教学的研究带来根本性的变革。

（二）思辨的研究方法仍有生命力和发展前景

从实用主义到后现代主义，从行为主义到精神分析、人本主义，从认知理论到建构主义、多元智力理论，理论的创新和发展对幼儿教育心理学的研究都产生了重要影响。心理学思辨的研究方法即便是在重视量化研究的今天，也仍有生命力和发展前景。

将心理分析、心理治疗经验应用到教学中就是很好的例子。典型的代表人物是埃里克森和罗杰斯。前者提出了社会性发展理论，强调心理发展与社会文化的关系；后者倡导人本主义教学理论，强调课堂气氛，尊重儿童，无条件地积极关注。另外，洛扎诺夫的暗示教学法在世界上也有广泛影响。

（三）新皮亚杰学派对认知发展的研究

皮亚杰去世后，新皮亚杰学派心理学家对于智力的探索一直在继续，这些成果同样丰富了幼儿教育心理学的内容。

①斯腾伯格提出了三元智力理论，即情境理论、经验理论和成分理论。

②凯斯提出了重要的观点：一是心理加工空间包括储存空间和操作空间，个体的认知发展意味着储存空间扩大，而操作空间缩小；二是强调认知发展的可能性；三是认知发展有四个阶段，即感觉运动、表象性操作、逻辑转换和形式转换。

③西格勒认为，人类认知适应性行为的机制是选择策略的使用。儿童不是使用一种固定的策略，而是交替使用多种策略，并对策略进行调整。

（四）心理学理论与学校教育相结合

心理学理论与学校教育相结合是幼儿教育心理学的出路，这也就要求认知心

学习笔记

想一想

从实际教学中找出一个关于幼儿教育的问题，可尝试用某种方法来研究它，如何设计呢？

---

① ［美］布兰思福特等：《人是如何学习的：大脑、心理、经验及学校》，程可拉等译，130～131页，上海，华东师范大学出版社，2002。

理学理论与实际教学改革相结合。此趋势引发了教育心理学在 20 世纪 50 至 60 年代的繁荣与百花齐放。在此期间出现了大量的理论：螺旋式课程理论、教学与发展的理论、同化学习理论、累积学习理论、社会学习理论、掌握学习理论、程序教学理论、最优化教学理论等。巴班斯基的最优化教学理论，以系统论、控制论和管理科学的方法处理教育教学问题，开阔了教育心理学研究的视野；同时，教学最优化的效果、质量和时间精力的双重标准极具现实意义。

（五）走向统一： 进入真实的历史发展之中

图 1-9　林芝市幼儿园

在过去的一百多年中，教育心理学研究的一个突出问题是，理论、实验与实践三者之间缺乏统一性。要使幼儿教育心理学作为一门独立的学科存在下去，就必须解决这一问题。这里有两个问题需要讨论。

1. 冯特的预言

冯特预言，心理学应被看作人文科学的代表，而不是自然科学的代表；应把幼儿教育心理学从客观科学的王国中排除出去，将其置于一个真实的世界中。

①21 世纪教育心理学发展的出发点是，在教育的影响下人如何以及为什么会以某种方式思考和行动。

②教师是调节者，其任务是教幼儿如何进行有效思考及教他们如何学习。

③教育必须是参与式的、批判的、受学者约束的、民主的、对话的、多文化的、研究定向的、活动性的、情感性的。

2. 詹姆斯的预言

詹姆斯在《与教员学生谈话》中提出了一个观点，他说："如果你认为，心理学作为研究心理规律的科学可以被演绎和确定，于是可以立即用作课堂教学的程序、模式或方法，那你就大错特错了。心理学是一门科学，教学是一门艺术，科学永远不可能直接从自身中产生艺术。"总之，幼儿教育心理学的研究必须走向理论、实验与实践的统一。

案例导入评析

菲菲吃饭慢的习惯不是一两天养成的。幼儿的动作慢，可能是因为喜欢让老师喂饭。保育员(或教师)要以幼儿为本，以幼儿的身心发展为出发点。只有这样，幼儿的生活习惯才会有所改善。

幼儿园教师要想更好地胜任幼儿园各领域的教学，需要懂得幼儿教育心理学；要想成长为专家型教师，需要从理论、实验及实践的发展高度来理解这门学科，了解幼儿教育心理学的历史、研究对象、性质，提升个人的理论素养和学术水平。

学习笔记

幼儿园教师资格考试模拟测试

一、 选择题

1.《爱弥儿》一书的作者是(　　)。

A. 赫尔巴特　　　　　　　　　　　B. 福禄培尔

C. 裴斯泰洛齐　　　　　　　　　　D. 卢梭

2.(　　)为幼儿活动设计了一套玩具，即恩物。

A. 裴斯泰洛齐　　　　　　　　　　B. 福禄培尔

C. 蒙台梭利　　　　　　　　　　　D. 卢梭

3.(　　)是典型的教育心理学家，被人们称为"教育心理学之父"。他研究动物的学习。

A. 桑代克　　　　　　　　　　　　B. 奥苏贝尔

C. 蒙台梭利　　　　　　　　　　　D. 卢梭

4.(　　)于1903年出版了《教育心理学》，这是西方第一本以"教育心理学"命名的专著。

A. 桑代克　　　　　　　　　　　　B. 奥苏贝尔

C. 裴斯泰洛齐　　　　　　　　　　D. 布鲁纳

专题一　云测试

二、 填空题

1. _____作为"现代教育学之父"，是第一个给自己的教育理论提出心理学依据的人。

2. _____发表了《教学机器》，此后程序教学赢得了人们的信赖。

3. _____于1882年创办了美国第一个心理学实验室。他最大的兴趣就是研究儿童，被称为"美国儿童心理学之父"。

三、 简答题

1. 教学是科学还是艺术？

2. 如何做好教学决策？

3. 幼儿教育心理学是一门独立的学科吗？

4. 运用观察法研究幼儿心理的主要步骤有哪些？

5. 简述研究幼儿心理应坚持的原则。

四、 论述题

1. 教育心理学在20世纪六七十年代发展的主要表现是什么？

2. 如何运用新的研究方法和思路来提升幼儿教育心理学的学科水平？

3. 学习理论的发展对幼儿教育心理学研究方法的创新有何启示？

五、 案例分析题

张颖是一个六岁的男孩。他妈妈是一个有心人，把张颖在四岁半至五岁半这一年中的提问做了详细的记录，共有4000多个问题，而且涉及面非常广泛。他妈妈也是一个兴趣广泛的人，对孩子的提问总是很认真地对待，并鼓励孩子提问。老师评价说，张颖的知识面广，是一个非常聪明的孩子。

问题：根据案例，请分析张颖心理发展突出的年龄特点是什么，并提出正确的教育措施。

专题二　皮亚杰的认知发展理论与教育

学习目标

1. 了解皮亚杰提出的关键概念，如同化、顺应、客体永久性等。
2. 理解前运算阶段幼儿的智力表现。

学习要点

1. 皮亚杰关于认知发展的基本观点
   认知发展的机制
   认知发展的阶段
   儿童认知中的自我中心及去自我中心化
   有关皮亚杰临床法的评述
2. 皮亚杰的认知发展理论对幼儿教育的指导
   关于教育目的
   关于课程
   关于教学原则
   关于教学方法

案例导入

小明今年两岁，一次他和妈妈坐公交车，妈妈告诉他这是公交车，之后他见到缆车时也大声说："公交车！"

问题：幼儿学习概念是以认知为基础的吗？如何引导幼儿正确地认识新事物？

学习主题一
皮亚杰关于认知发展的基本观点

皮亚杰(见图 2-1)，瑞士人，是著名的儿童心理学家和教育家。他在儿童心理学领域取得的成就令人瞩目。早在 20 世纪 20 年代，皮亚杰就以其独创的方法从事儿童心理研究。他是儿童认知与智慧发展理论的创立者，也是对儿童心理进行系统研究的第一人。他的认知发展理论对儿童教育具有深远的影响。

一、认知发展的机制 >>>>>>>>>>>>>>>>>>>>>>>>>>>

皮亚杰认为，智慧的本质是适应，是同化与顺应之间的平衡。皮亚杰提出的以下概念可以帮助我们理解儿童认知发展的机制。

图 2-1　皮亚杰

（一）图式

图式(schema)是指个体用来认识周围世界的基本模式。它由个体在遗传基础上学得的各种经验、意识、概念等所整合，构成一个与外在现实世界相对应的抽象的认知结构，将其储存在记忆之中。当个体遇到外界刺激时，他就使用这一结构去了解和认识环境。

> **图式：**
> 个体用来认识周围世界的基本模式。

（二）适应

适应(adaptation)是指认知图式因环境的限制而主动改变的心理历程。个体在适应环境的过程中会产生两种心理历程：同化和顺应。

> **适应：**
> 认知图式因环境的限制而主动改变的心理历程。

（三）同化

同化(assimilation)是指把新经验归入先前已有的概念中。

> **同化：**
> 把新经验归入先前已有的概念中。

（四）顺应

顺应(accommodation)是指遇到新情境时，已有的图式已无法适应新环境的事物特征，个体必须改变自己已有的图式以符合环境的需求，从而获得平衡。简单来说，即改变已有的图式以符合新环境的需求。

> **顺应：**
> 改变已有的图式以符合新环境的需求。

（五）平衡

平衡(balance)是指主体通过忽略刺激或改变已有的认知结构，恢复原平衡状态或建立新的平衡状态。平衡是认知发展中的一个核心因素和动机状态的生物驱力。

> **平衡：**
> 主体通过忽略刺激或改变已有的认知结构，恢复原平衡状态或建立新的平衡状态。

（六）建构

建构(construction)包括两个方面，一是向内协调主体的动作，通过反省形成逻辑数理概念；二是向外组织外部信息，使认知结构转化为现实。

> **建构：**
> 向内协调主体的动作，通过反省形成逻辑数理概念；向外组织外部信息，使认知结构转化为现实。

转换：
从一个认知结构向更高的认知结构发展的机制。

（七）转换

转换(transition)是指从一个认知结构向更高的认知结构发展的机制。

二、认知发展的阶段 >>>>>>>>>>>>>>>>>>>>>>>>>>>>>>>>

（一）感知运动阶段

皮亚杰认为，思维起源于动作。在感知运动阶段，儿童的动作发展表现为以下几个时期。

①0～1个月，儿童具有先天反射的能力，表现出泛化现象，如吮吸。

②1～4个月，儿童形成基本习惯，表现出初级循环反应，即自身简单动作的重复，没有目的性。

③4～10个月，儿童产生二级循环反应，能重复偶然做出的指向外部环境的动作。例如，他能立即多次摇动拨浪鼓，试图采用同样的方法达到不同的效果，这是智慧的萌芽状态。

④10～11个月，儿童通过循环反应的协调与应用产生了智慧，活动或动作有了目的性。

⑤11～12个月，儿童能利用新手段达到目的。

⑥12～18个月，儿童出现表象思维，能利用表象来解决问题。皮亚杰曾观察其不到一岁的女儿：她面前有一个微开的火柴盒，里面有一个顶针。当她用尽方法都未能打开火柴盒时，便停止动作，细心观察，小嘴巴张合了好几次，然后突然把手伸到盒子里，成功地打开了火柴盒，拿到了顶针。儿童的顿悟来得如此之快，好像突然改变了认知结构。

儿童在感知运动阶段获得的最大成就是具有了客体永久性，即儿童知道知觉不到的事物仍是存在的。这是儿童自我中心状态的第一次解除，是早期去自我中心化的最大成就。皮亚杰重视儿童这个成就，称之为"哥白尼式的革命"。在感知运动阶段，儿童的智慧成长突出表现在三个方面。第一，逐渐形成客体永久性的意识，这与婴儿语言和记忆的发展有关。第二，在稳定的客体永久性认知结构建立的同时，儿童的空间—时间组织也达到一定水平。因为儿童在寻找物体时，必须在空间上定位来找到它，又由于这种定位总是遵循一定的顺序，因此儿童又同时建构了时间的连续性。第三，出现了因果性认识的萌芽，这与客体永久性意识的建立以及时空组织的水平密不可分。当儿童能运用一系列协调的动作实现某种目的(如拉枕头取玩具)时，就意味着因果性认识已经产生了。

客体永久性：
儿童知道知觉不到的事物仍是存在的。

图2-2　泰安市泰山幼儿园

（二）前运算阶段

1. 象征性功能

在这一阶段，儿童的动作越来越内化，产生了智力的内部形式，同时也产生了表象思维。这时儿童的行为表现出象征性功能。象征性功能反映在四个不同的活动领域。①

---

① ［英］朱莉娅·贝里曼等：《发展心理学与你》，陈萍、王茜译，136～137页，北京，北京大学出版社，2000。

①延迟模仿：相对于即时模仿，延迟模仿不是马上发生，而是一段时间以后才发生，含有表征的成分。

②象征性游戏：假扮成人世界中的家庭或职业角色进行的游戏。

③绘画：一方面，儿童的绘画极具表达性，儿童可以在绘画中自由想象而不受现实的约束；另一方面，许多儿童通过绘画反映自己周围的世界。皮亚杰认为，儿童的绘画处于游戏与心理表象之间，被称为"画出来的表象"。

④言语唤起：用语言重复表象思维，如儿童会做语言游戏。

2. 前运算阶段儿童的认知特点

运算即内化的可逆动作。运算的性质包括可逆性、守恒性，运算不是孤立的，是有一定关系的。与感知运动阶段相比，前运算阶段儿童的智慧在质的方面有了新的飞跃，表现出以下几个特点。

①具有相对具体性。儿童需要借助表象进行思维，还不能进行运算思维。

②具有不可逆性，缺乏守恒结构。

③具有自我中心性，是指儿童站在自己经验的中心，只有参照他自己才能理解事物。儿童的谈话也多半以自我为中心。

④具有刻板性，表现为在思考眼前的问题时，其注意力不能转移，不善于分配注意；在概括事物的性质时缺乏等级观念。

> **想一想**
>
> 你能否举一些幼儿表现出象征性功能的例子？

> **象征性游戏：**
> 假扮成人世界中的家庭或职业角色进行游戏。

资料库

客体永久性实验

为了研究婴儿对客体永久性的理解，皮亚杰设计了一个简单的实验：向婴儿呈现一个有吸引力的物体然后将其隐藏。最初，婴儿不去寻找该物体，表明他们认为当他们不再看到或触摸到该物体时，该物体就不存在了。年长一点的儿童如果看着该物体被隐藏起来，会开始寻找它。直到大约1岁，儿童通常才会寻找他们看不见的物体。

（三）儿童认知发展的阶段性

儿童认知发展的阶段性表现在以下几个方面。

①阶段出现的先后顺序固定不变，不能跨越，也不能颠倒。所有儿童一般都遵循这样的发展顺序，因而阶段具有普遍性。任何一个特定阶段的出现都不取决于年龄而取决于智力的发展水平。

②每个阶段都有其独特的认知结构，这些相对稳定的结构决定儿童行为的一般特点。儿童只有发展到某一阶段，才能从事与其发展水平相对应的活动。

③认知结构的发展是一个连续构造（建构）的过程，每个阶段都是前一个阶段的延伸，是在新水平上对前面阶段进行改组而形成的新系统。每个阶段的认知结构都会形成一个结构整体，它不是无关特性的并列和混合。前面阶段的认知结构是后面阶段认知结构形成的先决条件。

> **学习笔记**

三、儿童认知中的自我中心及去自我中心化 >>>>>>>>>

(一)自我中心的概念及表现

> **自我中心:**
> 儿童把注意力集中在自己的观点和动作上的现象。

所谓自我中心,是指儿童把注意力集中在自己的观点和动作上的现象。皮亚杰的自我中心理论最先见于他所著的《儿童的语言和思维》一书。皮亚杰用自我中心这个概念来说明在儿童发展的早期,他们不能区分自己的观点和他人的观点,不能区分自己的活动和对象的变化,把周围的一切都看作与自己有关、是自己的一部分的现象。儿童的自我中心是皮亚杰的一个重大发现,它反映了儿童心理与成人心理的不同之处。自我中心产生的原因在于儿童不能协调自己与客体的关系,加上缺乏经验和知识,在思考时总是把注意力集中在自己的愿望、需要和动作上,形成了特有的思维方式。其表现主要有:儿童认为世界是为"我"而存在的,一切都围绕自己运转,如儿童认为自己走路,月亮就跟着自己走;儿童不能从他人的角度思考问题,如皮亚杰问某男孩:"你有兄弟吗?"男孩回答:"有。"皮亚杰又问:"你的兄弟有兄弟吗?"男孩说:"没有。"此外,儿童还具有泛灵论的倾向,通常认为一切事物都有生命和情感,如儿童认为踩在小草身上,小草会因为疼痛而哭泣。

> **学习笔记**

皮亚杰通过三山实验证实了儿童自我中心的存在。儿童的自我中心有时表现为将事物拟人化,缺乏思维的逻辑性。例如,儿童认为月亮在跟着他走,只要他不走,月亮也不走,皮亚杰称之为"实在主义"。自我中心的现象还表现在建构认识上。由于在认知和情感上都处于劣势,儿童对成人形成单方面的尊敬,这种由爱和怕构成的单方面的尊敬,表现为儿童在处理与成人的关系时对成人的服从。可以说,服从是儿童责任感的源泉,皮亚杰称之为"他律"。

(二)去自我中心化的概念及阶段

> **去自我中心化:**
> 随着主客体之间相互作用的深入、认知机能的不断发展和认知结构的不断完善,个体能从自我中心的状态中解放出来。

去自我中心化是指随着主客体之间相互作用的深入、认知机能的不断发展和认知结构的不断完善,个体能从自我中心的状态中解放出来。根据皮亚杰的研究,儿童的去自我中心化有以下三个发展阶段。

第一阶段:0～2岁,儿童从完全分不出主客体的混淆状态,发展到能理解世界是由客体组成的,他自己也是在时间上和空间上客观存在的人。

第二阶段:2～7岁,儿童分不清自己的观点与他人的观点,六七岁的儿童可以理解物体间的客观关系,并且可以与他人建立合作关系。

第三阶段:7～14岁,儿童已认识到自己的思维是无限的,不再沉溺于无休止地脱离现实、改造社会的认识中,去自我中心化使儿童从抽象的社会改造者转变成实际的活动家。

皮亚杰认为,任何一次去自我中心化都必须具备两个条件:一是意识到自己是主体,并把主客体区分开;二是协调自己的观点和他人的观点,而不是把自己的观点当作绝对真理。

图2-3 济南市五龙潭边拍照的孩子

儿童思维的自我中心是否与其知识贫乏有关？如果扩大儿童的知识面，增加其知识量，能否避开自我中心？儿童思维的自我中心与知识贫乏也许有一点关系，但给予新的知识，并不能使儿童摆脱自我中心。去自我中心化对每个人都有意义。自我中心表现在认识上主观臆断，行动上为所欲为，作风上独断专行，情绪上喜怒无常，人格上浮虚狭隘。皮亚杰说过："一个人自己的思路越是前进一步，他就越能从别人的观点看待事物，越能使他自己为别人所理解。"可以说，任何一个希望成功的人，如果不能削弱自我中心，就不可能达到自我实现的最高境界。总之，发现儿童的自我中心现象是皮亚杰在儿童心理学上的一个巨大成就。

四、有关皮亚杰临床法的评述 >>>>>>>>>>>>>>>>>>>>>>>>>>>>

皮亚杰采用临床法发现了儿童心理的秘密。他通过交谈、提问让儿童回答问题，或设计一些情境让儿童来行动，根据儿童的反应来了解其背后的思想。临床法的出发点是皮亚杰的结构整体理论，即从整体上来观察儿童，强调实验过程的自然性。他认为用观察、测验等单一的方法不能全面地了解儿童。关于临床法，以下三个方面应引起研究者的重视。

（一）儿童回答问题时的复杂性

儿童在回答问题时表现出多样性和复杂性，具体表现为：①随机应变；②虚构答案；③受暗示回答；④思考、推理出答案；⑤自动回答，事先考虑过这些问题。这些会影响回答的真实性，必须引起研究者的重视。

（二）对临床法新的认识

对临床法新的认识，主要涉及交际规则问题，下面具体讨论。

1. 儿童对成人提问的态度

儿童有时会觉得成人的问题怪怪的。例如，啰唆的语言、似是而非的提问方法等。

2. 儿童与成人地位的差距

这种差距表现为：儿童容易受暗示的影响，害怕、怀疑成人，儿童与成人的地位、权力不对等。儿童会觉得成人的知识比他们丰富。

（三）关于提问任务失败的解释

1. 回答受暗示

儿童的交际经验不足，自信心不强，虽然倾向于正确作答，但是往往会偏离交际规则，如被重复询问时，儿童更容易受暗示。

2. 不真诚

儿童对自己的回答很自信，但可能会做出错误的反应，以便早点结束与实验者的交谈。儿童可能认为，实验者明知故问，惹人讨厌，用不着多谈，也许有另一件好玩的事情等着他。

3. 任务的过分吸引

儿童知道正确答案，但这个任务太有意思、太有趣了，或者认为正确答案太简单了，可能会给出一个有意思的回答。

学习笔记

想一想

临床法不仅是研究儿童心理的好方法，而且是教育的好方法，这种说法有道理吗？

名人点睛

知识不是客体的复制品，也不是主体心中既存的先前形式的意识。
——皮亚杰

4. 信任成人

儿童在成人面前较为羞怯，总认为成人比自己知道得多，是为了自己好。

5. "词语"使用的限制

儿童对词语的理解更接近他们日常生活所体验到的。例如，对于逻辑词"或"与"和"，儿童难以理解。

总之，临床法虽然是研究儿童认知的有效方法，但是实际运用却很复杂，需要研究者熟悉儿童心理发展特点，把这种方法理解透彻。在幼儿教育与教学中，可以采用临床法。

学习主题二
皮亚杰的认知发展理论对幼儿教育的指导

图 2-4　上海市安庆幼儿园

皮亚杰是结构主义教育流派的代表人物之一。他的发生认识论、智力发展阶段理论、认知结构说以及他的教育观点，对世界教育思想的发展产生了重要影响。他出版了《发生认识论》一书，不仅对哲学的认识论做出了重要贡献，而且大大提高了教学的认识论水平。

皮亚杰以数理逻辑为标准，划分了认知发展的阶段，辩证地分析了教学目的中知识与智力开发的关系、课程设计中知识结构与认知结构的关系，以及教学中儿童主动性、积极性与教师引导的关系，从而受到国际教育界的广泛关注。

一、关于教育目的 >>>>>>>>>>>>>>>>>>>>>>>>>>>>>>>>>>>>>>>

皮亚杰在《教育科学与儿童心理学》一书中提出了"教学目的是什么"的问题，他认为，确立教学目的的合理依据，应该是成人社会与受教育的儿童之间的相互联系。

他提出，教育要培养创造者，而不是只会踩着别人的脚印走路的人。根据对儿童智力发展的研究实践，皮亚杰认为教学不应仅是知识的传授，更要刺激儿童心智的发展。儿童不应是消极接受知识的"容器"，而是要学会如何思考。总之，教学的目的是发展儿童的智慧，而不仅是储存记忆；教师是造就智慧的探索者，而不仅是博学家。

二、关于课程 >>

皮亚杰认为，教学内容的选择应以儿童心理发展的阶段特点为依据，即教材的结构内容应与儿童智力发展的结构相适应。

对于课程内容的组织，皮业杰要求学校教学在分配学科和确定学科内容时，要参照有关心理发展规律的知识，并按照严密的逻辑顺序来组织教材。学校课程的编制应该以促进该阶段儿童的认知发展为宗旨。

📝 **学习笔记**

在课程的实施上，皮亚杰要求使用新的教育方法，并尽一切努力适应儿童的智力结构和发展阶段。他认为，儿童学习的积极程度是儿童学习发生与否的关键。因此，皮亚杰主张通过活动教学法来实施教学，并重视游戏、实验和视听教学。

三、关于教学原则 >>>>>>>>>>>>>>>>>>>>>>>>>>>>>>>>>>

（一）教学要适应儿童的认知发展

皮亚杰认为，既然儿童的认知发展具有阶段性和连续性，那么教育就应该按照儿童认知发展的阶段特征来组织内容。儿童发展的最佳教育时机应是从认知发展的一个阶段到另一个阶段的过渡之时。有经验的教师会把儿童看作天生的科学家来进行教育。

（二）教育应促进儿童的认知发展

皮亚杰把影响认知和心理发展的因素归为四个：①机体的成熟；②个体在实际动作中抽象出来的数理逻辑经验和动作经验；③社会经验；④自我调节的平衡。

儿童认知结构的发生发展和认知能力的形成不能单靠外界的作用，还要由机体本身的发展来决定。教育的问题就在于如何去发现最佳方法和环境，来促进儿童认知或智力的发展。皮亚杰指出，教师不再是一个讲演者，满足于传授现成的答案，而是能够激发儿童的积极性和探索精神。

（三）教学中应重视实践活动

皮亚杰重视实践活动在儿童教育中的作用。他认为，主体活动是主客体之间相互作用的中介环节，是个体自身与外界事物之间唯一可能的联结点。这里的"活动"，从功能意义上讲，是建立在兴趣上的行为；从执行意义上讲，是某种外在的运动性质的操作。

> **名人点睛**
>
> 集体生活是儿童之自我向社会化道路发展的重要推动力，为儿童心理正常发展所必需。
>
> ——陶行知

案例

高瞻活动设计

高瞻课程强调发展幼儿的主体性。每天都按照一个特定的架构来组织日常活动，即计划—工作—回忆。

一、教学目的

1. 促使幼儿有计划地进行活动，自愿、自主、积极踊跃地参与活动。

2. 熟悉"计划—工作—回忆"的活动过程。

3. 养成爱收拾的习惯。

二、教学准备

1. 图书区：各类故事书。

2. 表演区：音乐《拔萝卜》、各角色的头饰。

3. 构建区：积木、拼插玩具。

4. 绘画区：阳桃、莲藕等，各种颜色的颜料。

5. 操作区：橙子若干；各类装饰物，如金纸、皱纸等。

三、教学过程

(一)计划

1. 教师先向幼儿介绍每个区域的活动内容及材料。

2. 以游戏的方式引导幼儿制订简单的学习计划,如"我想去哪里玩""打算使用什么材料""怎样与别人合作"等。

(二)工作

1. 让幼儿根据自己刚才的计划选择区域活动。

2. 教师观察记录每个幼儿在活动中的表现,并给予适当的指导。

(三)回忆

1. 教师将幼儿集中起来,以提问的方式引导幼儿回忆刚才的活动,再现相应的活动经验,如"你做了什么""你是怎样做的"等。

2. 和幼儿一起看看大家的作品,引导幼儿学会观察、评价。

3. 让幼儿互相表达经验和想法。

4. 收拾物品。

皮亚杰强调,只有儿童自己真切地参与各种活动,才能获得真知,才能形成自己的假设并予以证实或否定。但他并不否认教师与同伴群体在教育中的作用。他要求对成人的尊重与儿童活动的自主及协作之间尽可能达到协调,从而把儿童与教师、儿童与儿童之间的活动推向一种高级形式的合作。

四、关于教学方法 »»»»»»»»»»»»»»»»»»»»»»»»»»»»»»»

(一)临床教学法

> **临床教学法:**
> 通过与儿童交谈或设计情境,引导儿童行动和反应,以了解其心理发展情况。

皮亚杰综合观察法、询问法、测验法和实验法,创造出一种了解儿童智力发展水平的新方法,即临床教学法或临床描述技术。它是通过与儿童交谈或设计情境,引导儿童行动和反应,以了解其心理发展情况。这种方法的独到之处在于其思路和做法可以用在教学上。教师应细致地观察儿童活动,引导儿童活动,让儿童自由谈话、自由叙述,同时因势利导,进行分析。对于年龄较大的儿童则采用作业法与谈话法相结合的方式,并在教学过程中适当穿插提问。这种方法的特点是从整体上来研究儿童,比较全面和细致,又比较灵活,不拘一格;不仅观察儿童认识了什么,也探讨儿童是如何认识的,从而了解儿童的认知发展过程,同时在交谈过程中促进儿童认知的发展。

(二)对偶故事法

> **对偶故事法:**
> 通过成对的道德故事,向儿童提问,以考察其判断依据是行为结果还是行为动机。

对偶故事法是皮亚杰研究儿童道德判断时所采用的一种方法,即通过成对的道德故事,向儿童提问,以考察其判断依据是行为结果还是行为动机。该方法通过讲述两则情节相似但动机和结果不同的故事(称为"对偶故事"),要求儿童比较并判断故事中角色的行为对错,从而揭示儿童道德判断的逻辑依据。对偶故事法不仅是一种心理学研究方法,也是一种道德教育的方法:通过对偶故事,引起儿童道德观念的冲突,推动儿童的道德认识与道德判断向更高的水平发展。

（三）社会交往法

社会交往法是通过学习者之间的社会性交往活动，获得教学效果的教育方法。皮亚杰提倡社会交往法，认为儿童的认知发展与情感和社会性的发展是不可分割的。他指出，儿童如果不同他人进行交往与合作，就无法把他的运算组成一个连贯的整体。社会交往不仅能满足儿童交际的需要，促进儿童情感的发展，而且能促使儿童的思维更明确、清晰和符合逻辑。所以，学校应当把儿童之间发生的互助协作的社会生活放在主要地位。

卡密所写的教学计划受到皮亚杰理论的影响。他提出，团体游戏在教育上的意义是协助儿童发展社会合作以及克服自我中心。例如，捉迷藏游戏，除鼓励儿童克服自我中心以外，还可发展儿童的空间推理能力(如思考有哪些地方适合躲藏)。通过社会交往法，在一个不同智力层次的团体中，儿童可以共同解决问题，整合不同的意见；同时，认知发展不成熟的儿童还可以向认知发展较成熟的儿童学习。

图 2-5　林芝市工布江达县幼儿园

（四）活动法

皮亚杰提倡在教学中使用活动法，重视高度集中注意的活动对儿童学习的意义。他认为，活动一方面能促进感知运动智慧的形成，另一方面能促进运算智慧的提高。一切知识，只有通过活动这一中介环节，才能被儿童认识和理解，并最终转化为个体的知识。

另外，让儿童在意想不到的事件中，利用情境所提供的材料来从事探索活动，尝试去理解和解决问题，是很有意义的。

案例导入评析

皮亚杰从生物学的角度出发，认为认知的本质是一种适应，也是一种结构。认知结构的发展是适应的结果，同化属于适应的范畴。同化是个体对刺激输入过滤或改变的过程。个体认知结构的基本单元是图式，认识新事物需要结合幼儿已有的图式，把新事物纳入头脑原有的图式中，使其成为自身的一部分。幼儿需要对不同的交通工具进行区分，才能理解"公交车"的概念。

皮亚杰的认知发展理论从心理学的角度分析了儿童生长发育以及智力发展的特点和规律，同时告诉我们儿童在遇到他们知道或不知道的问题时，会做出怎样的反应以及内部心理变化，便于我们更好地了解和理解儿童。成人既不要忽视孩子的每一点变化——身体的、心理的、智力的、行为的，也不要揠苗助长，期待孩子能在较短的时间里达到某些所谓的标准。成人如果不懂儿童心理学的知识，就无法与孩子沟通，也无法深入孩子的内心世界，更谈不上与孩子交朋友。尤其是当孩子还不能完整地表达自己的所思所想时，成人更应该站在孩子的角度，用

学习笔记

孩子的眼光去看待事物、理解事物，这样才能更好地解决问题。皮亚杰的理论对教育教学的影响是深远的，它启迪人们对存在于教学理论中的一系列问题进行重新认识，并为教育理论工作者所重视。

幼儿园教师资格考试模拟测试

一、选择题

1. 儿童口头语言发展的关键期是(　　)。

A. 1 岁　　　　　　B. 2 岁　　　　　　C. 4 岁　　　　　　D. 5 岁

2. 皮亚杰认为，运算阶段儿童的思维特点有(　　)。

A. 单向思维　　　　　　　　　　　B. 出现了守恒概念

C. 思维的可逆性　　　　　　　　　D. 自我中心

3. 儿童把注意力集中在自己的观点和动作上的现象被称为(　　)。

A. 自我中心　　　　　　　　　　　B. 实在主义

C. 去自我中心化　　　　　　　　　D. 客体永久性

专题二　云测试

二、填空题

1. 个体自我意识的发展经历了从生理自我到社会自我，再到_____的过程。

2. 皮亚杰认为，适应包括同化和_____两种作用的过程。

3. 皮亚杰通过观察儿童的活动，用编造的_____同儿童交谈，探究儿童关于公正、责任、欺骗、奖励等的道德发展问题。

三、简答题

1. 皮亚杰的认知发展理论中前两个阶段的特点是什么？

2. 如何理解儿童的自我中心及去自我中心化？

3. 影响儿童心理发展的四个基本因素是什么？

4. 皮亚杰的认知发展理论的主要观点是什么？

5. 简述认知的结构。

四、论述题

1. 临床法的实质和意义是什么？

2. 皮亚杰关于教育原则和教学方法的观点是什么？

3. 结合实际谈谈如何将皮亚杰的认知发展理论应用到幼儿教育中。

五、案例分析题

1. 孩子已经 2 岁 7 个月了。近些天，孩子的言行举止总是让妈妈弄不明白，这个问题一直萦绕在妈妈的脑海中。前几天，妈妈和孩子一起坐在院子里乘凉，孩子看到空中的月亮、星星，十分兴奋，和妈妈有说不完的话。可小孩哪里能明白劳累了一天的妈妈的心思。妈妈说："天黑了，该睡觉了……""月亮为什么不睡觉？""星星为什么还眨眼睛？"孩子的反问让妈妈惊讶。当妈妈和孩子一起走路时，他极不愿意让妈妈拉他的手，总是那样不听话。最让妈妈闹心的是平坦的道路他不走，却偏偏一摇三晃地走那凸凸凹凹的地方；在饭桌上，本来会自己好好地用汤匙吃饭，却故意把米粒弄了一饭桌，用手捡着放到嘴里。孩子有时也挺可爱的，前天中午，妈妈把做好的饭菜刚端到饭桌上，还没来得及解围裙，孩子就一脸认真地说："妈妈，你辛苦了。"

问题：

(1)孩子的言行举止说明了什么？

(2)在这个时期，幼儿教育中应注意的问题是什么？

2. 有位大班幼儿的家长看到孩子学习的数学内容就是 10 以内的加减法运算，但孩子却做得很慢，还不时掰手指。当孩子运算出现错误时，家长非常生气，斥责道："这么简单的题也不会做，每天都在想什么！"开始，孩子还委屈、掉泪，后来，慢慢地变得很麻木，对数学的学习感到很无助。

问题：孩子的学习是以认知为基础的吗？如何辅导孩子学好数学？

专题三 幼儿的社会性与自我发展

学习目标

1. 了解埃里克森关于各阶段儿童所面临的冲突的实质。
2. 理解社会性学习的教育指导方法。
3. 知道幼儿自我发展的阶段论。
4. 掌握促进幼儿自尊发展的具体方法。

学习要点

1. 幼儿的社会性发展

   埃里克森的儿童社会性发展理论

   幼儿的社会化及社会性学习

   幼儿社会性行为的发展

2. 幼儿的自我发展

   自我发展及教育指导

   幼儿的自尊及教育指导

案例导入

西西今年3岁了，她开始变得爱撒谎。有一次在幼儿园和小朋友们一起玩，西西从滑梯上滑下的时候被自己的裙子绊了一下，从滑梯上滚了下来，老师在旁边把她接住了。下午离园的时候，她奶奶急急忙忙把她接走了而没来得及与老师交流。第二天她妈妈来幼儿园问老师是哪个小朋友把她推下滑梯的。原来昨天回家后西西告诉妈妈有小朋友把她从滑梯上推下来。据西西妈妈的观察，西西在家也经常撒谎。比如，她不小心摔坏了东西，就撒谎说是小狗摔坏的；当她不想去幼儿园的时候，就装病或者撒谎说有小朋友打她；在幼儿园闯祸了，回家却说受到表扬了。

问题：西西撒谎是否属于不良的品德问题？应如何应对呢？

学习主题一
幼儿的社会性发展

学习主题一
幼儿的社会性发展

促进幼儿的社会性发展或社会化是教育的一个重要内容。对教育者来说，了解有关幼儿社会性发展的理论将有助于教育实践。

一、埃里克森的儿童社会性发展理论 >>>>>>>>>>>>>>

埃里克森(见图 3-1)是美国精神分析理论学家，他从生物、心理、社会环境三个方面综合考察了个体的自我发展，并提出了一个以自我为核心的人格发展学说，即社会性发展理论。

（一）儿童社会性发展理论

埃里克森认为，人的整个心理发展过程可分为八个阶段，这里仅详细介绍前三个阶段。

1. 信任对不信任

这个阶段儿童社会性发展的危机是信任对不信任。在 1.5 岁前，儿童生活上的一切需求完全依赖成人的帮助。

儿童在需求得到满足的过程中开始与成人建立人际关系。在这一时期，如果父母给儿童以爱抚和有规律的照料，儿童将会产生信任；反之，如果父母对儿童的照料随意性很强，儿童将会产生不信任感。

图 3-1　埃里克森

想一想

早期经验对人格的形成有何影响？请举例说明。

学习笔记

2. 自主对羞怯

这一阶段儿童社会性发展的危机是自主对羞怯。在这一阶段，儿童学会了走、爬、推、拉等，也学会了抓握。此阶段的儿童不但对周围的事物好奇、感兴趣，也喜欢自己动手做事情。

在这个阶段，父母如果能在儿童的安全不受威胁的情况下，让儿童自主完成他想要做的事，不过多地干涉儿童的行为，只是在儿童有困难时给予适当的帮助、完成任务时给予鼓励，儿童将获得独立自主的经验。反之，则会使儿童见到陌生人时容易羞怯，遇到困难时容易丧失信心。

3. 主动对内疚

这一阶段儿童社会性发展的危机是主动对内疚。此时儿童的语言已有了很大发展，在与人沟通时喜欢诉说、提问，对自己和别人以及周围环境都感到好奇，而且喜欢自我表现。此阶段的儿童已有了性别意识，能认识到成人社会中男女角色的不同。儿童开始模仿、认同他们喜欢的人，在行为上表现为讨好父母，希望得到父母的支持。此阶段的儿童喜爱游戏活动。

这个阶段的儿童已经开始接受类似于正规的教育训练。教育训练应以游戏为主，在自然情境中给儿童机会，这样儿童才会形成良好的性格。

(二)埃里克森社会性发展理论对幼儿教育的指导

埃里克森不是机械、孤立地研究心理的发展变化，而是强调环境、社会、历史、文化因素对个性发展的影响，强调家庭、学校对幼儿个性产生的直接影响。

社会化是一个连续且有阶段性的发展过程，个体在每个阶段须完成一个特定的受文化制约的社会任务，并且每个任务包含一对矛盾冲突。如果个体在各阶段的矛盾冲突中都能保持向积极的方面发展，就能完成该阶段的社会化任务，逐渐形成健康、积极的人格，并顺利过渡到下一发展阶段，否则就会产生心理社会危机或出现心理障碍，并可能发展出病态或不健全的人格。

在信任对不信任阶段，幼儿了解到他人是可以依赖的，以及他人也可以依赖自己。幼儿信任的发展与成人照顾的品质有很强的相关性。在人的一生中，早期的信任经验及对信任他人的态度是非常重要的。

自主或羞愧的倾向在婴儿期就形成了。埃里克森认为，被管得太紧而没有机会发展独立性的幼儿，可能会被羞愧及自我怀疑的感觉淹没，以至于丧失自尊、叛逆或做出各种强迫性行为。处理这种情况的最好方法，就是在家庭和幼儿园营造良好的氛围，提供更多机会让幼儿自己动手操作，自己做决定。

在幼儿面临主动对内疚的危机时，教师应给予幼儿充分的自我探索与尝试的机会以发展其自主性，满足幼儿探索和创造的需求。

资料库

埃里克森的社会性发展理论与弗洛伊德理论的比较

1. 埃里克森的理论不是以弗洛伊德所强调的人格异常者心理特征的研究为基础的，而是以心理健康者人格特征为基础的。

2. 在对个性动力的理解方面，埃里克森虽然承认弗洛伊德所强调的生物本能的冲动性，但是他把本能和社会环境联系起来，认为个人欲望的满足方式以及由于欲望得不到满足而产生的矛盾冲突程度，会因为社会环境的不同而有所差异。

3. 埃里克森提出了青春期是获得自我同一性的关键期，这一点与弗洛伊德认为的四五岁的儿童就知道男女之间有很多不同有较大差异。

4. 在个性发展阶段的划分方面，埃里克森认为，划分个性的发展阶段，在考虑弗洛伊德所强调的生物本能欲望的同时，也必须注意社会因素在个性发展中的意义。

社会化：
个体逐渐掌握社会规范，正确处理人际关系，从而适应社会生活的心理发展过程。

二、幼儿的社会化及社会性学习 >>>>>>>>>>>>>>>>>>>>>>>>>>

(一)社会化及其原因

所谓社会化，是指个体逐渐掌握社会规范，正确处理人际关系，从而适应社会生活的心理发展过程。

1. 外部原因

①家庭：幼儿的社会化首先是在家庭中开始的。

②幼儿园：作为正规教育机构，幼儿园对幼儿社会化的影响包括师幼交往过程中的直接教导、活动中幼儿的主动内化、校园文化的间接熏陶。

③同辈群体：具有松散性和隐蔽性的特点，因而往往在更高程度上控制着个体的行为和态度，对个体的社会行为及情感体验具有深刻影响。

④大众传媒：在信息社会，个体对大众传媒信息的选择、加工过程直接制约着个体的价值取向和生活方式。对低龄幼儿而言，电视中播放的动画片对其社会化具有一定影响。

2．内部原因

①模仿：个体通过对榜样的学习和认同获得社会行为方式，进而内化为人格品质。

②认知加工：个体根据已有的认知发展水平及价值取向，同化和顺应社会规范，有选择地吸收，然后将其加工改造成自己人格的一部分。

③社会角色扮演：个体通过扮演社会角色，获得相应的社会规范，形成自我概念，达到自我定向。

④自我强化：个体对自己的某些行为给予暗示或肯定，以达到强化的目的和效果，它充分体现了社会化过程中主体的监控地位。

⑤社会合作：个体通过人际交往参与群体活动，建立人际关系，获得社会规范及价值标准。

（二）幼儿的社会性学习及其教育指导方法

1．幼儿社会性学习的特点

①随机性和无意性：幼儿可以在许多活动中随机地、无意地进行社会性学习。

②长期性和反复性：幼儿的社会性学习是长期的、终身的任务，具有较强的可塑性和不稳定性。

③实践性：通过实践和练习，规范、价值将被内化为幼儿的个人品质。

2．幼儿社会性学习的教育指导方法

（1）观察学习法

观察学习法是指个体通过观察、模仿习得新的行为模式的方法。

正面的榜样有助于促进幼儿的亲社会行为，这往往通过替代强化实现。替代强化是指观察者看到榜样受到强化或惩罚，从而影响自己的行为模式。

（2）强化评价法

强化评价法是指在社会性学习中，幼儿通过成人和同伴的强化、评价，把别人肯定、认可的行为保留下来，使别人否定、批评的行为受到抑制，最后逐渐消退。教师在运用评价手段时应注意：一要适度；二要尽量引导幼儿从自身体验中得到奖惩。

（3）体验思考法

体验思考法是指幼儿对在与他人交往中产生的体验进行思考并调节自身的行为，从而促进其社会性的发展。

> **观察学习法：**
> 个体通过观察、模仿习得新的行为模式的方法。

多变的世界

一、活动目标

1. 引导幼儿用较完整的语句讲述自己成长的变化及周围事物、环境的变化。

2. 懂得事物都是变化发展的。

二、活动准备

1. 前期经验:观看过上海旧风情图片展。

2. 收集:小时候的照片,城市(上海)变化的照片(新旧环境对比的照片),延伸活动操作材料(废旧材料、纸箱、贝壳、剪刀、吸管、回形针等)。

三、活动过程

(一)人的比较——成长的变化

1. 比较自己婴儿时的照片和现在的照片。幼儿讲述:和小时候相比,哪些地方发生了变化?

2. 讨论:你以后还会不会变?会变成什么样子?

3. 小结:人是不断成长和变化的。

(二)动植物的比较——事物的变化

1. 提问:除了人,动植物也在变,我们周围还有什么东西变得和以前不一样了?

2. 幼儿讲述:介绍自己收集的动植物变化的照片。

3. 小结:人的本领可真大,可以让我们周围的环境变得更好。

(三)新旧环境的比较——环境的变化

1. 以前是怎样的?现在又是怎样的?这样的变化好不好?

2. 上海为什么变化这么大?

四、活动延伸

1. 找找外面还有什么变化。

2. 教师和小朋友一起利用收集的废旧材料在创意角变一变。

角色扮演法:
幼儿通过扮演社会角色掌握社会行为规范的方法。

图3-2　上海市童星幼儿园

(4)语言传递法

语言传递法是指通过语言向幼儿介绍社会行为规范、社会知识,解释道理,以使幼儿获得社会性发展。

(5)角色扮演法

角色扮演法是指幼儿通过扮演社会角色掌握社会行为规范的方法(见图3-2)。在角色扮演中,幼儿感知角色之间的关系,感知和理解他人的感受和行为,掌握自己承担的角色应遵循的社会行为规范和道德要求;明白角色标准往往是由社会环境决定的,每种角色都有自己的一些特殊行为模式。

(6)移情训练法

移情训练法就是通过故事、情境表演等形式使幼儿理解和分享别人的情绪体验,以使幼儿在日常生活中主动理解和分享与他人类似的情绪体验。

（三）幼儿性别角色的发展

1. 幼儿性别角色的发展及性别化

性别角色是指社会对男性和女性社会成员所期待的适当行为的总和。性别化是指在特定文化中，幼儿获得适合某一性别的价值观、动机和行为的过程。性别化的发展通常包括四个相互联系的领域。

（1）性别同一性的发展

性别同一性是指幼儿对其基本生物学特征属于男或女的认识和接受，即理解性别，包括正确使用性别标签、理解性别的稳定性，知道一个人的性别不会因发型、服饰等而改变。幼儿性别同一性的发展，首先从区分男性和女性的概念开始，把发型、服饰等作为区分性别的依据，而把体型和其他身体特征作为次要因素。当发型、服饰改变后，幼儿认为性别也随之改变。[1] 张积家的研究表明，1.5～2.5 岁的幼儿还不知道自己的性别，幼儿性别的自认发生在 3～4 岁，幼儿的性别意识是不稳定的。[2]

（2）性别角色观的发展

性别角色观是指幼儿对不同性别行为模式的理解。幼儿在形成性别同一性后，就形成了对性别角色模式的认识和理解。4 岁以上的幼儿开始从心理意义上区分性别，如一名 6 岁的幼儿可能会说木匠是男性的职业，不适合女性；而更大一些的幼儿可能认为女性只要愿意，可以选择木匠的职业。这反映出幼儿对性别角色的理解逐步脱离表面性而趋于深刻化。

（3）性别化行为的发展

在性别同一性形成之前，幼儿就表现出对玩具偏爱的性别差异。研究表明，女孩在 2 岁、男孩在 3 岁时就明显表现出选择同性别玩具的倾向。

（4）男女性别化发展的差异

男女性别的差异主要表现在：女孩的言语能力一般优于男孩，男孩的视觉空间能力和逻辑推理能力一般优于女孩；此外，大多数男孩在身体和言语上都比女孩更具有攻击性。[3] 对幼儿游戏的跨文化研究发现，男孩和女孩最明显的性别差异是男孩的游戏比女孩的游戏粗野，表现出更多的身体上和言语上的敌对行为。这个特点在婴儿期不久后就开始出现，一直持续到童年中期。

2. 幼儿性别化发展的教育指导

（1）家庭

幼儿一出生，父母就因其性别不同而区别对待，如从取名、服饰、玩具，到以后的行为、生活方式要求等，都会有不同的态度。父母也鼓励和强化孩子从事符合其性别特征的活动。

性别角色：
社会对男性和女性社会成员所期待的适当行为的总和。

性别化：
在特定文化中，幼儿获得适合某一性别的价值观、动机和行为的过程。

性别同一性：
幼儿对其基本生物学特征属于男或女的认识和接受。

想一想
从性别角色的观点出发，你认为男孩或女孩的行为有固定的模式或标准吗？

学习笔记

① 王振宇：《儿童心理学》，250 页，南京，江苏教育出版社，1987。
② 张积家：《儿童性别意识发展的研究》，载《心理科学通讯》，1990(1)。
③ 杨丽珠、吴文菊：《幼儿社会性发展与教育》，167 页，大连，辽宁师范大学出版社，2000。

(2)幼儿园

幼儿在幼儿园接受正规教育，师幼互动和同伴关系是幼儿性别化的重要因素。幼儿园里一般女教师居多，因此对幼儿许多方面的要求往往带有女性化倾向。这一点应特别引起教育者的重视。在同伴的游戏活动中，幼儿如果偏离了性别角色标准，就会受到同伴的强烈指责。

(3)媒介

现在很多幼儿都是在电视的陪伴下长大的。电视中的人物对性别角色的看法可能会内化到幼儿的认知系统中，使幼儿无形中接受了社会关于性别角色的定型观念。教师和家长应注意观察幼儿日常生活中的性别角色认同情况，适时加以引导。

资料库

儿童性别化的理论

一、生物学理论

生物学理论强调两性的遗传基因及激素的不同导致了性别角色的差异。这一理论观点是从弗洛伊德开始的。弗洛伊德认为男女不同的心理状态、行为模式是由不同的生理解剖特点决定的。

二、社会学习理论

班杜拉认为，性别角色的形成就是观察、模仿同性行为模式的学习过程。在性别定型过程中，男孩倾向于模仿父亲的行为，女孩倾向于模仿母亲的行为。

三、信息加工的图式理论

性别图式是指一套关于男性和女性观点的期望，直接影响着人的行为和思维。性别图式在影响儿童性别化过程中发挥着重要作用，表现为：一是儿童会评价信息对自己的性别是否合适；二是当外界信息符合自己的性别图式时，儿童会做进一步的探索。

四、群体社会理论

哈里斯认为，对儿童性别角色的发展起重要作用的是同伴群体而不是家庭，以双性化方式教养孩子并不能减少孩子相应性别特征的行为。这一理论预测，当另一性别不在场时，性别分化的行为会减少。一项研究表明，男孩在场时对女孩有影响，即女孩单独玩球时会表现得很有竞争性，但当男孩加入后，女孩的行为可能会发生很大变化，她们会显得比较害羞而且没有竞争性。

三、幼儿社会性行为的发展 >>>>>>>>>>>>>>>>>>>>>>>>>>>>>>

（一）亲社会行为

亲社会行为：
个体表现出的谦让、帮助、合作、共享等有利于他人和社会的行为。

1. 亲社会行为的含义

亲社会行为，是指个体表现出的谦让、帮助、合作、共享等有利于他人和社会的行为，也是个体帮助或打算帮助其他个体或群体的行为趋向。理想的亲社会行为应该是最大限度地做出对他人有利的行为。[1]

从动机和目的性来看，真正自觉而无私的亲社会行为是人类特有的。亲社会

---

① 李丹：《儿童亲社会行为的发展》，10页，上海，上海科学普及出版社，2002。

行为分为两类：一类是自发的亲社会行为，其动机是关心别人；另一类是常规性的亲社会行为，即期望得到好处或避免别人批评自己而做出善意的行为。

案例

奥莎拉·麦卡迪(Oseola McCarty)是一个在密西西比长大的黑人女孩。六年级时，她退学做了一名洗衣女工。她一直没有结婚，也没有孩子。她生活得很节俭，将不多的工资——大多数是美元硬币和零钱——都存进了银行里。在她87岁这一年，她将自己的全部积蓄15万美元捐给了南密西西比大学，将其作为黑人学生的奖学金。她解释说："我希望能与孩子们分享我的财富……我不介意工作……但是，也许我可以让这些孩子不会像我那样工作。"

2. 幼儿亲社会行为的发展

(1)1～3岁幼儿亲社会行为的发展

皮亚杰指出，8～12个月的幼儿已经产生了妒忌心理。研究表明，2～3岁的幼儿能自发地赠送物品和玩具。[①] 12个月的婴儿已经产生了分享行为。

(2)3～6岁幼儿亲社会行为的发展

幼儿的亲社会行为与幼儿的自我意识、社会认知能力发展密切相关。自发的利他行为，如合作、分享或其他的亲社会行为要到3～6岁时才真正出现。顾鹏飞等人的研究表明，幼儿已经开始懂得在什么情形下需要帮助，并有了帮助他人的意向，当然幼儿助人观念的自觉性较低。[②]

幼儿的亲社会行为表现出复杂性。幼儿的亲社会观念与亲社会行为发展的一致性在幼儿阶段表现得不明显。有些幼儿的亲社会观念与行为脱节情况严重，这与有些幼儿园注重言语灌输、不注重培养亲社会行为有关。

3. 幼儿亲社会行为的教育指导

①重视幼儿观点采择能力的培养。观点采择能力是指幼儿能采取他人的观念来理解他人思想与情感的社会认知技能。角色训练对幼儿的助人行为及动机水平有重要的促进作用。

②移情训练可引起幼儿对他人观点的注意。

③成人的示范和树立良好的榜样有助于幼儿养成亲社会行为。

④文化和大众媒体对幼儿亲社会行为的影响是双向的。电视对幼儿的亲社会行为既有正面影响，也有负面影响。[③]

（二）攻击性行为

1. 攻击性行为的含义

攻击性行为是指侵犯别人身心健康的行为，如幼儿为了实现自己的愿望而推打其他幼儿。攻击性行为是幼儿个体社会化发展的一个重要方面。攻击性行为的发展状况既关系到个体人格和品德的发展，也是个体社会化成败的一个重要标志。

① 杨丽珠、吴文菊：《幼儿社会性发展与教育》，154页，大连，辽宁师范大学出版社，2000。
② 顾鹏飞、李伯黍：《5—13岁儿童利他观念发展研究》，载《心理科学通讯》，1990(3)。
③ ［美］卢文格：《自我的发展》，韦子木译，4页，杭州，浙江教育出版社，1998。

2. 幼儿攻击性行为的发展

(1)1~3岁幼儿攻击性行为的发展

早在1977年，美国心理学家霍姆伯格就进行了一项关于12~24个月幼儿社会交流模式发展的研究，结果发现，他所观察的12~16个月幼儿，其相互之间的行为大约有一半可被看成破坏性的或冲突性的行为。幼儿的攻击性行为明显出现的时间是2岁左右。

(2)3~6岁幼儿攻击性行为的发展

2岁以后，幼儿的攻击性行为迅速发展，5岁以后则明显减少。在学龄前，攻击的方式会随年龄发生变化，身体攻击性行为逐渐减少，言语攻击性行为逐渐增多。

3. 幼儿攻击性行为的教育指导

①引导幼儿正确与人交往，发展良好的人际关系。家长要加强幼儿的思想品德教育，鼓励其与其他幼儿交往。

②坚持正面教育，慎用惩罚手段。当幼儿出现积极行为时，成人应立即给予肯定、鼓励。

③避免家庭教养方式的负面影响。家长的情绪、言行是影响幼儿情绪的主要因素，为此应尽量避免强迫幼儿按照自己的意愿行事。

④培养幼儿的自我保护能力。例如，当幼儿意识到自己要被打时，可以提醒对方不许打人，或者直接把对方的手推开；在遭到攻击时，可明确表达自己的愤怒，在不伤害对方的前提下，予以适度的反击。

学习主题二
幼儿的自我发展

为什么要研究自我？自我从某一角度代表了一个人看待世界的方式。幼儿自我的发展与认知、社会性、品德的发展具有同等重要的地位。除此之外，它还有自己独特的内涵和教育意义。

一、自我发展及教育指导 >>>>>>>>>>>>>>>>>>>>>>>>>>>>>>>

(一)自我的相关研究

自我：
个体表现出的自我认识、自我体验和自我控制。

1. 自我的概念

弗洛伊德认为，人格分为自我、本我和超我，本我和超我在一定程度上是无意识的，自我是存在或组织，也是个体表现出的自我认识、自我体验和自我控制。阿德勒是自我心理学的代言人。他始终保留着自我追求的思想，并用创造性自我来表达这一思想。

自我的概念是一个由多成分构成的自我动力系统。有关自我动机的两个概念：一是自我验证，即自我一致性，强调维护一致性的自我结构的需要；二是自我增强，指导求维持或增强个人自尊的信息加工，即增强自我概念的积极方面，减少自我概念消极方面的东西。

2. 新生一代对自我的研究

近几十年对自我关注的人格心理学家，被称为有力量的新生一代或"我的一代"。自我知觉和自我意识可看成存在自我和类型自我。这里有三个重要概念：一是自我知觉，指把自己和他人、物体区别开来的自我，3 个月至 1.5 岁的婴幼儿已经具备了这种能力；二是自我意识，即自我反省的能力，如好斗的雄性暹罗鱼看到挂在鱼池墙上镜子中的自己，就像看到鱼池中同类雄鱼的出现，它会张开鳍，确切地说，这是它看到一个雄性竞争对手时做出的反应；三是自我意识情绪，指需要自我意识去体验的情绪，如害羞、自豪等。

总之，从詹姆斯时代到今天，尽管对自我概念的研讨时而被重视时而被忽视，但心理学家没有停止过对自我的关注。

自我的特征及分类见表 3-1。

表 3-1　自我的特征及分类

分类法	维度	具体定义
二分法	分离感	意识到自己作为一个独立的个体，在身体、情感和认知方面都具有自身的独特性
	同一感	跨时间、跨空间的稳定，一个人知道自己是持续存在的，不随环境及自身的变化而否认自己是同一个人
三分法	自我认识(知)	自我感觉、自我概念
	自我情绪体验(情)	自我感受、自尊、自爱
	自我控制和调节(意)	自我控制、自我掌握

（二）卢文格的自我发展阶段论

卢文格把幼儿的自我发展划分为以下几个阶段。①

1. 前社会阶段

刚出生的婴儿没有自我意识，其任务就是学会把自己与周围环境区分开来。这个阶段的幼儿还不能区分自我与无生命的客体世界，在很长时间里求助于"我向思考"。

2. 象征阶段

尽管幼儿了解到客观世界的稳定性，但是仍然认为自己与母亲或生活中的玩具具有共生关系。从这种共生关系中，幼儿慢慢地把自己与他人区分开来。

3. 冲动阶段

幼儿的冲动意味着他正在走向独立。此阶段的幼儿倾向于把人分成好人和坏人，但这还不是真正的道德判断。幼儿常常把好人和坏人同"大方"和"小气"，甚至"干净"和"肮脏"等同起来。

4. 自我保护阶段

幼儿意识到冲动是令人吃惊的，也是不正确的。在自我意识水平上，幼儿感受到自我选择的重要性。

① ［美］凯根：《发展的自我》，李维译，134 页，杭州，浙江教育出版社，1999。

5. 尊奉阶段

幼儿开始意识到，自己的幸福是与集体的幸福联系在一起的，为了加强这一点，需要有强烈的信任感。生活在没有仇恨的环境里，幼儿感到愉快，而生活在充满敌意的环境里，幼儿将难以成为一个尊奉者。

6. 公正阶段

在公正阶段，儿童第一次发现了被称为良心的道德信号，规则内化是在这个阶段完成的。这个阶段人与人之间的关系如同兄弟，个体感到对他人负有责任。儿童开始把自己看成命运的主人。

7. 自主阶段

此阶段的标志是儿童具有处理内部冲突的能力，能够对不同意见表现出高度容忍。处于自主阶段的儿童把自己的生活作为一个整体，渴望客观地看待他人和自己。

8. 整合阶段

所谓整合，是指一个人超越了自主阶段的冲突，这是自我发展的最高阶段，相当于马斯洛的自我实现层次。

总之，自我发展从最低水平到最高水平并不是平稳过渡的，阶段之间具有质的差异。从低水平到高水平在数量方面的差异变量被称为极性变量，在性质方面的转折被称为里程碑变量。极性变量与里程碑变量是连续变量和非连续变量的扩展。

（三）自我发展的人际观点采择理论

在人际关系发展过程中，主要的要素是主观性(理解内隐思想和感情)、自我意识、人格和人际关系的本质。在自我发展中，人际关系水平包括以下几种。

水平0：产生自我中心观点。幼儿知道别人和他一样具有思想感情，但不能将他人的感情与自己的感情区分开。朋友可以是邻居，也可以是玩具。

水平1：产生主观观点。这是小学低年级儿童的典型水平。儿童把人看作可解释的社会事件，并将自己的观点与别人的观点区分开。例如，朋友是可以一起玩的人。

水平2：产生反省观点。这是小学高年级儿童的典型水平。儿童可以接受一种以上的观点。例如，朋友既可以是喜欢一起玩的人，也可以是彼此合得来的人。

水平3：产生第三者观点。儿童可以概括他人的观点。

水平4：趋向于定性系统。对人格和人际关系的理解具有一定的复杂性。例如，亲密的友谊可能意味着共享私人的秘密。

水平5：象征性的相互作用。个体概念和人际关系概念被合并在一个复杂的过程中。

（四）幼儿自我形成的影响因素及教育

1. 幼儿自我概念形成的影响因素

（1）社会互动

①幼儿的自我概念是在社会交往中形成与发展的。在社会交往中，幼儿通过他人的评价逐渐认识自己，自我意识不断得到发展。幼儿自我形成的过程是形成

镜像自我的过程，即幼儿把他人当作一面镜子，通过他人对自己的表情、评价和态度等来了解和界定自己。

社会交往影响幼儿的自我整合。社会对幼儿评价标准的差异会使幼儿无所适从。幼儿一方面将意识焦虑转向内部；另一方面对他人的态度也非常敏感，关心他人对自己的评价，自我表现出不确定性。只有通过交往、交流，个体才能获得有效的信息，并将这些信息协调起来，构成统一协调的自我概念。

③社会文化赞许。社会文化赞许对自我发展具有潜移默化的影响。外貌在获得社会文化赞许上是一个非常重要的因素。对自己的外貌不满意的幼儿，不论男女，往往拥有较低的自我价值感。

(2)社会认知发展水平

幼儿观点采择能力的提高有利于幼儿认识自我。其中，一种重要的成分是社会比较能力，指个体在头脑中将自己的观点与他人的观点比较，或把自己的特征与他人的特征加以对比的能力。自我评价的结果依赖个体所进行的社会比较。

2. 训练幼儿的责任心有助于发展自我

自我发展是从外部到自我，从世界到经验、兴趣和控制的逐步内化过程。如果缺乏责任心，个体就表现出冲动或因缺乏自我洞察而指责别人。较强的责任心依赖控制的逐步内化，因此，我们可以通过责任心训练来发展幼儿的自我。

二、幼儿的自尊及教育指导 >>>>>>>>>>>>>>>>>>>>>>>>>>>>

(一)关于自尊、自尊感及存在的教育问题

1. 自尊

关于自尊的研究始于詹姆斯。他认为，自尊是成就与期望之比①，强调由成就引起的自我评价的情感，如自豪、自责等，这些是自尊的重要组成部分。自尊具有保护自我人格完整和主动心理防御功能。

2. 自尊感

自尊感是对自己进行评价及认为自己会被他人接受或拒绝而产生的心理感受。如果幼儿各方面的发展协调，他会认为自己是胜任的，其自尊水平也较高；担心自己的外貌或朋友太少的女孩会认为自己没有吸引力，于是就会对自己产生较低的评价，表现出低水平自尊。

自尊感对个人的心理健康、成就以及人际关系的建立起着至关重要的作用。健康的自尊感能帮助幼儿迎接挑战、抓住机遇和追求理想；而不健康的自尊感会使幼儿产生自卑心理，如自暴自弃、意志消沉、胆怯、缺乏前进的勇气和动力，甚至可能导致社会适应不良，产生心理疾病或某些反社会行为。因此，研究幼儿自尊的培养有着极重要的现实意义。

图 3-3　建水县机关幼儿园

3. 存在的教育问题

如果把自尊比喻成一个气球，人在受到责备时就会像气

自尊：是成就与期望之比，强调由成就引起的自我评价的情感。

① 张文新：《儿童社会性发展》，393 页，北京，北京师范大学出版社，1999。

学习笔记

球被刺穿一样而漏气和萎缩。不幸的是，教师总是有许多方式（也许不是有意的）来刺伤这个气球，具体表现为以下三点。

①以比较和竞争的方式进行鼓励，所产生的问题在于只有少数幼儿在这个情境中有机会"赢"。

②给幼儿过多的帮助和保护，这可能无意间降低幼儿的自尊水平。

③在众人面前批评幼儿，会使幼儿觉得大家都不喜欢他或自己是没有价值的。

（二）幼儿自尊的教育

1. 对幼儿自尊的正确认识

①不能认为幼儿什么都不懂、没有自尊，更不能认为他们的自尊不会受到伤害。

②不能被幼儿总体自我评价较高的现象迷惑，认为教育只要不伤害他们的自尊即可，无须培养。幼儿自尊的发展还处于初级阶段，存在总体自我评价较高的现象，教师要抓住这个关键时期，培养幼儿的自尊，帮助幼儿提升自尊水平。

③幼儿的自尊容易波动，易受外界影响，因此在教育上要重视细节，以免对其造成伤害，也不能经常采用惩罚手段，使他们处于低自尊状态。

④不同因素对不同年龄幼儿的影响程度存在差异，教师应充分认识到这一点，有针对性地培养幼儿的自尊感。

2. 明确幼儿自尊的发展过程

自尊的形成是个体社会化过程的一部分，有了自尊意味着幼儿获得了一种舒适感。[①] 幼儿的自尊也是随社会互动和认知能力的发展而发展的。

刚出生的婴儿对自我和外界的反应、评价的认识还相当模糊，故自尊尚处于萌芽阶段。

1岁以后，幼儿的自我体验开始丰富，并且由于活动能力的增强和活动范围的扩大，开始探索自己能力的极限以及自己对他人影响的性质，自尊便产生并开始发展，但受认知水平的制约仍表现出自我中心的特征。

相比之下，3～6岁的幼儿越来越能客观地认识自己的能力，并且对自己有了要求，能把自己看成别人评价的对象，也意识到被成人和同伴接受的重要性。

3. 关注幼儿自尊的影响因素

幼儿的自尊主要受周围成人的影响，如父母。进入幼儿园后，其他成人（如教师）的意见对幼儿来说也会变得很重要，同伴的意见亦然。

4. 促进幼儿自尊发展的具体方法

（1）无条件积极关注

协助幼儿建立自尊最有效的方法，是去感受和实践罗杰斯提出的无条件关心。

（2）真诚的认可和赞美

赞美幼儿是使幼儿建立自尊的一种常见方法。事实上，在强化幼儿的自我价值感上，赞美只是众多方法之一，不一定是最好的方法。有时幼儿获得赞美后，

---

① ［美］朱莉·塔拉德·约翰逊：《为你喝彩——建立起你的自尊》，林泳海译，6页，北京，中国人民大学出版社，2002。

行为表现反而不如以前，因此，应注意赞美使用的时机和频次。

（3）尊重

尊重幼儿必须落实到行动上，避免羞辱幼儿，也不能轻视幼儿的行为。表达尊重的方法是向幼儿说明规则背后的理由。拥有高水平自尊的幼儿，其父母大多都严格要求他们，但是也会花很多时间说明大人这样做的理由。

（4）协助幼儿

协助幼儿获得能力，是形成其内在自我价值感的最好方法。幼儿每次有了好的行为表现时，行为本身就是成功的酬赏。幼儿获得的工具性与人际关系的经验越多，他们就越会相信自己的能力。这种基本能力能使幼儿拥有信心，自信是建立自尊的最佳要素。

案例导入评析

年幼的孩子撒谎多有想象的成分，算不上是品德问题。有时孩子说谎，只是大人没有完全掌握情况，但是如果通过推测可以肯定是孩子在说谎，这时大人就应该直接说出真相，弄清此事是怎么回事。但年龄稍大的孩子如果经常说谎，就可能存在心理问题。遇到孩子说谎时，大人首先要信任孩子，多和孩子亲近，让亲子之间搭起一座沟通的桥梁，这样孩子才能坦诚、愉快地与大人相处。随着孩子认知的成熟，说谎的情况可能会逐渐改善。

埃里克森关于社会性发展的理论重视幼儿各阶段的心理危机以及社会教育对个性的影响；个体的社会化和社会性学习是有规律可循的；要重视幼儿自我发展的特点，关注幼儿的自尊及其教育指导。为了更好地促进幼儿自我及社会性的发展，教师需要因材施教，采取合理的教育方法。

幼儿园教师资格考试模拟测试

一、选择题

1. 根据埃里克森的理论，1.5～3 岁这一阶段的发展任务是培养（　　）。

A. 自主感　　　　　　　　　B. 主动性

C. 勤奋感　　　　　　　　　D. 自我同一性

2. 将人的整个心理发展过程分为八个阶段的心理学家是（　　）。

A. 华生　　　　　　　　　　B. 桑代克

C. 斯金纳　　　　　　　　　D. 埃里克森

3. （　　）是指社会对男性和女性社会成员所期待的适当行为的总和。

A. 性别　　　　　　　　　　B. 性别角色

C. 性别化　　　　　　　　　D. 性别角色观

4. 自我发展的人际观点采择理论的最高水平是（　　）。

A. 产生反省观点　　　　　　B. 产生第三者观点

C. 趋向于定性系统　　　　　D. 象征性的相互作用

专题三　云测试

二、填空题

1. 心理发展，指个体从出生、成熟、衰老直到死亡的整个生命过程中所发生的一系列心理变化，包括认知发展和_____。

2. 埃里克森不是机械地、孤立地研究心理的发展变化，他强调环境、社会、历史、_____因素对个性发展的影响。

3. 幼儿社会性学习的特点有随机性和无意性、_____和反复性、实践性。

4. _____是指一套关于男性和女性观点的期望，它直接影响着人的行为和思维。

三、简答题

1. 幼儿的社会性学习具体的教育指导方法有哪些？
2. 有关幼儿性别化的理论有哪些？
3. 简述卢文格的自我发展阶段论。
4. 幼儿亲社会行为的影响因素有哪些？
5. 简述幼儿性别角色发展的阶段与特点。

四、论述题

1. 结合实际谈谈幼儿亲社会行为的发展特点及其教育指导。
2. 结合实际谈谈如何提高幼儿的自尊。
3. 结合实际谈谈攻击性幼儿的行为表现及干预策略。

五、案例分析题

1. 青青上幼儿园已经有几个月了，可是，每次妈妈去接她的时候，她都不说话也不动，眼巴巴地望着妈妈来的方向，看上去怪可怜的。别的小朋友都有说有笑，可她一句话也不说。妈妈觉得女儿是一个心重的宝宝，询问老师，老师说："青青特别乖，但她总一个人玩，不喜欢和小朋友们做游戏，也不喜欢说话。"妈妈对此百思不得其解。

问题：青青出现了什么问题？试着从同伴交往方面谈谈相应对策。

2. 明明，3岁，上小班，时而会打不喜欢的小朋友。主要行为表现：在做游戏的过程中，经常和小朋友争抢玩具。只要是自己喜欢的玩具，就一定要抢过来，有时会打人或者咬人。当得不到自己喜欢的玩具时，会大哭。

问题：结合此案例谈一谈教师和家长应如何对幼儿的攻击性行为进行教育。

3. 宣宣是某幼儿园大班的孩子，今天上午挨了老师的批评。事情是这样的：前几天，宣宣所在的班级转来了一个小朋友——李明，宣宣主动找李明玩，可李明不爱和他玩。今天上午刚到班里，宣宣又找李明教他"玩魔术"，李明不同意，宣宣就动起手来了……

在老师的眼中，宣宣总是主动和小朋友接触，可没过多久，就没人愿意和他玩了。然而，他自己仍玩得有滋有味。

问题：

(1)宣宣的行为及他和小朋友的关系说明了什么？请用幼儿社会性发展的有关知识回答。

(2)怎样帮助宣宣处理好和小朋友的关系？

专题四 幼儿学习的个体差异与群体差异

学习目标

1. 了解智力个体差异的具体表现。
2. 知道多元智力理论的教育意义。
3. 熟悉学习方式和认知方式差异的类型。
4. 了解群体差异及其教育对策。

学习要点

1. 智力与人格的个体差异
   智力的个体差异
   人格的个体差异
   学习方式与认知方式的个体差异
2. 幼儿群体差异与多元文化教育
   群体差异与幼儿教育
   幼儿多元文化教育的具体要义

案例导入

这是一次户外体育活动"我们的花园"，幼儿分两队走过平衡木并将手中的红花插入对面的塑料桶中。游戏开始后，小朋友们大都勇敢地通过平衡木完成了插花任务，可到了蕊蕊，她跑到平衡木这里却不上去，后面同队的小朋友大声地喊着："蕊蕊，加油！蕊蕊，加油！"老师看到蕊蕊在平衡木前犹豫不决就跑过去，一问才知道她不敢上平衡木。蕊蕊是一个性格内向的女孩，平时不太喜欢参加体育活动，但她有自己的长处，如画画很好。

问题：根据多元智力理论，如何对待不同幼儿的学习与成长呢？

个体差异问题在早年的教育心理学著作中是一个重要部分。近年来，国内的教育心理学著作大多也会讨论此问题。个体差异既包括种族、性别和语言等方面的差异，也包括智力、认知风格、学习风格和创造力等方面的差异。

学习主题一
智力与人格的个体差异

> **个体差异：**
> 个体之间稳定的心理特点的差异，包括性格、能力、兴趣等方面的差异。

个体差异，即个体之间稳定的心理特点的差异，包括性格、能力、兴趣等方面的差异。[①] 在实际的学习情境中，幼儿的个体差异表现在智力、人格、学习方式与认知方式等方面。

一、智力的个体差异 >>>>>>>>>>>>>>>>>>>>>>>>>>>>>>>

（一）智力水平的个体差异

> **学习笔记**

人的智力水平呈正态分布。大约有70%的人属于常态智力，有28%的人有较高或较低的智力水平，另有2%的人智力超常或智力低下。个体智力在幼儿阶段已表现出一定的差异。需要注意的是，早期教育、训练和干预对智力的发展是十分关键的。

（二）智力结构的个体差异

1. 分析型、综合型和分析综合型

这是根据知觉过程的特点划分的。分析型的人知觉分析能力较强，对事物的细节能清晰感知；综合型的人知觉的概括性和整体性较强；分析综合型的人兼具以上两个方面的特点。

2. 视觉型、听觉型、运动型和混合型

这是根据记忆过程中不同感觉通道的记忆效果划分的。视觉型的人视觉记忆效果最好，听觉型的人听觉记忆效果最好，运动型的人动觉记忆效果最好，混合型的人各种感觉通道的记忆效果相差不大。

3. 艺术型、思维型和中间型

这是根据高级神经活动中哪种信号系统占优势划分的。艺术型的人第一信号系统占优势，思维型的人第二信号系统占优势，中间型的人两种信号系统比较均衡。

> **资料库**
>
> 常用的儿童智力测验量表
> ①丹佛发育筛查测验，用于0～6岁。

---

① 陈琦、刘儒德：《当代教育心理学》，275页，北京，北京师范大学出版社，1997。

②皮博迪图片词汇测验，用于 2.5～18 岁。

③入学合格测验，用于 4～7 岁。

④画人测验，用于 5～12 岁。

⑤瑞文测验，用于 5～11 岁。

⑥斯坦福—比纳智力量表，用于 2 岁至成人。

⑦韦氏学前儿童智力量表，用于 4～6 岁。

⑧韦氏儿童智力量表，用于 6～16 岁。

⑨希-内学习能力测验，用于 3～16 岁。

（三）教学编组

幼儿之间智力的个体差异极大。在一个随机抽样的小组中，6 岁幼儿的智龄竟相差 4 年以上。① 为了适应智力或人际关系的个体差异，出现了以下几种教学组织形式。

1. 同质分组

同质分组指按照智力、成绩进行编组或编班。这种分班的优点在于方便某些学科的教学，但弊端也很明显。同质分组其实是给幼儿贴上不同的标签，这样容易使有些幼儿骄傲自满，使有些幼儿感到受挫。

2. 留级与跳级

这是缩小班内幼儿能力差距的方法。留级使幼儿有第二次学习的机会，但效果并不理想，多数留级者的成绩并无多大进步，甚至比原来更差。这与留级有损自尊心有关。而跳级的情况则会好得多，这类幼儿往往能跟上学习进度，且不会有受挫感。

3. 社会人际关系编组

这是按照人际关系把那些在一起相互感觉不错的幼儿分在一个组里。这种做法有利于激发幼儿的潜能，可以培养幼儿的自信心、自主性、积极性和创新意识，这些也是埃里克森所认为的童年期发展的重要方面。

（四）多元智力理论 >>>>>>>>>>>>>>>>>>>>>>>>>>>>>>>>>>

1. 多元智力理论的要义

加德纳(见图 4-1)等人认为，智力并非只有语言智力和逻辑数学智力两种形式，而是存在多元智力。如果仅根据语言智力和逻辑数学智力两种形式来判断幼儿智力的高低，那么很可能把在文化考试中成绩不佳的体育生归为低智力者，这显然是不合理的。加德纳提出人至少具有八种智力。

(1)语言智力

语言智力指用语言进行思维、表达以及欣赏语言深层次内涵的智力，如作家、记者等都具有较高的语言智力。语言智力高的人往往有条理、敏感、反应快，有较强的推理能力等。要培养这种智力可以采用讲故事、表演幽默的小品、辩论、猜谜等方法。

图 4-1 加德纳

---

① [美]索里、[美]特尔福德：《教育心理学》，高觉敷、刘范、林传鼎等译，603 页，北京，人民教育出版社，1982。

(2)逻辑数学智力

逻辑数学智力指人能够计算、量化、思考、命题和假设的智力,如进行复杂的数学运算。数学家、计算机程序员等都具有较高的逻辑数学智力。逻辑数学智力高的人往往擅长抽象思维,计算精确,喜欢玩计算机,善于解决问题,能有条理地记笔记等。要培养这种智力可以给幼儿多提供做实验的机会,让他们学会估算、猜测;也可以多鼓励幼儿玩估算游戏、拼图游戏等。

(3)空间智力

空间智力指利用三维空间进行思维的智力。建筑师、艺术家等都具有较高的空间智力。空间智力高的人喜欢用图像进行思维,喜欢用隐语表达,酷爱艺术,喜欢看地图等。培养这种智力的策略包括利用图片学习、画符号、多进行拆和装的活动等。

(4)身体运动智力

身体运动智力指灵活运用自己的身体(四肢)去解决问题的智力。运动员一般具有较高的身体运动智力。身体运动智力高的人能很好地控制自己的肢体,喜欢体育活动,喜欢手工活动、演戏,好触摸,喜欢边听边玩。可以通过舞蹈、演戏等来培养这种智力。

案例

人际交往活动:我的老师

一、活动目标

1. 学习描述人物的方法,训练口语表达能力,发展语言智力。

2. 加深幼儿热爱老师的情感,发展人际交往智力。

二、活动准备

歌曲《我的老师像妈妈》,辅导一个幼儿描述"我的老师"。

三、活动过程

1. 请出被辅导过的那一个幼儿描述"我的老师":我的老师姓×,她长得很好看,皮肤白白的,眼睛亮亮的,头发又直又长。每天她都早早地来到教室,把活动室收拾得干干净净。她的脾气特别好,特别爱笑……

2. 幼儿分组,5 人一组,描述"我的老师"。

3. 游戏"我给老师打电话":启发每个幼儿对老师说一句最想说的话,增进对老师的感情。

4. 欣赏歌曲《我的老师像妈妈》。

四、活动延伸

歌唱《我的老师像妈妈》,并进行表演。

(5)音乐智力

音乐智力指感觉音调、节奏、音色的智力。音乐智力高的典型代表是音乐家,这类人对节奏、音色很敏感,能较好地用音乐表达或创作。音乐智力的培养策略包括练习演奏乐器,通过唱歌或听歌进行学习;听音乐会,伴随音乐进行锻炼或放松等。

（6）人际交往智力

人际交往智力指能理解他人的情绪、动机、意向等，能与他人进行有效交往的智力。外交家一般具有较高的人际交往智力。人际交往智力高的人善于谈判，善于与人相处，善于察言观色，喜欢交流和群体活动等。人际交往智力的培养策略主要包括给幼儿提供合作交往的机会，通过电话、游戏和他人进行交流等。

（7）内省智力

内省智力指建构正确的自我知觉，并善于用自己的计划指导自己的人生的智力。具有较高内省智力的人有自知之明，自我感觉良好，能自我激励，了解自己的不足等。可以通过谈话、询问、写日记来培养这种智力。

（8）自然观察智力

自然观察智力指对自然界中的实物进行观察、分辨、分类的智力。这种智力的培养策略包括通过一些设备仪器进行观察，写个人日记，做个人收藏等。

2. 以多元智力理论来指导幼儿的教育实践

（1）多元智力理论的教育价值

多元智力理论不仅颠覆了在西方盛行数年的传统的智力二因素论，也超越了斯腾伯格的三元智力理论，对教育的影响是革命性的。理由是：第一，多元智力的提出无疑是对现行教育体制的一次挑战。智力存在多种表现形式，我们不应只专注幼儿的语言智力、逻辑数学智力。教育是为了更好地促进人的发展，那么就有必要为幼儿其他各项智力的发展提供空间和舞台。这是当前课程改革的大势所趋。第二，每个幼儿都具有多元智力，各项智力又有优劣之分。多元智力理论再次把人们的目光引向了个体差异。为此，现行教育体制采取的整齐划一的教学模式应予以改进。加德纳的改进方式是，建立一个以个人为中心的教育机构，教师根据个体差异安排儿童的学习内容，选择那些适合其智力特点、文化背景、生活方式的学习任务，使每个个体尽可能实现自我价值。

（2）发挥教师多种角色的作用

①第一角色：评估专家。

教师作为评估专家，其任务是对幼儿在学校中表现出来的特别才能、倾向和弱点定期给予评估，但这种评估不是以标准化考试为依据的。这种评估要符合三个标准：第一，必须是"智力展示"的评估方法，允许被评估者以自己认为合适的方式向公众展示自己的实力和对课程的理解，并且可直接看出他们的潜力；第二，要有发展的眼光；第三，要与幼儿的实际活动相联系。

②第二角色：幼儿课程代理人。

教师根据智力评估的结果，向幼儿提出课程学习建议。如果幼儿有较高的空间智力，在科学课上就可以给幼儿呈现较多的视觉空间资料。

③第三角色：幼儿园和社区代理人。

教师作为代理人要汇集师徒传授、家庭辅导、社区组织等学习信息，从非教育机构的成功实践中汲取教育灵感，在园内创设一种氛围，使幼儿能自由地探索新鲜事物和陌生环境。

（3）采用"多彩光谱"评估法

"多彩光谱"评估法是十分重要的，其特点体现在以下四个方面。

第一，通过有趣、场景化的活动吸引幼儿参加；第二，有意识地模糊课程和评估的界限，使评估更有效地融入日常教学之中；第三，通过幼儿活动，即"智力展示"直接观察他们的智力状况，而不是通过逻辑数学智力的间接表现来判断；第四，评估并提出建议，使幼儿通过其擅长的领域来弥补相对较弱的领域。这种评估的优点是能让个体了解自己的优势与劣势，也能为不同文化背景下的个体提供公正的评估。

二、人格的个体差异 >>>>>>>>>>>>>>>>>>>>>>>>>>>>>>>>

（一）人格类型差异

我国古代将人的性格分为金、木、水、火、土五种类型。古希腊提出四种气质的体液说。近代主要的人格理论有荣格的内倾和外倾人格理论，阿德勒的独立型和顺从型人格理论，培因的理智型、情绪型和意志型人格理论，斯普朗格的文化社会类型理论。

（二）人格特质差异

1. 奥尔波特的特质理论

人格特质可分为共同特质和个人特质。前者是在一定的社会文化形态下，所有人都具有的概括倾向，是性格的共同部分；后者是由个体生活方式的特定环境造成的，是使个体相互区别的主要因素。个人特质又可分为三类：一是首要特质，代表个体最独特的特质；二是中心特质，代表个体特质的核心部分；三是次要特质，代表个体在特定情境中表现出来的暂时的性格特征。

2. 卡特尔的特质理论

卡特尔认为，特质可分为：一是表面特质，它是经常发生的、不太稳定的、从外部可以观察到的行为表现；二是根源特质，它隐藏在表面特质背面，是个体较稳定的、持久的心理特点。

（三）幼儿人格个体差异的教育指导

1. 重视家庭环境对幼儿人格的影响

如果幼儿的家长多溺爱、迁就孩子，幼儿容易形成任性、骄横、霸道、自我中心等性格特点。如果家长对幼儿的限制过多、简单粗暴，则会压抑幼儿的主动性，使幼儿形成怯懦等消极的性格。

资料库

幼儿个体差异教学的关注点

一、鼓励

1. 不管你是谁，你将成为什么，我都尊重你。

2. 我想了解你。

3. 你是独特而有价值的。

4. 我相信你。

5. 当我听你说的时候，我明白了。

6. 这个地方也是你的。

7. 我们需要你在这儿。

二、机会

1. 今天在这儿，我有重要的事情让你做。

2. 我要求你做的事情是值得做的事情。

3. 我要求你做的事情经常是麻烦的事情。

4. 我要求你做的事情对你来说是新的机会。

5. 我要求你做的事情会帮助你成为任何可能成为的人。

6. 要使我们的工作更有效，你起着重要作用。

三、投入

1. 我努力使这个地方适合你工作。

2. 我努力让你表达自己的想法。

3. 我喜欢思考我们在这儿做的事情。

4. 我喜欢寻找成功的新途径。

5. 帮助你成功是我的工作。

6. 我是你成长中的伙伴。

7. 我要做的事情可以促进你的成长。

四、坚持

1. 你正在成长，但你还需要继续成长。

2. 一条路行不通，我们可以寻找其他的路。

3. 我们找出怎么做才是最好的。

4. 这里没有借口，只有支持。

5. 学习永无止境。

五、反思

1. 我会仔细观察你并耐心听你说。

2. 我保证使用我的知识帮你学得更好。

3. 我试着站在你的立场看问题。

4. 我不断地问："这种伙伴关系怎么样？"

5. 我不断地问："我怎样才能让这个更好？"

2. 重视良好的集体关系对幼儿人格的影响

幼儿园良好的园风、班风对幼儿人格的健康成长很重要。幼儿性格的可塑性强，成人和同伴的态度都会影响幼儿人格的形成和发展。因此，可以在集体中改造幼儿的不良性格特征。例如，自我中心的幼儿在集体中可以学会合作，看到别人的长处，体验集体力量，最终摆脱个人的自我中心倾向。

3. 幼儿园建立个性心理素质档案

建立个性心理素质档案是培养幼儿人格的有益尝试。杨丽珠的研究表明，个性心理素质档案包括情感、意志、自我意识、社会性等指标。对每个幼儿的个性发展状况进行评价后，教师能够有的放矢地进行人格教育。[1]

三、学习方式与认知方式的个体差异 >>>>>>>>>>>>>>>>>>>

（一）学习方式的个体差异

1. 感觉通道的学习方式差异

图 4-2　迟来幼儿园的孩子

感觉通道是指学习者对视觉、听觉和动觉的偏好程度。有些幼儿善于通过读（看）来学习，有些幼儿善于通过听来学习，还有些幼儿善于通过做来学习。有些幼儿喜欢以从容不迫的态度来学习，有些幼儿则在一定压力下的学习效果更好。

教育指导应注意：①听觉型学习者偏重听觉刺激，对语言、声响、音乐的接受力和理解力强。对这类幼儿，教师可多用听觉输入的方式进行教学。②动觉型学习者喜欢接触、操作物体，对需要动手参与的认知活动感兴趣。对这类幼儿，教师用手拍拍他的头表示赞赏所产生的效果要比口头表扬好。③视觉型学习者对视觉刺激敏感，习惯视觉学习材料，如景色、相貌、书籍、图片等。对这类幼儿，教师在教学中应多使用直观、形象的视觉材料，帮助他们更好地认识、理解事物。

2. 学习方式个体差异的其他相关研究

对学习方式的描述包括三个方面。①感觉定向，指学习者主要依赖视觉、听

> **想一想**
>
> 教师本人也有独特的学习方式或认知风格，这种独特性和差异性是否会影响幼儿的学习效果？

---

① 杨丽珠：《儿童个性发展与培养的实验研究》，36 页，长春，吉林人民出版社，2001。

觉或触觉来学习。②反应方式，指学习者是喜欢单独工作还是与他人协作，是一个主动的参与者还是一个观察者，是喜欢依赖教师还是倾向于自主行动。③思维模式，对于一个未知概念，幼儿先有一个总体轮廓，然后再收集有关信息去证明这个概念。在这个过程中，有的幼儿喜欢深思熟虑、有条理地收集信息，有的幼儿喜欢依靠直觉行动。

多维学习方式的概念模式包括六种类别：知觉偏好、物理环境需要、社会环境偏好、认知方式、最佳时间以及动机。

学习中的认知方式综合模式包括：①具体体验式，强调发散思维和想象。教学策略是自由发言和小组讨论，用于激发学习者的创造性思维。②概括抽象式。学习者喜欢处理抽象的观点和概念，具有理性和逻辑性。针对这种学习方式，讲座是较为适宜的教学方法。③主动实验式。学习者对理论在实际中的应用感兴趣。④反省观察式，强调主动探索和具体体验，比较适合的教学策略是实验室工作和现场调查研究。

（二）认知方式的个体差异

认知方式一般是用来描述幼儿加工信息时习惯采用的方式。其主要特征：一是持久性，即在时间上是一个相对稳定的过程；二是一致性，即在完成类似的任务时始终表现出这种稳定性。

1. 场依存性和场独立性

知觉容易受环境因素影响的特性即场依存性，知觉不易受环境因素影响的特性即场独立性。前者是"外部定向者"，基本上倾向于依赖外在的参照；后者是"内部定向者"，基本上倾向于依赖内在的参照。在学习方面，大多场依存性幼儿对人文学科和社会学科更感兴趣，而大多场独立性幼儿更擅长数学与自然科学。在强化方面，场依存性幼儿较易受暗示，学习努力程度往往受外来因素的影响；场独立性幼儿在内在动机的作用下，时常会产生更好的学习效果。

2. 冲动性和反思性

冲动性幼儿往往以很快的速度形成自己的看法，在回答问题时反应很快；反思性幼儿则不急于回答，在做出回答之前，倾向于预先评估各种可替代的答案，最后做出较有把握的反应。从与学习的关系来看，反思性幼儿是深思熟虑的，而冲动性幼儿则根据几个线索做出直觉跃进。反思性幼儿表现出更成熟的解决问题的策略，比冲动性幼儿表现出更多去考虑不同假设的可能，在完成需要对细节做分析的学习任务时的表现更好些；冲动性幼儿在完成需要做整体性解释的学习任务时的表现更好些。

3. 系列性和整体性

采用系列性策略的幼儿把精力集中在一步一步的策略上，提出的假设一般来说比较简单，每个假设只包括一个属性。这种系列性策略是从一个假设到下一个假设呈直线进行的。而采用整体性策略的幼儿则倾向于使用比较复杂的假设，每个假设同时涉及若干属性。这种整体性策略只从全盘上考虑如何解决问题。[1]

场依存性： 知觉容易受环境因素影响的特性。

场独立性： 知觉不易受环境因素影响的特性。

学习笔记

---

[1] 陈琦、刘儒德：《当代教育心理学》，287页，北京，北京师范大学出版社，1997。

采用整体性策略的幼儿在完成学习任务时，往往倾向于对整个问题所涉及的各个子问题进行预测，视野比较宽，能把一系列子问题组合起来，而不是一碰到问题就立即着手一步一步地解决；采用系列性策略的幼儿一般把重点放在解决一系列子问题上，十分注重逻辑顺序。

课堂教学的技术(方法)、课堂的结构和材料的组织都与学习方式的变化有关。教师的教学应尽可能与幼儿的认知方式相适应。

学习主题二
幼儿群体差异与多元文化教育

一、群体差异与幼儿教育 >>>>>>>>>>>>>>>>>>>>>>>>>>>>>>>>>

（一）群体差异的定义

群体差异是指幼儿在社会经济地位、性别、种族、民族、语言、年龄特征等方面的差异，这种差异可能会影响其心理发展和学业成绩。有经验的教师会关注这些差异以及差异是如何影响幼儿学习的，从而知道怎样调整自己的教学风格来适应不同群体的幼儿。

（二）群体差异的表现

1. 社会经济地位差异

在国外，社会经济地位没有单一、确定的概念，是用于描述财富、权力、威望等方面差异的术语。心理学家认为社会经济地位是由收入和受教育水平决定的。社会学家则根据个人收入、职业、受教育程度和社会声望等诸多因素来界定社会经济地位。

2. 民族和种族差异

民族是指一个共同享有宗教、文化遗产和语言的群体，其中的每个个体都具有一些重要的共同特征，如信念、价值观、历史等。种族被定义为在体质形态上具有某些共同遗传特征的人群，这些特征具有社会意义，如肤色、发色等。一个民族通常拥有一种共同的文化，而一个种族的人却未必拥有共同的文化。文化、种族对成绩的影响仅仅是一种倾向，并不适用于每个个体。不同文化、种族的幼儿确实存在学业成就方面的差异，但这些差异意味着什么，如何根据这些差异调整教学策略，这是需要每个教师思考的。

3. 性别差异与教育引导

幼儿在言语能力、语言技能、逻辑思维和直觉思维方面存在一定的性别差异。造成这些差异的原因是十分复杂的，是生理、心理以及社会因素共同作用的结果。教师应考虑不同性别幼儿的心理特点以及在教育中如何发挥性别的优势。

对男女两性来说，所谓自然行为的差异实际上更多是由文化观念决定的，都与个体早期不同的社会文化经历有密切关系。许多关于性别角色的传统观念已经

学习笔记

开始有所转变，但是性别歧视的现象仍然存在。教师要避免在语言陈述上表现出性别刻板印象，如"男生不哭"以及"女生不打架"等，应多鼓励男女合作。大多幼儿在语言、空间能力和数学等方面的确存在性别差异，但男女在完成智力任务时并不存在整体差异。

4. 方言差异

方言是因地理区域不同而有不同的发音与日常用语。我国地域广袤，人口众多，方言种类繁多，即使是同一个市，不同区、县也会在发音与日常用语上存在差异。教师应在尊重幼儿不同方言的基础上教授幼儿普通话，使幼儿能更好地交流与生活。

二、幼儿多元文化教育的具体要义 >>>>>>>>>>>>>>>>>>>>>

(一)幼儿多元文化教育的理论基础

1. 人类发展生态学理论

布朗芬布伦纳认为，人类发展生态学研究的是发展中的个体与其直接生长于其中的变化着的环境之间的渐进、双向的互动，而这个互动过程又受到不同环境之间相互联系的影响，并受到这些环境所处的文化背景的制约。该理论揭示了幼儿多元文化教育的价值和意义。

2. 群体社会化发展理论

幼儿的社会化进程受到家长和同伴群体的双重影响，文化由家长、同伴群体传递给幼儿，只有经过群体的过滤才能被个体获得。因此，幼儿园教师应有意识地构建幼儿认同的群体，引导不同群体的文化取向。[①]

3. 合作学习理论

合作学习是20世纪70年代初在美国兴起的一种富有创意和实效的教学理论与策略。[②] 合作学习是指使幼儿在小组中从事学习活动，并依据整个小组的成绩获取奖励或认可的课堂教学技术(见图4-3)。在合作学习中，成员之间是互相依赖的，教师又以总体表现为奖励依据，从而使小组成员形成一个密不可分的整体。这对那些动机、毅力、责任心相对较弱的幼儿会产生积极的群体压力，使他们产生学习的动力，提升学习的效果。

图 4-3 合作学习中的幼儿

(二)幼儿多元文化教育的内涵和特点

不同的文化群体或不同的国家对多元文化教育的理解是不同的。多元文化教育是一种教育理念，幼儿无论属于何种文化、存在何种差异，都应平等地接受教育。

幼儿多元文化教育的特点表现为以下几点。①群体差异和多元文化两者独立存在又相互影响。幼儿进入学校学习，群体差异以及其他群体的认同感和经验影

---

① 安秋玲：《群体社会化理论及其对学前教育的启示》，载《幼儿教育》，2006(1)。
② 胡海娟：《浅谈合作学习》，载《中国校外教育》，2008(S1)。

响着每个幼儿。②公平有效的教学理念。各种背景的幼儿都有接受教育的平等机会，教师应杜绝偏见，在不同民族、文化背景群体之间建立积极的关系，用更为民主和宽容的态度对待每个幼儿。③知识建构的再生性。教师要让幼儿"知其然，知其所以然"，理解知识是如何受到个体和群体影响的。

（三）幼儿多元文化教育的目标

幼儿多元文化教育是基于文化平等与社会民主的文化多元主义理念的。① 其目标有以下几个。

第一，使部分幼儿群体在多元文化教育的影响下发生变化。

第二，使所有幼儿的兴趣都得到照顾，并培养幼儿进入文化多样化的世界。

第三，帮助幼儿清楚地理解多样性，在这个逻辑起点上，促进幼儿获得理解多元文化的能力。

第四，帮助教师明确不同民族幼儿的学习风格，更好地研究学习风格的群体差异，进而为调整教学提供参考依据。

第五，使来自不同文化背景的幼儿意识到，仅仅依靠自己的经验和感受会遇到各种阻力和危险，应多倾听来自不同文化的观点并宽容以待。

第六，能培养幼儿基本的认知能力、批判反省能力、想象力、独立判断能力等；促进幼儿道德品质的发展，如爱、民主、人性化及对全人类的关怀；培养幼儿的社会交往技能，提高其在不同文化环境中的适应能力，促进幼儿的自我发展。

（四）教师要关注幼儿生活背景的个体差异

要进行多元文化教育，教师必须首先理解幼儿及其成长环境和文化背景。只有掌握了这方面的信息，才能对课程进行调整。例如，在课程中引入对特定文化的介绍，要尽量顾及每个幼儿。在学习任何课程材料之前，先浏览一下，确定其中没有对种族、性别或残疾的刻板印象。对幼儿个体差异的关注，包括以下几个方面。

1. 对文化落后地区幼儿的关注

文化落后地区的幼儿更易产生自卑的情绪。教师应该秉持着对所有幼儿都予以尊重、理解、平等的观念，逐渐培养幼儿自尊、自信、自强的品质。

2. 对民族文化、 本地文化的利用

不同的民族都有自己独特而丰富的文化内容。教师不要拘泥于教材内容，而应结合民族和本地文化特色，发挥创造性，让幼儿认识风格迥异的文化，领悟不同文化的特色。

3. 对少数民族幼儿的尊重

多元文化教育要求教师在幼儿游戏、活动和与幼儿家长交往的过程中关注幼儿的文化背景，并把这些文化特点有机地融入课程中。同时，要让幼儿尊重不同民族的语言和文化，培养少数民族幼儿的自尊心和自信心，使他们为未来的学业、职业发展做好准备。

4. 对不同性别幼儿的态度

多元文化教育应避免性别的刻板印象，要平等对待不同性别的幼儿。教师在

① 王永峰：《用多元文化教育观指导我国幼儿园课程发展》，载《文教资料》，2009(25)。

组织活动的过程中对男孩和女孩的要求和期待不应有明显差异，在提问幼儿时应对男孩和女孩予以同样的关注。

案例导入评析

　　根据多元智力理论，每个幼儿都有其长处，不必要求每个幼儿的各方面智力都有最好的发展。一种发展较好的智力，既能弥补幼儿较弱的方面，又能提升他们学习与成长的自信心。小朋友蕊蕊就是一个例子，她在平衡木上的表现可能不是很好，但在绘画方面很优秀。

　　幼儿在智力、人格、学习方式及认知方式等方面存在个体差异和群体差异是普遍现象。教师应从多方面关注幼儿的个体差异和群体差异，并提倡多元文化教育理念，这是幼儿教育成功的关键。

幼儿园教师资格考试模拟测试

专题四　云测试

一、选择题

1. 人的智力水平呈( )分布。

A. 偏态　　　　　　　　　　　　B. 正态

C. 正偏态　　　　　　　　　　　D. 负偏态

2. 根据记忆过程中感觉通道的记忆效果，智力结构划分为( )。

A. 分析型、综合型、分析综合型

B. 视觉型、听觉型、运动型、混合型

C. 艺术型、思维型、中间型

D. 都不是

3. 奥尔波特提出的人格的特有特质不包括( )。

A. 首要特质　　　　　　　　　　B. 次要特质

C. 表面特质　　　　　　　　　　D. 中心特质

4. 个体倾向于利用自己的身体或内部参照作为信息加工依据的学习风格是( )。

A. 场依存性　　　　　　　　　　B. 场独立性

C. 冲动型　　　　　　　　　　　D. 沉思型

5. 在有几种可能解答的问题情境中，小红倾向于深思熟虑且错误较少，则她的认知方式是( )。

A. 场依存性　　　　　　　　　　B. 场独立性

C. 冲动型　　　　　　　　　　　D. 沉思型

6. 加德纳提出的智力理论是( )。

A. 智力二因素理论　　　　　　　B. 智力结构论

C. 多元智力理论　　　　　　　　D. 智力三元论

二、填空题

1. 在认知风格中，与"场独立"相对的认知风格叫_____。

2. _____是指按照智力、成绩进行编组或编班。

3. 教师的角色包括评估专家、幼儿课程_____、幼儿园和社区代理人。

4. 人们对某一类人或事物产生的比较固定、概括而笼统的看法叫_____。

三、简答题

1. 加德纳多元智力理论中八种智力的含义分别是什么？

2. 多元文化教育的价值及其理论依据是什么？

3. 如何理解认知方式的差异？

4. 简述个体差异形成的原因。

四、论述题

1. 结合实际谈谈认知方式的个体差异及其对幼儿教学的启示。

2. 结合实际谈谈如何实施幼儿多元文化教育。

3. 教师应如何根据幼儿的人格特点采取相应的教育策略？

五、案例分析题

1. 在建筑区，除了小风外，其他幼儿都在埋头完成自己的作品，而小风已经站起来两次，他把积木堆起来又推倒，制造了很大的噪声。小白是一个非常安静的女孩，她的语言和精细动作发展有些迟缓，对于老师布置的大部分任务，她都需要花更多的时间才能完成。班上教师的教学经验不是很丰富，不确定该如何去指导不同的幼儿。

问题：根据幼儿的个体差异，应采取什么方法来指导不同的幼儿学习？

2. 4 岁的石头在班里的朋友不多。一次，他看见林琳一个人在玩儿，就冲上去紧紧地抱住林琳，林琳感到不舒服，就一把推开了石头。石头跺脚大喊："我是想和你做朋友啊！"

问题：

(1)分析石头在班里朋友不多的原因。

(2)教师应如何帮助石头改善朋友不多的状况？

3. 在看图片说话的教学活动中，郑老师在拟订符合本班幼儿发展一般水平的目标基础上，充分考虑幼儿的个体差异，设计了"看图较完整地讲述故事"（高）、"看图说出故事的主要情节"（中）、"看图片说一段话"（低）三个层次的目标。如果教师对幼儿的观察了解、分析研究做得不够，或对每个幼儿的实际发展状况缺乏细致的了解，就不能根据幼儿能力水平的高低设计出高、中、低不同层面的目标，就不能通过教学活动促进每个幼儿的发展。

问题：请运用相关理论分析此材料。

专题五　行为主义学习理论

学习目标

1. 了解华生、桑代克学习理论的基本观点。
2. 掌握强化学说。

学习要点

1. 早期刺激—反应学习理论
   巴甫洛夫的经典条件作用理论
   华生的行为主义学习理论
   桑代克的学习联结说
2. 操作性条件反射学习理论
   操作性条件作用学习理论
   对斯金纳学习理论的评价

案例导入

　　小虎今年5岁，上幼儿园大班。平时上课他总是很调皮，不但不听老师说话，还影响别的小朋友上课。老师起初是在课堂上批评他，但是没有效果。后来老师改变了策略，对小虎好的表现给予小红花的奖励，如果表现非常好则额外给予两朵小红花作为奖励。在老师的帮助下，小虎的表现日趋好转。

　　小龙今年6岁，放学后不喜欢和小朋友玩，回家后就看电视。等到吃饭时，即使妈妈把碗送到他手里他也不吃，每天都要专门喂他吃饭。妈妈说，小龙以前活泼好动，不是现在这样的，那时小龙老做一些自己做不了的事，被妈妈严厉阻止，不允许再做。久而久之，小龙就变成了现在这样，让他们束手无策。

　　问题：试分析小虎和小龙的行为，并提出应对措施。

学习主题一
早期刺激—反应学习理论

条件反射的出现意味着学习的发生，巴甫洛夫通过狗的唾液分泌实验对此进行了验证。桑代克通过对动物(猫)逃出笼子的行为研究，提出了学习的定律，这也是对巴甫洛夫研究的延伸。

一、巴甫洛夫的经典条件作用理论　≫≫≫≫≫≫≫≫≫≫≫≫≫≫≫≫

巴甫洛夫(见图 5-1)是俄国生理学家，他最早提出了经典条件作用理论。他声称自己不是心理学家，而是研究大脑反射的生理学家，实际上他对心理学的贡献是很大的。

图 5-1　巴甫洛夫

(一)学习实质与学习定律

巴甫洛夫在经典条件作用实验，即狗的唾液分泌实验中发现了条件反射现象。具体来说，食物是无条件刺激，食物引起狗的分泌反应是无条件反应。当条件刺激(铃声)和无条件刺激(食物)多次重复呈现给动物之后，在单独呈现条件刺激的情况下，动物也能对其做出分泌唾液的反应(见图 5-2)，这种反应就是条件反应，又称条件反射。

图 5-2　巴甫洛夫实验中的情景

条件反射的情境涉及四个因素：条件刺激(CS)、无条件刺激(UCS)、无条件反应(UCR)、条件反应(CR)。由无条件刺激引起的生理反应叫作无条件反应，这是在形成条件反射之前就会发生的反应。由条件刺激引起的反应叫作条件反应。

条件刺激和无条件刺激(在空间和时间上相近)反复出现，就形成了条件反射。条件刺激和无条件刺激在时间上的结合被称为强化，强化的次数越多，条件反射就越能得到巩固。

学习笔记

无条件反应：
由无条件刺激引起的生理反应。

条件反应：
由条件刺激引起的反应。

巴甫洛夫认为，条件反射的形成是在中枢神经系统内形成了暂时的神经联系。巴甫洛夫认为学习的实质就是通过条件刺激与无条件刺激的配对引起条件反射的过程。当然，条件作用是一种普遍的学习现象，但它只是一种简单的学习形式。

巴甫洛夫提出了学习的五大定律。

习得律：通过条件刺激和条件反应邻近配对建立起来。一是条件刺激和起强化作用的无条件刺激必须同时或近乎同时出现；二是条件刺激，作为无条件刺激出现的信号，要先于无条件刺激呈现。

消退律：条件刺激多次出现，而无条件刺激没有出现，条件反射就会消失。

泛化律：条件反射一旦建立，就可以由类似于原来条件刺激的刺激引发，如蜂鸣声也会引起狗的条件反射。

分化律：通过辨别学习，有机体有选择地对某些刺激做出反应，而不对其他刺激做出反应。

高级条件作用：当条件反射建立后，条件刺激与新的条件刺激(如灯光)多次结合而产生新的条件反射，这一过程被称为高级条件作用。

(二)评价

巴甫洛夫把比较精确而又客观的方法引入动物学习的研究中，把心理与生理统一起来，对高级心理活动进行了卓有成效的研究，对心理学的发展产生了巨大影响。由于巴甫洛夫的研究有助于心理学摆脱心灵主义和内省法的束缚，经典条件作用成了行为主义的一个主要部分，几乎成了20世纪上半叶学习理论的基础。他的理论在苏联影响巨大，在20世纪30至50年代，其学说几乎到了被神化的地步。1950年，苏联科学院、医学科学院召开会议，批判了所有与其学说不一致的理论，认为只有这个学说才能揭示一切。

二、华生的行为主义学习理论 >>>>>>>>>>>>>>>>>>>>>>>>>>

行为主义是20世纪初起源于美国的一个心理学流派，也是心理学领域的一个主要学派，创始人为华生(见图5-3)。华生于1878年出生在美国的一个农庄，在大学期间受心理学家安吉尔的影响，对心理学产生兴趣。1903年，他以论文《动物的教育》获芝加哥大学心理学博士学位。1913年，他的演讲集《行为主义者心目中的心理学》出版，标志着行为主义的诞生。1920年，他因家庭纠纷被迫离开学术界，然后改行从商，但他仍著书立说介绍行为主义，于1958年9月25日离世。

图5-3　华生

(一)行为主义的基本观点

华生认为行为主义理论研究的出发点有两个：一是分析观察到的行为事实；二是研究引起有机体反应的刺激。他认为行为主义的三个原则是：

①心理学研究的是行为，不是意识；

②心理学的研究方法是客观的，不是内省的；

③心理学的研究目标是预测并控制行为，不是对精神现象的解释。

华生认为，心理学抛开心智等内容是可能的。他把思想、意识、内容归属于身体肌肉的动觉反馈。因此，有人称他的行为主义心理学为肌跳心理学。

　　华生坚信，有什么刺激就一定有什么样的反应，这使他成为一个极端的环境决定论者。他说，给我一打健康而没有缺陷的婴儿，并在我自己设定的特殊环境中教育他们，那么我愿意担保，随便挑选其中一个婴儿，把他训练成为我所选定的任何一种专家：医师、律师、艺术家、商界首领乃至乞丐和盗贼，而不管他的才能、嗜好、趋向、能力、天资和他祖先的种族。①

（二）关于学习的研究

　　华生与其学生做过一个非常著名的心理学实验：华生以 11 个月的婴儿为被试，采用条件反射原理设计实验，过程为：

　　①在形成条件反射前，婴儿接触兔子时毫无害怕的表现；

　　②后来，在兔子出现后，紧接着就出现一个使婴儿害怕的响声，即用锤子在其脑后敲钢管；

　　③形成条件反射后，婴儿对兔子产生了害怕的反应；

　　④此后，婴儿甚至对很多白绒毛的东西都感到害怕。

　　在华生看来，学习行为大致遵循以上这样一个过程。

（三）评价

　　华生的一生富有传奇色彩。尽管他比桑代克年轻，但是在 20 世纪初的名声比桑代克更高，是行为主义的奠基人。他的行为主义理论使人相信，学习是最重要的决定因素，人的行为、个性都是习得的。这个观点对人们有很强的吸引力，该理论在长达半个世纪的时间里占有统治地位。华生似乎是从字面上而不是从根本上否认心理学的意识研究，因为他通过转换来清除意识。相反，巴甫洛夫则认为，否认主观意识是愚蠢的。

三、桑代克的学习联结说　>>>>>>>>>>>>>>>

　　桑代克是美国动物心理学实验的创始人之一，是第一个系统论述教育心理的心理学家。

（一）学习联结说

　　19 世纪末，桑代克就开始进行有关动物学习的实验研究，其中最著名的是关于饿猫如何逃出笼子获得食物的实验。在这个实验中，笼子内设有一个开门闩的装置，当饿猫触碰这个装置时，笼门就会打开，饿猫就能逃出笼子，获得笼子外的食物。

　　依据桑代克的分析，笼子内部构成了刺激情境，饿猫对刺激情境能尝试各种可能的行为或反应，试图逃出笼子。实验发现，饿猫在起先几分钟内总是出现大量无关的、不成功的活动，然后偶然碰开门闩逃出笼子，以后则会重复同样的行为。

　　桑代克发现，饿猫逃出笼子做出正确反应所使用的时间随着实验次数的增多而减少，即起初饿猫费时很多，进行尝试后费时渐少，但这种变化是缓慢而不规则的。他认为，在学习打开笼子的情境中，饿猫通过多次尝试错误，在复杂的刺激情境中辨别出开门闩(S)是打开笼门的刺激。也就是说，开门闩(S)与开门反应(R)形成了巩

────────────

　　① 杜·舒尔茨：《现代心理学史》，沈德灿等译，233 页，北京，人民教育出版社，1981。

名人点睛

一切本能活动的主要任务都在于引发学习的过程。
——华生

想一想

　　行为治疗中的系统脱敏法如何开展？

学习笔记

准备律:
学习者在学习开始时存在预备定势。

练习律:
反应重复的次数越多, 刺激与反应之间的联结越牢固。

效果律:
行为反应后果会增强或削弱刺激与反应之间的联结。

固的联系, 这时学习便产生了。在大量学习实验的基础上, 桑代克提出了学习联结说, 又称试误说。学习的实质是使某一刺激与某一特定反应之间按照一定的规律形成联结, 并使其联结力量得以巩固的过程。他认为, 学习过程是由以下成分或阶段构成的: ①动机; ②有障碍的问题情境; ③试探; ④偶然成功; ⑤淘汰与选择; ⑥整合与协调, 把无用的动作减到最少。

(二)学习的三大定律

桑代克提出了学习的三大定律①。

准备律, 指学习者在学习开始时存在预备定势。

练习律, 指反应重复的次数越多, 刺激与反应之间的联结越牢固。

练习律有两种形式: 使用律, 即若对一个形成的联结加以应用, 其联结力量就会加强; 失用律, 即若对一个已形成的联结不加以应用, 其联结的力量就会减弱。

效果律, 指行为反应后果会增强或削弱刺激与反应之间的联结。令人满意的行为反应后果会使刺激与反应之间的联结加强, 令人烦恼的行为反应后果会削弱刺激与反应之间的联结。这是桑代克学习三大定律中最主要的定律。

学习主题二
操作性条件反射学习理论

图 5-4 斯金纳

斯金纳(见图 5-4)是行为主义学派的代表人物, 被称为"彻底的行为主义者", 也是著名的心理学家之一。直到今天, 他的思想在心理学研究、教育和心理治疗中仍然被广泛应用。1904 年, 斯金纳出生于美国宾夕法尼亚的一个小镇。在密尔顿学院读书时, 他并未打算成为一名心理学家, 而是打算成为一名作家。后来, 他读了华生和巴甫洛夫的著作, 开始对人类和动物行为感兴趣, 于是就进入哈佛大学心理学系学习。1931 年, 获博士学位, 留校任教。1936 — 1944 年, 在明尼苏达大学工作。1945 年, 在印第安纳大学任教。1948 年又回到哈佛大学, 直至 1974 年退休。1958 年, 获美国心理学会授予的杰出科学贡献奖。1968 年, 获美国总统颁发的最高科学荣誉——国家科学奖。他较有影响的著作有以下几部。

①《有机体的行为: 一种实验分析》通过对白鼠和鸽子的实验, 提出了操作性条件反射学习理论。

②《科学与人类行为》探讨了人的行为、思维、自我社会化等方面的问题。

③《沃尔登第二》提出了一个根据人类行为原理、以控制方法管理的理想

---

① 李伯黍、燕国材:《教育心理学》, 157~158 页, 上海, 华东师范大学出版社, 1993。

社会。例如，在自家花园里养一群羊，每天把它们放出来吃草，一举两得，既可以让羊充饥，又可以修理草坪。

④《超越自由与尊严》这本书的影响很大。在书中，他总结了自己的观点，驳斥了他人对行为主义的批评。

一、操作性条件作用学习理论 >>>>>>>>>>>>>>>>>>

（一）斯金纳的实验装置——斯金纳箱

斯金纳箱（见图5-5）内装有一根操纵杆，操纵杆与另一端供食丸的装置连接。把饥饿的白鼠置于箱内，白鼠偶然踏上操纵杆，供丸装置就会自动落下一粒食丸。白鼠经过几次尝试，会不断按压操纵杆，直到吃饱为止。白鼠学会了按压操纵杆以取得食物，按压操纵杆变成了取得食物的手段或者工具，所以操作性条件反射又被称为工具性条件反射。在操作性条件反射中，学习就是在操纵杆（S）与按压操纵反应（R）之间形成固定的联系。

图 5-5　斯金纳箱

在后来的实验中，斯金纳不断改进斯金纳箱的结构，使它能通过电路控制编制的强化程序，自动记录动物操作反应的次数。斯金纳采用这种装置进行了一系列强化程序的实验研究，并发展了桑代克的效果律，提出了其学习理论的核心部分，即强化原理。

（二）操作性条件反射学说

斯金纳把条件反射分为两类：一是应答性条件反射（与经典条件反射相对应），强调刺激对引起所期望反应的重要性；二是操作性条件反射，由愉快或不愉快的后果引起的反应。与操作性条件反射相联系的有以下两个原则。

①任何反应如果紧跟强化（奖励）刺激，这个反应就有重复出现的趋向。

②任何能提高操作反应率的刺激都是强化刺激。

操作性条件反射强调的是行为及其结果。操作性条件反射的形成，就是强化和操作反应之间建立联系的过程。他认为反射学习与操作学习是不同的。反射学习是建立 S-R 联结的过程，操作学习则是建立 S-R-S 联结的过程，重要的是跟随反应之后的刺激。

在经典条件反射中，行为的后果对行为学习不起作用，因为刺激带来了期望的反应，刺激本身就是强化。操作性条件反射尽管更接近桑代克的理论，但不同于桑代克对学习的解释。桑代克认为奖励能加强刺激和反应之间的联结，而斯金纳认为，反应加强的不是 S-R 联结而是相同行为再次发生的频率。

（三）强化学说

1. 强化物与强化

凡是能增加反应概率的刺激和事件都叫强化物。在反应之后紧跟一个厌恶的刺激，从而导致反应概率下降，则是惩罚。强化分为正强化和负强化。正强化通过呈现愉快的刺激来增加反应概率，负强化通过中止或减少不愉快的刺激来增加反应概率。强化物可分为一级强化物和二级强化物两类。一级强化物能满足人和动物的基本生理需要；二级强化物可分为社会强化（社会接纳、微笑），信物（钱、

> **操作性条件反射：**
> 由愉快或不愉快的后果而引起的反应。

> **正强化：**
> 通过呈现愉快的刺激来增加反应概率。

> **负强化：**
> 通过中止或减少不愉快的刺激来增加反应概率。

奖品等)和活动(自由地玩、听音乐、旅游等)。在强化时，可以使用这样一个原则，即用高频的活动作为低频活动的强化物，或者说用幼儿喜欢的活动去强化幼儿不喜欢的活动。操作性条件反射的基本规律见表5-1。

表5-1 操作性条件反射的基本规律

操作性条件反射	行为出现概率的变化	条件
正强化	增加	呈现愉快的刺激
负强化		撤销厌恶的刺激
正惩罚	减少	呈现厌恶的刺激
负惩罚		撤销愉快的刺激
消退		不给予刺激

图5-6 泸水市幼儿园

2. 强化程式

强化程式是指反应受到强化的时机和频次，可以分为间隔式强化和连续式强化。间隔式强化又被称为部分强化，它比连续程式强化具有更高的反应率和更低的消退率。定时距式强化由于有一个时间差，强化后的一段时间会出现较低的反应率，但在时间间隔末反应概率会上升，出现一种扇贝效应。斯金纳认为，强化是增加某个反应概率的手段，在塑造行为和保持行为中是不可缺少的。学习者的学习效果与强化的安排方式有极大的关系。一般来说，为提高学习者的学习效果，最佳的强化安排方式是，在学习者最初开始学习行为时使用连续强化，然后使用固定间隔强化，最后使用变化比例强化。从某种意义上说，在强化安排方面的实验研究是斯金纳在心理学方面的最大贡献。

(四)行为学习

1. 塑造

塑造就是通过小步反馈帮助幼儿达到目标。可采用相继近似法，通过不断强化一系列逐渐接近最终行为的反应来塑造某种行为。例如，训练鸽子走8字形，如果等到它走了8字形再给予强化，那就需要等很长时间，或许没等它走完8字形就饿死了，可以采用这种相继近似法训练鸽子走8字形。

2. 消退

消退是通过差别强化使有机体最终能对两种只有很小差异的刺激做出辨别反应。

斯金纳介绍了西德曼的一个实验，为一名脑部异常的被试编制了一套细微差别的程序。被试41岁，而智商只有1.5岁幼儿的水平。让他辨别圆形，强化物为巧克力，经过训练，他能成功地从所有图形中选出圆形。可以说，此被试在41岁这一年时间里取得的智力成就超过了他前40年所取得的全部成就。他之所以能取得这些成就，并非什么光明前途在向他召唤，而仅仅是因为每周有几小时生活在一个精心编制的程序环境里。

塑造：
通过小步反馈帮助幼儿达到目标。

消退：
通过差别强化使有机体最终能对两种只有很小差异的刺激做出辨别反应。

想一想
如何运用行为学习的原理培养幼儿的良好行为？

3. 先前刺激

先前刺激也就是线索，它告知我们什么行为将受到强化，什么行为将受到惩罚。线索表现为多种形式，它暗示我们，什么时候应当改变自己的行为，什么时候不应当改变自己的行为。对于行为学习，还有两个很重要的概念，一是分化，即知觉刺激的差异导致不同的反应；二是概括化，即将行为、技能、概念从一种情境迁移到另一种情境。

（五）程序教学

20 世纪 50 年代，斯金纳依据他的强化原理提出了利用机器进行的程序教学，这对当时的教学改革产生了极大的影响。在他看来，对正确的学习反馈必须给予及时强化，鼓励幼儿继续学习。在课堂教学中，教师不可能对每个幼儿都给予及时强化，而教学机器可以为幼儿提供个性化学习的机会。

斯金纳用教学机器把教学内容编制成线性程序，程序首先将教材分成一个个有逻辑联系的小单元，依次呈现给幼儿，供他们学习。等每个单元学完后，就呈现一些测试题来检测幼儿的学习效果。如果幼儿做对了，教学机器就自动呈现下一单元的教学内容；如果出现错误，则要返回到先前学过的内容，重新进行学习。这种利用教学机器进行的教学就被称为程序教学。虽然斯金纳的学习理论存在一些局限，但是他始终坚持行为主义的观点，是一名坚定的行为主义者。他的强化教学的观点和方法、操作技能培养和训练的方法以及程序教学的设计对教学实践有重要的参考价值。

斯金纳在条件反射实验的基础上，根据刺激（提问）—反应（回答）—强化（确认）的原理制定了程序教学的基本原则。[1]

1. 小步子原则

小步子原则即把学习内容按其内在逻辑关系分割成许多细小的单元，被分割后的小单元按一定的逻辑关系排列起来，形成程序化教材或课件。幼儿的学习是由浅入深、由易到难、循序渐进地进行的。小步子原则要求对学习内容分割适当，对单元划分的大小要由具体的教学内容和教学任务来确定（步子分割得过小，容易使幼儿厌倦，也不利于幼儿从整体上认识事物）。

2. 积极反应原则

斯金纳认为，传统教学主要是教师传授知识，幼儿被动地接受知识，幼儿很少有机会对教师提出的每个问题都做出反应。要改变这种消极的学习方式，就要让每个单元的学习内容都能使幼儿做出积极反应，使幼儿通过选择、填空和输入答案等方式做出反应，以便保持积极的学习动机。

3. 及时强化原则

当幼儿做出反应后，必须使他们知道其反应是否正确。要对幼儿的反应给予及时强化或及时确认，特别要注意对幼儿做出的正确反应给予及时强化，以提高其操作能力。

4. 自定步调原则

在传统教学中，学习的进度是一致的，这极大地限制了幼儿的自由发展。为了让每个幼儿都能自由发展，必须由他们根据自己的特点自主决定学习进度

---

[1]　沈勉荣、郭景扬、胡学增：《斯金纳的程序教学理论》，载《江苏教育》，1991(3)。

和速度。幼儿在以适宜的速度进行学习的同时，通过不断地强化得到进一步学习的内驱力。

5. 低错误率原则

在教学中应由浅入深、由已知到未知，使幼儿每次都尽可能做出正确反应，将学习的错误率降到最低，提高学习效率。

二、对斯金纳学习理论的评价 >>>>>>>>>>>>>>>>>>>>>>>>>>>

(一)斯金纳学习理论的价值

斯金纳在心理学界既是理论家，又是实践家；既是科学家、心理学家，又是社会领导者。斯金纳最大的贡献是提出了操作性条件作用的原理，并把该原理应用于社会情境，如心理治疗、问题处理、课堂管理等。他的强化理论是对桑代克效果律的进一步延伸与发展：一是他探讨了效果律，并将其很好地应用于塑造行为；二是他采用强化的相关安排方式，使行为在长时间内保持较高水平。

(二)对斯金纳学习理论的批评

①斯金纳的研究局限于实验室的动物，属于简单的学习，没有涉及复杂的人类学习。

②其理论未涉及有机体的内部状态。

③一些人指责他的行为控制理论缺少人性，是非道德的。

④人的认知、情感、思维、个性特征和社会交往等是非常复杂和微妙的，绝非强化物这把钥匙所能一一开启的。要想了解人内在心理的全过程，就必须打开斯金纳的暗箱，这是心理学的希望，也是认知心理学的任务。

📚 案例导入评析

根据行为主义理论，对于增加行为出现的频率，重要的是行为之后的强化。故而，小虎的表现越来越好，而小龙由于父母的行为表现得越来越糟。对小龙来说，父母的限制或惩罚只能抑制他的自主行为，从而使其原有的好奇、自立行为消失，甚至出现了退缩和逆反心理。所以，当幼儿表现出成人所希望的类似行为时，应给予肯定，使其越做越好。

"给我一打健康而没有缺陷的婴儿，并在我自己设定的特殊环境中教育他们，那么我愿意担保，随便挑选其中一个婴儿，而把他训练成为我所选定的任何一种专家：医师、律师、艺术家、商界首领乃至乞丐和盗贼，而不管他的才能、嗜好、趋向、能力、天资和他祖先的种族。"这是华生的经典语录，也是对行为主义的典型描述。桑代克、斯金纳等人都从不同的角度论述了行为主义学习原理。每个个体都是遗传和环境的共同作用体，环境对个体的成长有着不可忽视的作用。理解行为主义的相关理论对正确指导幼儿教育具有重要价值。

幼儿园教师资格考试模拟测试

一、选择题

1. 桑代克提出的学习规律，不包括(　　)。

A. 强化律　　　　　B. 练习律　　　　　C. 准备律　　　　　D. 效果律

2. 桑代克认为动物的学习是由于在反复的尝试错误过程中形成了稳定的(　　)。

A. 能力　　　　　B. 技能　　　　　C. 兴趣　　　　　D. 刺激—反应联结

3. 当幼儿取得好成绩时，老师给予其一定的表扬，这符合桑代克学习规律中的(　　)。

A. 准备律　　　　　B. 练习律　　　　　C. 动机律　　　　　D. 效果律

4. 由于某幼儿进步明显，老师取消了对他的处分，这属于(　　)。

A. 正强化　　　　　B. 惩罚　　　　　C. 负强化　　　　　D. 消退

5. 提出操作性条件反射理论的心理学家是(　　)。

A. 桑代克　　　　　B. 苛勒　　　　　C. 斯金纳　　　　　D. 班杜拉

6. "一朝被蛇咬，十年怕井绳"，这种现象指(　　)。

A. 刺激消退　　　　　B. 刺激强化　　　　　C. 刺激泛化　　　　　D. 刺激分化

7. 下列对行为主义学习理论的叙述错误的是(　　)。

A. 中介因素(如动机、经验)一般不会影响个体的行为　　　　B. 学习的实质是形成刺激与反应之间的联结

C. 强化可以改变行为　　　　D. 强调个体的主观能动性对学习的作用

二、填空题

1. 当有机体做出某种反应之后，呈现一个厌恶刺激，以消除或抑制此类反应的过程，被称作_____。

2. 学习是通过尝试错误形成刺激—反应联结的过程，因此桑代克的联结说又被称为"_____"。

3. 斯金纳认为行为分为两类：应答性行为和_____。

三、简答题

1. 巴甫洛夫的经典条件作用理论是什么？

2. 根据桑代克的学习理论，学习需要遵循的原则是什么？

3. 程序教学遵循的原则有哪些？

4. 简述联结学习的有关理论。

四、论述题

1. 结合实际谈谈华生的学习理论及其现实意义。

2. 结合实际谈谈斯金纳的强化学说及其对幼儿教育的启发。

3. 结合实际谈谈经典条件作用的规律。

五、案例分析题

1. 6岁的小婷在围圈活动时总是喜欢掐她旁边的孩子。小婷总是改不掉这个坏习惯，当老师问她时，她也老实坦白。老师起初试着不去理会她的这种行为，但是后来许多孩子也开始掐自己的同伴。老师决定，如果小婷一整天都没有掐别的孩子，就奖励她一张贴纸。但是，三周过去了，小婷只得到一张贴纸，因为她每隔一天至少要掐一个孩子。老师决定使用另一种对策，在围圈活动刚开始，小婷还没有机会掐别的孩子之前，表扬、鼓励她把自己的手管住；然后，每隔一段时间就用这样的方式表扬小婷和其他孩子，这取得了很好的效果。

问题：老师阻止小婷掐别的孩子的策略最初为什么没有成功？后来采取了什么办法？谈谈你的看法。

2. 红红3岁，喜欢的小鸭子玩具碎了，她就伤心地哭起来，妈妈给她一块巧克力，她就笑了；看见小朋友哭了，她也跟着哭了起来。

问题：根据情绪发展的趋势原理加以分析。

专题六　折中主义学习理论

学习目标

1. 了解潜伏学习的含义。
2. 理解罗杰斯关于学习本质的观点。
3. 了解马斯洛的需要层次理论。
4. 掌握观察学习的过程及教育启示。

学习要点

1. 托尔曼的认知—期待学习理论
   认知—期待学习理论的主要观点
   评价
2. 罗杰斯的学习理论
   罗杰斯学习理论的主要观点
   评价
3. 马斯洛的学习理论
   马斯洛的基本理论和观点
   评价
4. 班杜拉的社会学习理论
   班杜拉社会学习理论的主要内容
   评价

案例导入

　　熙熙活泼好动，独立性强，但常表现出攻击性行为。晨间活动是搭积木，在老师和孩子们讨论搭积木的规则的时候，熙熙的眼睛直勾勾地盯着那盒积木。老师刚说"开始"，熙熙撒开腿就朝那盒积木飞奔过去。离积木柜最近的波波和熙熙同时拿到了那盒积木，两个人你不让我、我不让你地争起来。熙熙大喊："是我先拿到的。"波波说："不对，是我先拿到的。"熙熙仍大叫："我要玩。"然后他猛地抓起波波的胳膊咬了一口。波波痛得立刻松开了手，哭了起来。熙熙见状立即拿着积木玩了起来。

　　问题：幼儿的攻击性行为很多是通过模仿习得的，通过什么方法来矫治这种行为呢？

学习主题一
托尔曼的认知—期待学习理论

作为一名新行为主义者，托尔曼(见图6-1)进一步发展了行为主义，引入了认知这一概念。

托尔曼出生于一个教徒家庭。1911年获麻省理工学院电子化学学士学位；1912年、1915年分别获哈佛大学心理学硕士、博士学位；1937年当选为美国心理学会主席；1957年获美国心理学会杰出科学贡献奖。他的著作主要有《动物与人的目的性行为》《战争的内驱力》。托尔曼经常从动机、认知、预期、意向和目的等方面来描述动物的行为。

图6-1　托尔曼

一、认知—期待学习理论的主要观点 >>>>>>>>>>>>>>>>>>

(一)学习是有目的的

学习是有目的，而不是盲目的行为。

(二)学习中包含符号—完形的认知

白鼠在学习走迷宫实验中，并非学习一连串的刺激与反应，而是在头脑中形成一幅认知地图，即将"目的""对象""手段"三者联系在一起的认知结构。在托尔曼看来，学习不是简单的机械运动反应，而是学会达到目标的符号及其所代表的意义。

(三)强调有机体的中介变量

在外部刺激(S)和行为反应(R)之间存在中介变量(O)。该理论主张将行为主义公式S-R改变为S-O-R，O代表机体的内部变化。

(四)潜伏学习的存在

根据潜伏学习的实验，托尔曼认为，外来的强化并不是学习产生的必要因素，不强化，学习也会产生。在此实验中，动物在未获得强化前学习已出现，只不过未表现出来，他称之为潜伏学习，即通过对环境信息进行整合，不需要强化便可形成的、尚未表现出的学习。

> **想一想**
>
> 在幼儿日常学习的事件中，有哪些行为事件涉及潜伏学习？

> **潜伏学习：**
> 通过对环境信息进行整合，不需要强化便可形成的、尚未表现出的学习。

资料库

托尔曼的潜伏学习实验

实验过程：将白鼠分为三组——甲组不给食物；乙组每天给食物；丙组前10天不给食物，第11天才开始给食物。甲、乙组为控制组，丙组为实验组。将三组白鼠放在迷宫中，迷宫由14个单元复合的T形通道构成，每个单元都由可通过的门和不可通过的门构成。选择不可通过的门算犯错一次，若通过则直接进入下一单元，依此类推通过14个单元到达终点。结果发现，前10天乙组的犯错次数明显少于甲组，通过时间明显短于甲组，而丙组与甲组的犯错次数以及通过时间接近。从第11天开始，丙组接受食物奖励，其学习效果明显提升，甚至超过了乙组。

托尔曼认为，实验组的白鼠在无食物奖励的情况下每天仍然学习，它们在走迷宫的过程中熟悉了可通过迷宫的路径，在头脑中形成了关于迷宫的"认知地图"，形成了对路径的认知性期待，只不过在无奖励的情况下，这种学习效果没有表现出来。当实验组得到食物强化后，这种潜伏学习的效果即刻表现出来。这就告诉我们，对学生的学习行为进行适当的激励要比不予激励更能提高学生的学习积极性和学习效果。在学生具有比较强的内在学习动力的情况下给予激励要比学生在缺乏内在学习动力的情况下给予激励具有更好的效果。

二、评价 >>>

作为一名新行为主义者，托尔曼强调认知在其理论中的地位，有人称他是认知心理学的鼻祖。

学习主题二
罗杰斯的学习理论

罗杰斯(见图6-2)在人本主义心理学的理论研究中占有重要地位。作为人本主义心理学的代表人物，罗杰斯在教育实践中具有较大的影响力。他对学习过程本质、学习动机、学习内容等方面都做了系统的论述。

少年的孤独是罗杰斯后来从事心理治疗工作的一个重要原因。1928年在哥伦比亚大学获临床心理学硕士学位。1931年获哲学博士学位。罗杰斯主要的学术著作有《咨询与心理治疗》《自由学习》等。

图 6-2　罗杰斯

> **意义学习：**
> 使个体的行为、态度、个性发生重大变化的学习。

一、罗杰斯学习理论的主要观点 >>>>>>>>>>>>>>>>>>>>>>>>>

(一)关于学习过程的本质

在对学习过程本质的认识上，罗杰斯的观点与行为主义学习理论是对立的。他认为，学习本身不是机械的刺激与反应联结的总和，而是一种有意义的心理过程。他强调学习者对学习情境或刺激的解释或看法。

他把学习分为两类：一类是类似于心理学上无意义音节的学习，这类学习既枯燥、不易学习，又容易遗忘；另一类是意义学习，指使个体的行为、态度、个性发生重大变化的学习，如一个刚学会走路的小孩碰到了取暖器时，就学会了"烫"这个词，也就知道了烫的意义。罗杰斯的意义学习(significant learning)与奥苏贝尔的有意义学习(meaningful learning)的内涵不同，前者关注学习内容与个人的联系，后者关注新旧知识之间的联系。罗杰斯认为，意义学习包括以下四个要素。

①学习具有个人参与的性质，即整个人(包括情感和认知)都投入学习活动。

②学习是自我发起的，即便推动力或刺激来自外界，发现、获得、掌握和领会的感觉仍是来自内部的。

③学习是渗透的，会使幼儿的行为、态度乃至个性都发生变化。

④学习的效果是由幼儿评价的，因为幼儿最清楚这种学习是否能满足自己的需要、是否对自己想要知道的东西有所帮助。

罗杰斯认为，意义学习最好的方法就是把逻辑与直觉、理智与情感、概念与经验、观念与意义等结合在一起，当幼儿以这种方式学习时就成为一个完整的人。

想一想

罗杰斯的意义学习与奥苏贝尔的有意义学习有何不同？

学习笔记

(二)关于学习动机及教学任务

罗杰斯认为，在学习动机上，人类具有学习的自然倾向或内在潜能。人类学习是一种自发的、有目的的、有选择的过程，是学习者内在潜能的发挥。教学任务就是创设一种有利于幼儿学习潜能发挥的情境，允许幼儿学习，满足他们的好奇心。换言之，不是教幼儿知识(这是行为主义学习理论所强调的)，也不是教幼儿怎样学习(这是认知学习理论所强调的)，而是要为幼儿提供学习手段，由幼儿自己决定如何学习。

幼儿可被看作一个有目的、能选择和塑造自己的行为并从中得到满足的人。因此，罗杰斯强调教学要以幼儿为中心，教师的主要任务是帮助幼儿增强对变化的环境和对自己的理解，而不是行为主义学习理论所主张的控制或塑造行为。学习是一个愉快的过程，教学中不应采取惩罚、强迫等方法。

(三)关于学习内容

罗杰斯强调，学习内容应该是学习者认为有价值的、有意义的知识或经验。只有当幼儿正确了解到所学内容的价值时，学习才能成为有效的学习。罗杰斯提出了让幼儿自由学习的原则，并要求教师应尊重幼儿的学习兴趣和爱好，在课程内容的安排和设置上要给幼儿充分的自由。

(四)关于学习方法

罗杰斯特别强调学习方法的重要性，认为最有用的学习是学会如何学习。罗杰斯认为，很多有意义的知识或经验不是从现成的知识中学到的，而是在做的过程中获得的。他强调让幼儿自由学习，通过参加学习活动，进行自我发现、自我评价和自我创造，从而获得有价值、有意义的经验，这是幼儿最宝贵的知识。

罗杰斯列举了10种可以促进幼儿学习的方法。

①构建真实的问题情境。课程的内容要尽可能与幼儿生活相联系。

图6-3　表演雷剧的孩子

②提供学习资源，既提供书籍、材料、设备，又提供人力资源，即有助于幼儿学习和使幼儿感兴趣的人。

③使用合约，允许幼儿在学习过程中有发言权，计划自己想做的事。

④利用社区。社区有许多资源可供幼儿自由学习，如可参与社区的工作，了解社会。

学习笔记

⑤同伴教学。同伴之间相互影响、相互激励。

⑥分组学习，可分为传统学习组和自我指导组，幼儿可自由选择、自由进出。

⑦探究训练，让幼儿进行科学探究，寻找问题的答案，自己体会科学家研究过程的艰辛与欢乐。

⑧程序教学，一种编制合理、使用恰当的程序，有助于幼儿直接体验满足感、掌握知识内容、理解学习过程，以便增强幼儿的自信心。

⑨交朋友小组，与实验室小组、敏感训练组等为同义词，让幼儿自由表达自己的想法，促进幼儿间的直接交往，增强幼儿对自我的理解。

⑩自我评价。只有当幼儿自己决定评价的准则、学习的目的，并对达到目的的程度负起责任时，才是真正的学习。自我评价对促进学习极为重要。

总之，人本主义学习理论注重以幼儿为中心的教学观，重视对幼儿人格的尊重和爱护，突出对幼儿创造力的培养，这对当今中国的学前教育具有深刻的现实意义。

二、评价 >>>

罗杰斯的学习理论基于存在主义，强调个人价值。他认为，个体的发展是不断趋向自主、不断摆脱外部控制的过程。只有当幼儿受到尊重时，他们才能更好地实现自我，从而获得与现实相一致的经验。

当斯金纳强调通过课程内容的改革、教学机器技术的提炼和精确评定的方法来解决教育问题时，罗杰斯则提倡把开放学校、不分级教室等作为教育改革的基础。罗杰斯还认为，与其让幼儿死记硬背，不如让幼儿花些时间去寻找知识的意义，这样的知识会成为他们个人经验的一部分，令其终生难忘。

罗杰斯试图将情感和认知问题合二为一，以便培养出完整的人，但他更强调情感在教育中的重要作用，这也使他走向另一个极端，以至于与他的初衷相悖。此外，由于他的学习与教学思想源于其心理治疗理论和实践，依据这种教学与治疗、幼儿与患者、教师与治疗者类比的思路，能否得出科学的结论，也是值得商榷的。

学习主题三
马斯洛的学习理论

图 6-4 马斯洛

马斯洛(见图 6-4)被认为是"人本主义心理之父"，他的学习理论给教育者和幼儿的发展提供了一种正能量。

孩提时代的马斯洛生活在一个非犹太教区，而他是犹太籍孩子。基于这种现状，马斯洛曾这样描述他的童年：十分孤独、不幸，在图书馆书籍的陪伴下长大，几乎没有任何朋友。后来，他去了华盛顿，发现并迷上了华生的行为主义理论。马斯洛决心贡献毕生精力去寻找一种关于人类行为的普遍理论。1954年，其代表作《动机与人格》的出版标志着他的思想的成形。他的著作还有《科学心理学》《宗教、价值观和高峰体验》《人性能达到的境界》等。

一、马斯洛的基本理论和观点　>>>>>>>>>>>>>>>>>>>>>>>>>>

（一）发展和学习观

马斯洛通过多年的研究得出结论：向自我实现的发展是自然的，也是必要的。他所说的发展指的是天赋、能力、创造力、智慧以及性格的不断发展，是越来越多的心理需求不断得到满足的过程。从人的天性可以看出，人类总是不断寻求更加充实的自我，追求更加美好的自我实现。从自然科学意义上说，这与一粒橡树种子迫切希望长成橡树是相同的。

关于学习观，马斯洛认为，幼儿学习依靠他们生而具有的成长潜能，不需要刻意加以教导。教师的任务是辅导而不是强制幼儿学习，学习活动应由幼儿自己选择。

（二）需要层次理论

马斯洛认为，人的需要由低到高的等级，可分为生理的需要、安全的需要、归属与爱的需要、尊重的需要和自我实现的需要五个层次，并将各种需要分为缺失性需要和成长性需要。只有先给幼儿提供良好的教育环境，其各种缺失性需要才能得到满足，个体才会自发出现成长性需要，从而达到自我实现的完美境界。他认为，生理的需要是人的需要中最基本的、最强烈的、最明显的一种，是对生存的需求，例如食物、饮料、住所、性、睡眠和氧气。他通过早年对自我实现者的研究驳斥了弗洛伊德那种关于人的无意识（本我）中只有坏、邪恶、疯狂和危险的理论。自我实现者的潜意识是友爱的、积极的和健康的，这个结论与他所追求的社会向着好的方向发展的终极目标是一致的。马斯洛认为，人的一生实际上都处在不断的追求之中，人是一种不断有需求的动物，而且几乎很少达到完全满足的状态。一种需要得到满足了，另一种需要就会立刻产生。

🔗 名人点睛

心若改变，你的态度跟着改变；态度改变，你的习惯跟着改变；习惯改变，你的性格跟着改变；性格改变，你的人生跟着改变。

——马斯洛

资料库

马斯洛的需要层次理论对幼儿教育的启发

1. 创造宽松的成长环境，不要有过多的禁令束缚幼儿，让他们感受到生命的快乐。

2. 走近幼儿，倾听心声。

3. 尊重幼儿，多些宽容。马斯洛有一个著名论断："最健康的自尊建立在当之无愧的来自他人的尊重之上。"

4. 让幼儿尽情展示自我，给他们童年的回忆录上画下天真的天蓝色和快乐的淡粉色。

5. 在活动中给幼儿选择的机会。

6. 允许幼儿犯错误。

7. 创造一个充满关爱的环境。用心关注幼儿，用心接纳幼儿，用心体会幼儿，在健康的环境中，使幼儿感受到同伴间的友谊。

（三）人的潜力和高峰体验

1. 人的潜力

马斯洛认为，人类有两股潜在的力量：一股是防卫的力量，其内在作用是使个体因恐惧或害怕失去安全而在心理上产生的退缩的倾向，从而使个体留恋过去，不敢接受挑战，逃避现实；另一股是进取的力量，其内在作用是促进个体向完美而统合的境界成长，从而使个体乐于面对现实，充满信心与朝气。马斯洛相信，绝大多数人都有创造、自发关心别人、好奇、不断成长、爱别人和被别人爱的能力以及自我实现者身上所具有的其他特点。一个人的行为不善，是其基本需要被剥夺而做出的反应。假如他的行为有所改善，是因为他开始发展他的真正潜力，并向更正常、更健康的人看齐。

智力的发展是一个渐进深入的能动过程。马斯洛鼓励幼儿将自己的目标定高些，并在发展需要的推动下，充分激发自己的潜力，实现自己的目标。

2. 高峰体验

高峰体验是个体处于最佳心理状态的时刻，即感到敬畏、强烈的幸福、狂喜、完美或欣慰的时刻。马斯洛断言，在高峰体验期间，人能更好地认识现实本身，在这个时刻他们能够像许多哲学家和神学家那样洞察现实的本来面目。

二、评价 >>

马斯洛把人本主义心理学看成心理学的一场革命，是对心理学新方向的开辟，是心理学的第三种选择。作为人本主义心理学的创始人之一，马斯洛早期对动物的行为感兴趣，后来涉及精神分析心理学，但他发现这两种理论存在严重的缺陷，即它们忽略了对人性存在的价值的关注。

学习主题四
班杜拉的社会学习理论

图 6-5　班杜拉

班杜拉(见图 6-5)，美国心理学家。他生于加拿大阿尔伯塔省北部一个偏僻的小村庄，有五个姐姐，是家族中唯一的男孩，深受宠爱。他在镇上唯一的一所集小学和中学于一体的学校中度过了小学和中学时代。由于师资和其他教学资源的缺乏，班杜拉只得靠自身的努力来弥补环境的缺陷，这极大挖掘了他的学习能力。后来，班杜拉考入不列颠哥伦比亚大学。

在上大学前的那个暑假，班杜拉参加了一个活动，第一次接触了流浪汉、逃债者、逃兵等，目睹了这些人种种怪诞的行为。这是他对人类日常生活中的异常心理的最初接触。这一偶然事件使他对心理学产生了兴趣并最终致力于心理学的研究。

他在美国爱荷华大学攻读临床心理学，获得了博士学位。1953 年夏，在完成了一年的博士后见习期后，班杜拉来到了斯坦福大学，开始了他漫长而辉煌的教学与研究生涯。1977 年，《社会学习理论》一书的出版，标志着社会学习理论体系的诞生。之后，班杜拉继续在理论和经验两个方面丰富和完善社会学习理论体系，于 1986 年发表著作《思想和行动的社会基础：社会认知论》。

一、班杜拉社会学习理论的主要内容 >>>>>>>>>

社会学习理论的建构有两个社会背景：一是随着电子工程学的迅猛发展，大众传播技术发生了革命性的变化，各种符号系统，如语言、文字等，作为社会传递的手段，承载着人类实践经验的信息，在人类的社会生活方式中越来越突出其重要性；二是行为主义的衰落为整个心理学的发展提供了一个历史性机遇，也为班杜拉发展他的学说提供了可能性。

（一）观察学习

班杜拉在传统学习理论的基础上提出了更为广泛适用的观察学习。所谓观察学习，是指个体通过观察他人的行为及其强化结果而习得某些新的反应。在这一过程中，观察者并没有对示范反应做出实际的外显操作。

班杜拉提出五种人类的基本能力：符号化能力、替代学习能力、预见能力、自我调节能力和自我反省能力。观察学习是替代学习能力的具体表现形式。他认为，观察学习主要是信息加工的过程，其中观察者将有关示范原型的行为结构和环境事件的信息转换成符号表征，并将其作为以后表现这种行为的内部指导。

观察学习包括以下四个过程。

1. 注意过程

注意过程使观察者知觉到榜样情境的各个方面。

2. 保持过程

个体储存所看到的感觉表象，并且使用言语编码记住这些信息。

3. 复制过程

复制过程即学习者从榜样情境中学习所观察到的行为。个体要将符号表征转换成适当的行为，必须做到两点：一是选择和组织反应要素；二是在信息反馈的基础上精练自己的反应，即自我观察和矫正反馈。自我效能感是影响复制过程的一个重要因素，即个体对自己能否成功完成某个特定任务的主观判断。

学习笔记

观察学习：
个体通过观察他人的行为及其强化结果而习得某些新的反应。

自我效能感：
个体对自己能否成功完成某个特定任务的主观判断。

替代性强化：
观察者因看到榜样受到强化，自己的相应行为也受到强化。

4. 动机过程

动机过程即因表现所观察到的行为而受到激励。班杜拉提出了两种强化：一是替代性强化，是指观察者因看到榜样受到强化，自己的相应行为也受到强化；二是自我强化，是指依照个人标准对自己的行为进行奖励，该标准通常是社会传递的结果。此外，班杜拉还提出了自我调节的概念。他假设，个体能观察自己的行为，并根据自己的标准进行判断，并由此强化或惩罚自己。

案 例

秋天采摘去

一、教学目标

1. 通过视觉观察记忆物体，提高视觉记忆力。

2. 通过按规律排序，培养幼儿的观察力和理解力。

3. 学会发现问题并解决问题，培养幼儿的合作意识。

4. 使幼儿能够进行 10 以内的连加演算。

5. 通过各种体能活动，锻炼幼儿的钻、走、跳等大动作及平衡能力。

6. 教育幼儿热爱劳动，感受收获的快乐，知道劳动是光荣的。

二、教学准备

1. 苹果、桃、石榴卡片若干，3 个大的、12 个小的筐子。

2. 道具：山洞、平衡木、果树的背景等。

3. 算式卡片每人一套。

4. 用 1～10 组成的数字迷宫小路。

5. "水果橱柜"(由卡纸制作)。

6. 音乐《劳动最光荣》。

三、教学过程

1. "秋天来啦！果园里的果子都熟了，我们去帮果农摘果子好吗？"

2. 伴随着音乐，过小桥，钻山洞，越过障碍物，提醒幼儿注意安全。

3. 走数字迷宫小路(10 以内的数)。

4. 摘果子。鼓励幼儿想办法摘到所有的果子，可以利用身边的道具，也可以合作完成。

5. 按种类给果子分类(加上识字)。

6. 按规律排序(颜色、位置)，在水果橱柜上进行。

7. 记忆力训练(柜子的第一排第三个水果是什么)。

8. 10 以内的连加(先按颜色分类，摆出算式。教师示范，然后幼儿操作)，反复练习。

9. 律动：《劳动最光荣》。

10. 把果子运回家。

总之，班杜拉的社会学习理论不回避行为的内部原因，重视符号、替代、自我调节所起的作用。作为一个折中主义学习理论家，班杜拉强调社会学习的认知因素。

（二）关于学习的主要观点

1. 人类的许多学习都是认知的

人类具有用符号表征事物的能力，这使得人类行为在多样性和灵活性方面比动物行为优越得多。

2. 反应结果是人类学习的主要来源

一种行为总会导致某种结果，这种结果再对一个人的行为产生某种影响。这种影响可能是三重性的，即反应结果具有信息功能、动机功能和强化功能。

3. 观察是学习的另一个主要来源

人类的许多行为都是通过观察他人的行为及其结果习得的。

4. 呈现一个榜样可能会产生不同的效应

榜样对观察者来说至少会产生三种不同的效应：一是观察者通过观看榜样的行为习得一种新的反应，这是他原来行为库中所没有的；二是加强或削弱观察者对自己已有行为的抑制；三是引发观察者行为库中已有的反应，即社交促进效应。

5. 观察学习是规则和创造性行为的主要来源

观察者可以概括榜样行为的具体特征并加以编码，这对于观察者掌握人类语言来说是至关重要的。另外，榜样越是多样化，观察者就越能做出创造性行为。

（三）示范疗法

示范疗法是班杜拉及其社会学习理论的独特贡献之一。班杜拉认为，无论是人类的正常适应行为，还是病态的障碍行为，都是通过观察学习和试误学习两种方式获得的。观察学习原理可以用于变态行为的心理治疗，由此他提出了示范疗法，这对于教育教学也有启发作用。示范疗法分为不同的治疗程序，主要包括以下几个程序。

1. 真人示范程序

真人示范程序即让患者在对现实的真人真事的观察过程中克服变态行为，同时掌握适应行为，达到治疗效果。其中，作为其示范榜样的人往往是治疗者本人或其助手。通过对成功榜样反复不断的观察，焦虑性患者在很大程度上克服了恐惧反应，能够重新从事他们先前因恐惧而加以回避的活动，并对恐惧对象发展出更为积极的态度。

2. 符号示范程序

符号示范程序可采用视听示范或书面示范等形式，即将治疗的示范事件或过程以视听手段拍成电影、录像或改编成文字性的说明材料。这种符号示范程序除了可作为一般障碍行为示范治疗的辅助手段外，特别适用于那些不宜公开示范的变态行为。

> **学习笔记**

> **想一想**
> 榜样和模仿对于幼儿行为学习的意义是什么？

> **名人点睛**
> 学习速度也受到经验上预先准备的显著影响。
> ——班杜拉

3. 内隐示范程序

内隐示范程序是让患者想象示范榜样对适应行为的表现过程。这种程序既可以帮助患者克服恐惧和焦虑反应，也可以帮助适应行为缺失的患者获得新的应对技能。

资料库

班杜拉的赏罚控制实验

班杜拉选择了66名4岁幼儿作为被试，并随机分成3组，让他们观看一个成人（榜样）对一个像成人那么高的玩具娃娃做出攻击性行为的视频，不同组的幼儿观看电影中的同一攻击性行为，其学习结果不同。第一组是攻击—奖赏组：该组幼儿看到一个成人采取攻击性行为后，另一个成人对他进行奖赏。第二组是攻击—惩罚组：该组幼儿看到一个成人采取攻击性行为后，另一个成人对他进行惩罚。第三组是控制组：该组幼儿看到一个成人采取攻击性行为后，既没有受到奖赏，也没有受到惩罚。然后幼儿被单独领到一个房间里，房间里放着各种玩具，其中包括玩具娃娃，在10分钟内，观察并记录他们的行为。

结果表明，看到攻击性行为受到惩罚的一组幼儿，同控制组幼儿相比，在玩玩具娃娃时，攻击性行为显著减少。反之，看到攻击性行为受到奖励的一组幼儿，在自由玩玩具娃娃时模仿攻击性行为的现象相当严重。

班杜拉用替代强化来解释这一现象：观察者看到别人（榜样）的行为受到奖励，间接引起他本人相应行为的增多；观察者看到别人的行为受到惩罚，则会产生替代性惩罚作用，抑制相应的反应。

二、评价 >>>>>>>>>>>>>>>>>>>>>>>>>>>>>>>>>>>>>>

20世纪是西方心理学学派林立、取向多元的时代，也是西方心理学弊端严重、面临变革的时代。20世纪50年代末60年代初，在行为主义进一步陷入困境和危机的情况下，许多心理学家纷纷抛弃了行为主义的立场转而研究人的心理过程，于是认知心理学应运而生。班杜拉经过长期的深入研究，在吸收了一部分行为主义理论和信息加工理论的基础上，构建并发展了社会学习理论，被认为是现代社会学习理论的奠基人和集大成者。

观察学习是班杜拉在大众传播技术迅猛发展的时代对传统的行为主义学习理论进行反思的结果。试误学习理论认为人只能通过行为反应的结果获得各种行为技能和行为方式。毫无疑问，人不可能在学习经验时都要亲身经历。于是班杜拉提出了以示范为主要形式的观察学习理论，从社会的角度来阐述学习过程，解决了心理学的一大难题。

社会学习理论属于行为主义学派还是认知学派？像早期的折中主义者托尔曼一样，班杜拉的社会学习理论也常被归入新行为主义的行列，因为他强调外显行为、行为结果及强化的作用；社会学习理论又被当作认知理论，理由是，班杜拉特别重视观察学习，认知过程（编码、映象、符号表征和问题解决）和自我调节过程所起的作用。他认为，人是有思想的有机体，具有给自己提供某种自我指导力量的潜能。

班杜拉的社会学习理论虽然与行为主义的观点有许多共通之处，但由于引

学习笔记

入了认知过程，因此超出了行为主义的范畴，形成了一种认知—行为主义的模式。

社会学习理论是建立在设计严密的实验研究基础上的，其假设大多经过实验证明。该理论非常重视理论研究与实际应用之间的关系，特别重视大众媒介，尤其是电视对幼儿产生的影响，直到今天都有很强的现实意义。

案例导入评析

按照社会学习理论，很多攻击性行为是通过模仿学习而来的。要矫治这种行为，可以依据观察学习的原理，让幼儿看到表现出攻击性行为的角色受到惩罚，或者没有表现出攻击性行为的角色受到奖励，由此使幼儿获得替代强化和自我强化，帮助其改善行为。

认知—期待学习理论强调有机体的中介功能，其潜伏学习有重要的教育现实意义，近期内隐学习理论也获得了普遍的重视。人本主义学习为教育教学提供了先进的理念，如关注学习的意义、人的自我实现等，这些对提升学习者的信心和创造性是有益的。社会学习理论重视观察学习，重视幼儿对自己的行为表现的预期及自我强化，这对教育问题的解决具有较强的实践价值。

幼儿园教师资格考试模拟测试

一、 选择题

1. 外部刺激(S)和行为反应(R)之间存在(   )变量。

A. 中介   B. 外部

C. 内部   D. 中间

2. 食物、饮料、住所、睡眠和氧气是(   )需要。

A. 生理的需要   B. 归属与爱的需要

C. 尊重的需要   D. 自我实现的需要

3. 班杜拉认为观察学习是(   )的具体表现形式。

A. 符号化能力   B. 替代学习能力

C. 预见能力   D. 自我反省能力

专题六　云测试

二、 填空题

1. 托尔曼认为学习中包含_____的认知。

2. _____与实验室小组、敏感训练组等为同义词，教师应鼓励幼儿自由表达自己的想法，增加幼儿之间直接交往的机会，增进幼儿对自我的理解。

3. 班杜拉还提出了两种强化：一是替代性强化，二是_____。

三、 简答题

1. 托尔曼的认知—期待学习理论的主要观点是什么？

2. 罗杰斯的人本主义学习理论的主要观点是什么？

3. 马斯洛的人本主义学习理论的主要观点是什么？

4. 简述罗杰斯意义学习的要素。

5. 班杜拉观察学习的主要观点是什么？

四、 论述题

1. 联系实际浅谈如何将罗杰斯的人本主义学习理论应用到幼儿教育中。

2. 联系实际浅谈如何将班杜拉的社会学习理论应用到幼儿教育中。

3. 怎样理解幼儿园教师采用榜样法和当众表扬的强化方式来培养幼儿的利他习惯？

五、 案例分析题

1. 4 岁的小凡总喜欢独占玩具，不愿意与别人分享。老师给她讲道理，但她总是不改。老师试着不去理会她，但她的这种行为并未改变。今天老师播放了一段录像，描述的是一个可爱的小朋友在游戏中表现出了很慷慨的行为，并受到了周围小朋友的赞许。这个画面深深影响了小凡。之后，小凡也开始尝试与别人一起玩玩具，也愿意与他人分享自己的玩具了。

问题：为了改变幼儿的行为，教师采用了什么策略？试用观察学习理论进行分析。

2. 军军是个有思想、有个性的小朋友。老师刚与他接触时觉得难沟通，几乎无从下手，但是经过几天的观察，发现他好奇心很强，一遇到新鲜事就会发问，而且与小朋友相处得很好。可是，他就是不愿意上课。刚开始，他的兴趣不大，只坐了几分钟。后来，老师与小朋友做游戏，吸引了他的注意力，他也加入了队伍。这时老师表扬了他，还给他贴上了小星星，他非常高兴。老师又告诉他：“你以后好好上课，我每节课都给你贴小星星。”他的兴致马上高涨起来。后来，他与老师成了好朋友。下课时他会与老师玩耍、聊天。现在愿意上课了，而且有时还提出好多问题。其他小朋友和老师都夸他进步大，也越来越喜欢他了。

问题：请谈谈教师与幼儿沟通时应注意的问题是什么。

专题七　认知学习理论

学习目标

1. 了解格式塔心理学的学习理论的基本观点。
2. 理解布鲁纳的发现学习和螺旋式课程的内涵。
3. 体会奥苏贝尔对教学的看法。
4. 理解认知建构主义的学习理论并在实际教学中学会应用。

学习要点

1. 格式塔心理学的学习理论
   三大代表人物
   格式塔心理学关于知觉与学习的研究
   评价
2. 布鲁纳的学习理论
   关于认知的研究
   关于教学的研究
   评价
3. 奥苏贝尔的学习理论
   奥苏贝尔学习理论的主要观点
   评价
4. 加涅的学习理论
   加涅学习理论的主要论述
   评价
5. 认知建构主义的学习理论
   认知建构主义是认知理论的进一步发展
   认知建构主义学习理论的基本观点
   认知灵活性理论及随机通达教学

案例导入

　　在一次"放飞梦想"的手工活动中，孩子们通过学习折出了自己的飞机。然而在比赛谁的飞机飞得又高又远时，小凤的飞机挂在了活动室的窗户上，他焦急地看着飞机，孩子们纷纷踮起脚尖帮他够取，但都未能取下。这时山山看到活动室墙角的扫帚，并来回在飞机与扫帚之间张望，突然跑去抓起扫帚伸向飞机……

　　问题：案例中对小凤遇到的问题，山山是怎样解决的？

学习主题一
格式塔心理学的学习理论

　　格式塔心理学是心理学历史上的重要流派。格式塔心理学的学习理论对幼儿的知觉学习和问题解决有重要的教育启发意义。

一、三大代表人物　>>>>>>>>>>>>>>>>>>>>>>>>>>>>>>>>>>>>

（一）韦特海默

　　韦特海默最初在大学学习法律，后改学哲学和心理学。后来去德国符兹堡大学求学。1904 年，在屈尔佩的指导下获博士学位。1933 年，因不满希特勒的统治去了美国。

　　韦特海默是格式塔心理学的创始人之一，他兴趣广泛，写诗、编交响乐曲，设计了几个重要的实验，阐述了格式塔心理学原理，但其论著并不多。他最主要的实验"似动现象"的设计思路是在 1910 年度假时从维也纳到莱比锡的火车上萌发的，他的助手苛勒和考夫卡对似动现象做了进一步研究。

（二）苛勒

图 7-1　苛勒

　　苛勒(见图 7-1)出生于爱沙尼亚。1909 年在柏林大学获博士学位。1913 年，他去非洲沿海的一个岛对猩猩进行观察研究工作。第一次世界大战爆发后，他无法离开该岛，便在岛上生活了三四年。他的主要著作是《人猿的智慧》。1921 年，苛勒又回到柏林大学，任心理研究所主任，成为格式塔心理学的主要发言人。1935 年因不满纳粹政府的统治，被迫去了美国。1956 年获美国心理学会杰出科学贡献奖。1959 年当选为美国心理学会主席。

（三）考夫卡

　　考夫卡出生于德国。1904 年开始在柏林大学学习哲学、心理学。1909 年获博士学位。1910 年到法兰克福大学，与韦特海默、苛勒研究似动现象，奠定了格式塔心理学的基础。作为格式塔心理学的传播者，他是最早向美国介绍格式塔心理学的人，对格式塔心理学的全面系统介绍和传播做出了杰出的贡献。

二、格式塔心理学关于知觉与学习的研究 >>>>>>>>>>>>>

（一）似动现象

一般人认为，似动现象没有什么理论意义，只是一种会令人产生好奇的现象而已。对韦特海默来说，似动则是不能把整体分解成部分的证据。所谓似动现象，是指在一定的时间和空间条件下，人们在静止的物体间看到了运动，或在没有连续位移的地方，看到了连续的运动。

似动现象：

在一定的时间和空间条件下，人们在静止的物体间看到了运动，或在没有连续位移的地方，看到了连续的运动。

（二）问题解决中的顿悟

苛勒针对猩猩的行为进行了一系列实验研究。在接杆问题的实验中，猩猩为得到香蕉，突然将两根棒子像钓鱼竿一样接起来；在叠箱问题的实验中，猩猩为得到香蕉，突然将两只箱子叠起来。总之，猩猩在遇到难题时，可能审视相关的条件，考虑行为成功的可能性，当突然把一件工具的功能性价值看作达到目标的手段，如看出两根棒子接起来与远处香蕉的关系时，便产生了顿悟，从而解决了这个问题。顿悟是个体在审视和分析解决所遇到的问题时的一种豁然开朗的心理现象。顿悟的产生，一方面强调情境的整体性和结构性；另一方面假定大脑本身有一种组织的功能，能填补缺口。

顿悟：

个体审视和分析解决所遇到的问题时的一种豁然开朗的心理现象。

（三）格式塔心理学的基本学习观

1. 学习是知觉的重组或认知重组

一个人的学习方式，通常是从一种混沌模糊的状态转变为一种有意义的、有结构的状态，即知觉的重组。

2. 顿悟学习可以避免多余的试误学习，同时又有助于迁移

韦特海默认为，一些教师过于强调机械记忆，这是不合适的，应该让幼儿更多使用顿悟的学习方式。他区分了两种问题解决的方法：一种是具有首创性和顿悟式的解决方法；另一种是不适当地运用旧规则，因而不能真正解决问题。

这里举一个非顿悟学习的例子：一位在病房里值夜班的护士，到深夜 11 点时，把一个患者叫醒说："到你该吃安眠药的时间了。"这是一个不考虑问题情境、机械运用规则的典型事例。

3. 真正的学习是不会遗忘的

无意义音节的机械学习是极易遗忘的，而通过顿悟习得的内容，一旦掌握，便很难遗忘。例如，把 149162536496481 写在黑板上，要求一组被试用 15 秒将其记住并背诵出来。这是一项相当困难的任务，被试难以完成。告诉另一组被试在试图记住之前，想想有什么可能的规律，结果不少被试都觉察到这些数字是用 1 到 9 的平方排列起来的，再过几周、几个月仍能记得。

4. 顿悟学习本身具有奖励性质

格式塔心理学认为，真正的学习常伴有一种兴奋感。当学习者了解到有意义

的关系是一个完形的内在结构时，那么弄清事情的真相，就会产生令人愉快的体验。格式塔心理学抨击滥用各种外部奖励，如使用糖果、金钱之类的东西驱动学习。教育工作者要认识到，不加区分地使用奖励可能会使幼儿分心，不能把心思用在学习上，只关心会得到什么奖励，这样会失去顿悟学习本身所具有的自我强化作用。

（四）关于知觉的学习律

个体尽可能把知觉到的东西以最好的形式呈现的倾向，即完形。知觉组织或学习遵循以下几个定律。

①接近律。人们总是把空间上接近的事物看成一个整体。

[ ][ ][ ][ ]
‖ ‖ ‖ ‖

②相似律。人们总是把相似的东西看成一个整体。

c c c c c c
x x x x x x

③闭合律。人们把开放的图形看成封闭的图形。

④连续律。人们在知觉时习惯把具有良好连续的线段看成整体。人们往往倾向于使知觉对象的直线继续成为直线，使曲线继续成为曲线。

⑤成员特性律。一个整体中的个别部分并不具有固定的特性，个别部分的特性是从它与其他部分的关系中显现出来的。例如，相同颜色深度的多个小正方形，在深度不同的同一颜色背景下看起来深度不同。

总之，世界上几乎不存在孤立的刺激，这符合知觉的格式塔心理学原理。

完形：
个体尽可能把知觉到的东西以最好的形式呈现的倾向。

三、评价 >>

（一）对格式塔心理学的批评

①格式塔心理学的理论太多，以致牺牲了适当的实验研究和有经验支持的资料。

②格式塔心理学未解释清楚整体与要素的关系，也未弄清楚其要素是什么。

③格式塔心理学的实验缺乏对变量的适当控制，且其非量化的资料不易统计分析。

（二）格式塔心理学的贡献

尽管有许多对格式塔心理学的批评，但作为一个重要流派，其影响还是深远的。格式塔心理学为20世纪五六十年代认知心理学的发展奠定了基础。

学习主题二
布鲁纳的学习理论

布鲁纳(见图7-2)作为教育心理学的代表人物,探索和发动了教育改革运动。他1937年毕业于杜克大学,1941年获哈佛大学博士学位。在哈佛大学期间,他已开始在波林的指导下研究动物学习和知觉。第二次世界大战期间,他开始研究社会心理学。1945年,他回到哈佛大学,继续从事心理学研究。

1952年,布鲁纳开始对认知问题进行系统研究。1960年建立了哈佛大学认知研究中心。该研究中心由哲学家、语言学家、史学家、人类学家和法律学家组成,研究认知与教学问题,试图改革美国教育。1960年发表的《教育过程》被称为一部划时代的著作。他创立的结构主义教学论与赞科夫的教学与发展的实验教学论、瓦根舍因的范例教学论,被视为教学的三大流派。

布鲁纳的主要著作有《思维之研究》《教育过程》《论认知》《教学论探讨》《教育的适合性》等。

图 7-2　布鲁纳

一、关于认知的研究 >>>>>>>>>>>>>>>>>>>>>>>>>>>

> **直觉思维:**
> 一种灵感和创意,以熟悉的、相关的知识经验为根据。

(一)重视直觉思维的训练

直觉思维是一种灵感和创意,以熟悉的、相关的知识经验为根据。直觉思维的训练在正式的学科学习中常被忽视,但却是十分重要的。以下几点能促进幼儿直觉思维的发展。

①教学上强调知识的结构或联络性。
②启发式程序教学有助于培养直觉思维。
③鼓励幼儿大胆猜想。
④鼓励幼儿要有自信和勇气。
⑤改革学习惩奖制度,对幼儿在行动中犯错误、冒风险的行为以引导为主,减少批评。
⑥挖掘幼儿的天赋,鼓励幼儿的直觉思维。

图 7-3　邹平市明集镇中心幼儿园

(二)认知表征系统及促进幼儿智力成长的措施

1. 认知表征系统

布鲁纳十分重视成长的问题,常把智力成长与认知成长作为同义语,把它们看成形成表征系统的过程。认知表征系统是幼儿知觉和认识世界的一套规则,包括以下三种。

> **动作表征:**
> 幼儿以动作来表达对世界的看法。

映象表征：
幼儿开始形成图像或表象，以此表征他们感知到的事物。

符号表征：
幼儿通过符号再现他们所处的世界，这里最重要的符号是语言。

①动作表征，又称表演式再现表象。幼儿以动作来表达对世界的看法。

②映象表征，又称肖像式再现表象。幼儿开始形成图像或表象，以此表征他们感知到的事物。

③符号表征，又称象征性再现表象。幼儿通过符号再现他们所处的世界，这里最重要的符号是语言。这些符号既不是直接的事物，也不是对现实世界的复制，而是抽象的、间接的和任意的。

他认为，智力成长的主要目的是为幼儿提供一个现实世界的模式，幼儿可以借此解决生活中的问题。

2. 促进幼儿智力成长的措施

(1)增进幼儿的知识和技能

布鲁纳认为，人类通过文化来增进知识和技能。人类文明的发展有三种扩大器：一是人类动作扩大器，像锤子、杠杆和轮子等；二是感官能力扩大器，像信号烽火台、标志、示意图和报警器等；三是人类推理能力扩大器，文化是扩大系统的仓库、传递者。文化的作用类似于一个扩大系统，可以协助幼儿的智力成长。

图7-4 清华大学洁华幼儿园

资料库

布鲁纳解释三种表征的例子

年龄很小的幼儿通过自己的亲身经历来了解平衡木的规则，并且通过自己的活动——在跷跷板上保持平衡来显示自己对规则的理解。他知道自己离中心越远，他所在的这一侧下降的速度就越快。

年龄再大一些的幼儿可以通过画球在平衡木上滚动的模型来表达自己对平衡木原理的理解，这个平衡木的映象有很多形式，且不断被修改，无关特征越来越少，最后和我们在物理教科书中看到的典型图解一样。

到后来，幼儿可以完全不借助图解，直接使用文字来描述平衡木的原理。他甚至可以参考机械物理中的牛顿运动定律，用数学公式来表达他的理解。

(2)以学科心理学为基础的智力开发

学科的思考方法往往以一套有联系的、内容可变的、富有衍生力的命题为基础。在教学中，尽量给幼儿提供学科思考的机会。学科学习涉及知识转换问题，应利用三种表征方式，还应让幼儿对学科保持高度的兴趣。

二、关于教学的研究 >>>>>>>>>>>>>>>>>>>>>>>>>>>>>>>>

(一)学习准备

泰勒认为，学习准备是由生理成熟、心理成熟和学习心向三个因素构成的。皮亚杰也赞同这个观点，认为学习新材料之前，应让幼儿明确前一阶段的学习方式。布鲁纳则认为，教学不应等待学习准备的到来，而应采取更积极的态度，即由等待准备转变为创造准备，向成长中的幼儿提出问题，激励他们向更高的阶段发展。

名人点睛

教一门学科，不是建立一个小型的图书馆，而是要学生独立思考，积极参与到获得知识的过程中去。

——布鲁纳

（二）学习过程

布鲁纳认为，幼儿同周围世界的相互作用涉及对现有刺激输入的分类。如果人们要超越直接的感觉材料，那么所涉及的不仅是把感觉输入归为某一类别，还要根据其他相关类别做出推理，这些相关类别就构成了编码系统。编码系统是人们对环境信息加以分组和组合的方式，编码系统本身也是不断变化和重组的。布鲁纳认为，学习一门学科，包括三个过程。

①新知识的获得。对获得的新知识进行分类。

②知识的转换。把信息转换为各种不同的形式，通过推理使之超越最初的认识，从而学到更多的知识。

③评价。要检验处理知识的方法是否适合这个任务，知识概括得是否恰当，最终使知识形成一个编码系统。

（三）学习动机

布鲁纳强调，学习是一个主动的过程，学习的最初刺激是对所学材料的兴趣，主要是内在动机，而不是诸如排名、奖赏、竞争之类的外在动机。内在动机是指个体自发产生的对所学材料的心理驱动，主要包括好奇心、胜任力、自居作用和认同感等。适当的信息不确定性有助于内在动机的形成。布鲁纳强调，可以利用设计困难情境等方法来激发内在动机。

（四）发现学习

布鲁纳提出了个人至善的四种方式。

①圆满获得世间的财富，这是最低级的至善方式。

②身体方面的至善，指人的身体形态和技艺的发展。

③道德上的至善。

④具有最高的智能。

他认为，具有第四种至善才是人类真正的至善。人们即使占有了前三种至善方式，也不能把它们变成财富，而只有具有最后一种至善才会使个体真正拥有财富，且他人无法分占。

发现学习可以使个人达到最高至善。发现学习是指学习者用自己的头脑亲自获得知识的一切形式。发现学习不仅限于发现人类尚未知晓的事物行动，还包括人类现有的知识，自己获得知识的一切形式。发现学习对幼儿的发展有以下四个作用：第一，提高智力的潜力；第二，使外部奖赏向内部动机转移；第三，学会发现学习的最优方法和策略；第四，有助于信息的保持和检索。在发现学习中，教师的任务是把结论性的知识转换成形成性活动，并按照表征系统的发展顺序，设计活动，让幼儿亲身经历知识的发现过程。

（五）螺旋式课程

1960 年，布鲁纳提出了一个具有广泛争议的、大胆的假设：任何学科都能以诚实的方式有效地教给任何发展阶段的任何儿童。他认为，处于自然学科和教学中心的基本概念以及赋予生命和文学形式的基本课题，既是简单的，又是复杂的。他提出了一个重要的概念，即螺旋式课程。所谓螺旋式课程，是指学习者以已有经验为基础，增加更复杂的和更精细的类目和编码。在教学向前

内在动机：
个体自发产生的对所学材料的心理驱动，主要包括好奇心、胜任力、自居作用和认同感等。

学习笔记

螺旋式课程：
学习者以已有经验为基础，增加更复杂的和更精细的类目和编码。

推进时，要经常返回去，在之前理解的基础上提高，像螺旋一样使某些知识、概念、原理盘旋而上，逐渐扩大学科的内容。这种课程在实施上的具体要求有以下三点。

①遵循幼儿的动作表征、映象表征和符号表征三个认知发展阶段。

②把知识结构、基本概念、原理教给幼儿。知识结构的重要性表现为：第一，懂得基本原理使得学科更容易被理解；第二，利于记忆的保持和提取；第三，领会基本概念和原理，是通向适当训练迁移的大道；第四，对教材结构和原理的理解，能够缩小高级知识和初级知识之间的差距。

③每门学科都有一种结构，具有合理性、完美性，可以发现每门学科本身特有的内在逻辑。

用螺旋式课程的方法编写教材，受到教育界的广泛重视。

(六)教材结构理论

1957 年，苏联卫星上天，在这样的历史背景下，美国进行了教育改革。布鲁纳召集了美国的物理学家、生物学家、数学家、历史学家、教育家和心理学家，在伍兹霍尔会议上，共商教育大计。后来，布鲁纳进行了总结，写了《教育过程》一书，提出了教材结构理论。所谓教材结构，是指学科中的事物是依靠某种规律联系和组织起来的，如概念、原理和原则。在教学中要给予幼儿教材的基本结构，即基本的知识原理，以及对待解决问题的态度，把那些和基础课有关的、普遍的和强有力的观点置于中心地位，安排的基础知识要符合幼儿的兴趣和能力。

(七)未来教育

布鲁纳在 20 世纪 50 年代的研究得出了时间与人类文明发展重大事件的有趣关系。布鲁纳指出，对人类诞生之后发生的重大事件的记载是感人的和令人生畏的。人类文明在突飞猛进地向前发展，人类的工具、技术以极快的速度更新，教育在这种背景下显得日益重要。未来教育应该重点培养幼儿的以下几个方面。

①动作技能、想象和处理符号的技能。

②自我奖励方式的掌握。

③处理复杂语言的技巧。

④拥有更多的知识资源。

三、评价　>>

布鲁纳认为，人类追求完美，只有拥有最高智能的完美才是最真实、最主要的。他的认知研究具有划时代的意义，他开创了美国认知心理学及其教学的研究。

在推动美国的教学改革运动中，特别是在以认知—结构学习理论为指导的教学改革运动中，布鲁纳是一位极为重要的人物，做出了重要贡献。

学习主题三
奥苏贝尔的学习理论

奥苏贝尔(见图 7-5)，美国教育心理学家。1940 年获哥伦比亚大学心理学硕士学位，1943 年获心理学博士学位，1950 年获哲学博士学位。他在关注学习理论研究的同时，在理论医学、临床医学、精神病理学和发展心理学等领域也有所建树。1976 年获得美国心理学会颁发的桑代克教育心理学奖。他的代表著作有《自我发展与个性失调》《儿童发展的理论与问题》《意义言语学习心理学》《教育心理学：认知观点》等。

一、奥苏贝尔学习理论的主要观点 >>>>>>>>>>>>>>>>>>>>>

图 7-5　奥苏贝尔

（一）有意义学习

1. 有意义学习的实质

奥苏贝尔在教育心理学中最大的贡献是他对有意义学习的描述。有意义学习的实质，就是符号所代表的新知识与学习者认知结构中已有的观念建立非人为的、实质性的联系。有意义学习有以下两个标准。

①新的符号或符号代表的观念与学习者认知结构中已有的观念具有实质性的联系。

②新旧知识的非人为的联系，即新知识与认知结构中已有的观念存在能够被人们理解的逻辑关系。

有意义学习的条件包括以下两个。

①有意义学习的外部条件：学习材料必须具有逻辑意义。

②有意义学习的内部条件：一是学习者必须具有有意义学习的心向；二是学习者的认知结构中必须具有适当的知识，以便与新知识建立联系；三是学习者必须积极主动，使这种具有潜在意义的新知识与他的认知结构中有关的旧知识发生相互作用，结果可以使旧知识得到巩固，新知识获得实际意义，即心理意义。

> **有意义学习：**
> 符号所代表的新知识与学习者认知结构中已有的观念建立非人为的、实质性的联系。

2. 有意义学习的类型

（1）表征学习

表征学习是学习单个符号或一组符号的意义。表征学习主要是词汇学习，即学习单词代表什么。

> **表征学习：**
> 学习单个符号或一组符号的意义。

（2）概念学习

有意义学习的另一种较高级的形式叫概念学习。概念学习的实质是对同类事物共同的关键特征的学习。

同类事物的关键特征可以由学习者从大量同类事物的不同例证中独立发现，这种获得概念的方式叫概念形成。也可以用定义的方式直接向学习者呈现，学习者利用认知结构中原有的有关概念来理解新概念，这种获得概念的方式叫概念同化。

> **概念学习：**
> 对同类事物共同的关键特征的学习。

命题学习：
学习事物之间或若干概念之间的关系。

（3）命题学习

奥苏贝尔认为，命题是以句子的形式表达的，可以分为两类：一类是非概括性命题，只表示两个以上的特殊事物之间的关系；另一类是表示若干事物或性质之间关系的命题，这类命题叫概括性命题。命题学习就是学习事物之间或若干概念之间的关系。

幼儿新学习的命题与已有命题之间的关系包括以下三种。

一是下位关系，这是新知识与幼儿已有观念之间最普遍的一种关系，即新学习的内容属于幼儿认知结构中已有的、包摄性较广的观念。它有两种形式，一种是派生类属，另一种是相关类属。

二是上位关系，指新学习的内容与已有观念产生的一种类属关系，在抽象概括性程度上高于已有观念。

三是结合关系，指新概念、新命题的学习与原有的观念之间既无下位关系，又无上位关系。

（二）发现学习与接受学习

1. 发现学习

发现学习：
学习内容不是以定论的方式呈现给幼儿的，而是要求幼儿对学习内容进行重新排列、组织或转换。

奥苏贝尔的发现学习是指学习内容不是以定论的方式呈现给幼儿的，而是要求幼儿对学习内容进行重新排列、组织或转换。发现学习还包括以下三种类型。

①运用，是指把已知命题直接转换到新情境中去。

②问题解决，是指当幼儿无法把已知命题直接转换到新情境中去时，需要转换规则。

③创造，是指能把认知结构中关系很远的观念联系起来解决新问题，而且对于认知结构中的哪些命题与该问题有关，事先是不知道的，各种转换规则也是不明显的。

2. 接受学习

（1）接受学习与发现学习的不同

奥苏贝尔认为，在很多情况下，学习应该是通过接受而不是发现发生的，即接受学习。教师给幼儿提供的材料应该是经过仔细考虑的、有组织的、有序列的完整的形式，这样幼儿接受的是最有用的材料。像布鲁纳一样，他也强调把信息进行编码，引导学生系统学习，但他把在编码系统中最顶部的一般概念称为归类者，因为其他概念都归在它下面。

与布鲁纳不同，他主张学习应该存在演绎的过程，即理解从一般到特殊。在他看来，无论是接受学习还是发现学习，都有可能是机械的，也都有可能是有意义的。如果教师的教学得法，并不一定会导致幼儿机械地接受学习；同样，发现学习并不一定是保证幼儿有意义学习的灵丹妙药。学校应采用有意义的接受学习，尤其是有意义的言语接受学习。

图7-6 上海市维华幼儿园

（2）讲解式教学的特点

奥苏贝尔强调讲解式教学。他认为这种教学主要有四个特点：一是师生间有大量互动；二是利用大量例证；三是教学是演绎的，从一般的概念引出特殊的概念；四是教学是有序列的，材料的呈现遵循一定的步骤。

（三）认知结构的同化理论

1. 教学含义

奥苏贝尔认为，当幼儿把教学内容与自己的认知结构联系起来时，有意义学习便发生了。所谓认知结构，是指幼儿现有知识的数量、清晰度和组织结构。它是由幼儿当下能回想出的事实、概念、命题、理论等构成的。

从教学角度来看，研究认知结构的目的在于识别和控制影响有意义的接受学习的变量。奥苏贝尔认为，下列三点是人们必须关注的。

①幼儿认知结构中能与新教材建立联系的有关观念是否可利用。

②这些观念与要学习的新观念之间区别的程度如何。

③认知结构中起固定性作用的观念是否稳定、清晰。认知结构中原有的适当观念对新知识起固定性作用，故也称这种观念为固着观念。

奥苏贝尔认为，同化理论的核心是，幼儿能否习得新信息，主要取决于他们认知结构中的已有观念。这种新旧知识相互作用导致了新旧知识有意义的同化。

2. 教学原则

（1）逐渐分化原则

逐渐分化原则是指，首先应该传授最一般的、包摄性最广的观念，然后根据具体细节对它们逐渐加以分化。奥苏贝尔提出了两个基本假设：一是幼儿从已知的包摄性较广的整体知识中掌握分化的部分，比从已知的分化部分中掌握整体知识的难度要小；二是幼儿认知结构中对各门学科内容的组织是按包摄性水平进行的。

（2）整体协调原则

整体协调原则指对幼儿认知结构中的现有要素重新加以组合。

（3）序列组织原则和序列巩固原则

序列组织原则强调，前面出现的知识应为后面出现的知识提供基础。序列巩固原则强调，在学习新内容之前必须掌握学过的内容，确保幼儿为新的学习做好准备，为新学习的成功奠定基础。

（4）先行组织者原则

所谓先行组织者，是先于学习任务呈现的一种引导性材料，具有较高的抽象、概括和综合水平，并且能与认知结构中原有的观念和新的学习任务相关联。先行组织者可分为两类：一类是陈述性组织者；另一类是比较性组织者。先行组织者有三种形式：一是概念的定义；二是新材料与已知例子的类别；三是较高水平的概括。先行组织者在新旧概念之间具有桥梁作用，表现为以下三点。

①把幼儿的注意引向即将学习的材料中的重要内容。

②它集中了已有观念和将呈现的观念之间的关系。

③提醒幼儿注意已有知识和新材料之间的关系。

二、评价 >>>>>>>>>>>>>>>>>>>>>>>>>>>>>>>>>>>>>>>

奥苏贝尔对接受学习与发现学习、意义学习与机械学习进行了区分，提出了独到的见解，并在此基础上阐明了有意义的接受学习的准则和条件，并对传统的教学方法进行了反思，对现实教育具有深刻的启发意义。

学习主题四
加涅的学习理论

加涅(见图7-7)于1916年出生在美国麻省的北安多弗，是美国教育心理学家，为心理学和教育的结合做出了突出贡献，是心理学、教学论、教育技术学等多个研究领域公认的重要人物。1937年获学士学位，1939年和1940年分别获理科硕士学位和哲学博士学位，1959年在普林斯顿大学任心理学教授。加涅的主要著作有《学习的条件》《教学设计原理》等。

图 7-7 加涅

一、加涅学习理论的主要论述 >>>>>>>>>>>>>>>>>>>>>>>>>>>

(一)学习层次

加涅认为，人类的学习是复杂多样的，是有层次性的，总是由简单的低级学习向复杂的高级学习发展，构成了一个依次递进的层次与水平，而简单的低级学习是复杂的高级学习的基础。

1968年，他把人类的学习分为八个层次。

一是信号学习。即个体学习对某种信号、刺激做出反应，即经典条件作用的过程。这是最低级层次的学习。

二是刺激—反应学习。即个体在一定情境下做出反应，然后得到强化。这一层次的学习类似于桑代克的尝试错误学习和斯金纳的操作性学习。

三是连锁学习。这是一系列的 S-R 结合的学习，有些连锁学习是由肌肉反应组成的，有些连锁学习完全是言语的。

四是言语联结学习。这是语言学习中言语的连锁化，包括字词形、声、义的联想和言语顺序的学习。

五是辨别学习。这是学习者对某一特别集合中的不同成分做出不同反应的学习。

六是概念学习。这是对一类事物的共同特征进行同样反应的学习。其中有些概念可以通过学习者与环境的直接接触来获得，有些概念则要运用语言对事物进行分类、归纳和概括才能获得。

七是原理(规则)学习。这是对概念间关系的认识或理解。例如，从对"圆的东西"和"滚动"两个概念间关系的认识中得出"圆的东西会滚动"的规则。

学习笔记

八是解决问题学习。即个体使用所学规则解决问题。这是规则学习的自然扩大，是一种"高级规则"的学习。

在对学习层次进行更深入的研究之后，加涅于 1971 年又把学习的八个层次压缩为六个层次，即连锁学习、辨别学习、具体概念学习、定义概念学习、规则学习、高级规则学习。1977 年之后，他又把学习层次提炼为五个层次，即联结与连锁学习、辨别学习、概念学习、规则学习、高级规则学习。

(二)学习结果

加涅认为，人类的学习有五类结果，表现为五种不同的能力，即言语信息、智慧技能、认知策略、运动技能和态度。

一是言语信息。加涅认为，这是一种学习者表述事实、概念、观念的能力。之所以被称为言语信息，是因为信息是言语表征的，或者说信息是可以用言语表达的。

二是智慧技能。加涅认为，这是学习者使用符号与环境相互作用的能力是解决"怎么做"的能力。例如，读、写、算是低年级儿童学习的基本智慧技能，随着学习的进展，他们会以更复杂的方式来利用符号解决问题。智慧技能并不是单一的形式，它具有层次性，由简单到复杂包括四个层次：辨别、概念、规则和高级规则。

> **认知策略：**
> 学习者用来调节自己的内部注意、学习、记忆与思维过程的能力。

三是认知策略。加涅认为，这是学习者用来调节自己的内部注意、学习、记忆与思维过程的能力。认知策略可以应用于任何科目的学习。

四是运动技能。加涅认为，这是学习者学习由许多有组织的肌肉运动所形成的综合活动的能力。运动技能不是指个别的动作，而是强调动作的完整性和统一性。

五是态度。加涅认为，这是影响个人选择行动的内部状态。在他看来，人的行动是受态度影响的，但态度又是人的动作的结果。

> **态度：**
> 影响个人选择行动的内部状态。

后来加涅又进一步把这五种能力做了归类，认为学习者习得的能力包括认知、态度和动作技能，并可以通过心理测量进行描述。

(三)学习过程

加涅认为，学习是个体的一整套内部加工过程。在这个过程中，个体把环境中的刺激转化为能进入长时记忆的信息。这些信息(学习的结果)能给个体提供完成各种操作的能量。根据学习层次理论，每一类学习中都蕴藏着前一类学习。在加涅看来，任何一个学习过程都是有层次性的，都是由一个个具体的学习阶段构成的。他把学习过程分为以下八个阶段。

一是动机阶段。一定的学习情境成为学习行为的诱因，激发个体的学习活动，在这个阶段要引发幼儿对达到学习目标的心理预期。

二是领会阶段(了解阶段)。在这个阶段，教学的措施要引起幼儿的注意，提供刺激，引导幼儿的注意，使刺激情境的具体特点能被幼儿有选择地知觉到。

三是获得阶段。这个阶段起着编码的作用，即对选择的信息进行加工，将短时记忆转化为长时记忆的持久状态。

四是保持阶段。获得的信息经过复述、强化，以一定的形式(表象或概念)在长时记忆中永久地保存下去。

📝 学习笔记

五是回忆阶段。这一阶段为检索过程，也就是寻找储存的知识，使其被激活的过程。

六是概括阶段。把已经获得的知识和技能应用于新的情境之中，这一阶段涉及学习的迁移问题。

七是操作阶段，也叫作业阶段。在此阶段，教学能提供应用知识的时机，使幼儿显示出学习的效果，同时为下一阶段做好准备。

八是反馈阶段。学习者因完成了新的作业并意识到自己已完成了预期目标，从而使学习动机得到强化。加涅认为强化主宰着人类的学习，因为学习动机阶段所建立的预期在此阶段得到了证实。

加涅强调，幼儿的整个学习过程一直受到外部条件的强烈影响。对于教师来说，了解和研究学习过程的目的就是为学习过程提供支持，使外部条件能在整个学习过程中与学习者的内部活动进行必要的、恰当的和正确的联系，从而给学习者以积极的影响，使其获得满意的学习结果。

二、评价 >>

加涅在教育心理学方面做出了很大贡献。他所关注的重点是把学习理论研究的结果运用于教学设计。他把主要精力集中在学习理论、教学设计乃至教育技术学基础理论的研究和构建上。他为教育技术学的形成与发展做出了杰出的贡献。

学习主题五
认知建构主义的学习理论

一、认知建构主义是认知理论的进一步发展 >>>>>>>>>

教育心理学正在进行着一场革命，人们对它的叫法不一，更多地把它称为建构主义的学习理论。建构主义是学习理论从行为主义发展到认知主义以后的进一步发展。皮亚杰和布鲁纳的思想中已经有了建构的成分。建构主义的认知学习观解释了客观的知识结构是如何通过与个体的交互作用内化为认知结构的。

二、认知建构主义学习理论的基本观点 >>>>>>>>>>>>>>>>>

(一)学习是学习者主动建构内部心理表征的过程

学习的内容不仅包括结构性的知识，而且包括大量非结构性的经验背景。建构主义的主要观点如下。

①人们生成对所察觉事物的意义，总是与他以前的经验相结合，即理解总是

涉及学习者的认知过程及其认知结构，包括原来记忆中的语义和抽象过程，如图式、规则、算法，突出某种特殊的表象或言语的记忆。

②人脑并不是被动地学习和记录输入的信息，它总是建构对输入信息的解释，主动选择一些信息，忽略一些信息，并从中得出结论。

资料库

建构主义的基本观点

1. 幼儿建构自己的知识，他们在自己的认知发展过程中扮演着主要角色。

2. 幼儿自己去探索与建构比让别人来告诉他能够更好地理解问题的答案。

3. 心理与身体的活动对获得知识有关键性作用。个体通过积极参与各种活动将知识一步一步建构起来，也就是说，是通过探索周围环境中的物体、解决问题以及与他人之间的相互作用来获取知识的。

4. 幼儿在能引起他们的兴趣以及对他们有意义的经验环境中能达到建构知识的最佳状态。

5. 独立自主比服从更受欢迎。

6. 认知发展是一个连续不断的过程，从人一出生就开始，并且贯穿于人的一生。

学习是建构内在心理表征的过程；学习并不是把知识从外界搬到记忆中，而是以已有的经验为基础，通过与外界的相互作用来建构新的理解。①

（二）学习过程包含两个方面的建构

学习过程意味着对知识的建构，建构包含以下两个方面。

①对新信息的理解是通过运用已有经验、超越所提供的信息建构的。

②从记忆系统中所提取的信息本身也要按具体情况进行建构。建构一方面是对新信息意义的建构，另一方面是对原有经验的改造和重组。

（三）学习者以自己的方式建构对新事物的理解

不同的人知识经验背景不同，对同一事物也就存在不同的理解。因此，学习者是按照自己的方式来建构对新事物的理解的。

三、认知灵活性理论及随机通达教学 >>>>>>>>>>>>>>>>>>>

（一）认知灵活性理论

认知灵活性理论是建构主义学习理论的一个分支，它反对传统教学机械地对知识做预先限定，让幼儿被动接受；同时也反对极端建构主义只强调学习中非结构化的一方面，忽略概念的重要性。另外，这个理论主张，一方面要提供建构理解所需的基础；另一方面要留给幼儿广阔的建构空间，让他们针对具体情境采用适当的学习策略。

（二）知识区分及随机通达教学

1. 区分两种不同领域的知识学习

（1）结构良好领域

初级学习是学习的低级阶段。在这个阶段，教师只要求幼儿知道一些重要的概念和事实，在测验中只要求他们将所学的东西按原样再现出来。这里所涉及的

学习笔记

---

①　陈琦、刘儒德：《当代教育心理学》，100页，北京，北京师范大学出版社，1997。

学习内容就属于结构良好领域。

(2)结构不良领域

结构不良领域有两个特点：一是概念的复杂性；二是实例间的差异性。高级学习要求幼儿把握概念的复杂性，并广泛而灵活地将概念运用到具体情境中。这里涉及概念的复杂性以及实例间的差异性，即结构不良领域的问题。

2. 知识获得的阶段

知识获得有以下三个阶段。①

(1)初级阶段

幼儿往往缺少可以直接迁移的关于某领域的知识，这时的理解多靠简单的字面编码。在教学中，此阶段所涉及的主要是结构良好领域的问题，需要大量的练习和反馈才能熟练掌握知识。

案 例

建构数学活动：水果的种子

一、活动目标

1. 认识常见的水果种子，描述它们的颜色、形状等特征。

2. 能通过自己的观察尝试将结果记录下来。

二、活动准备

1. 准备各种常见的水果(西瓜、苹果、梨、猕猴桃、香蕉、火龙果、甜瓜等)。

2. 用纸剪成的各种水果的纸样、记号笔。

三、活动过程

(一)认识种子

1. 你们知道现在是什么季节吗？(秋天，丰收的季节。)今天老师带来了许多水果，我们一起来看看有哪些水果。

2. 这些水果里面藏着什么呢？我们把它们切开来看一看。(用手指着西瓜子)看，这是什么？西瓜子就是西瓜的种子。

3. 西瓜的种子是怎样的？它们是怎样排列的？

(二)寻找种子

这些水果的种子在哪里？这些水果的种子一样吗？它们是怎样排列的？

1. 幼儿自由选择水果，寻找种子。

2. 问幼儿：你们找到水果的种子了吗？这些水果的种子一样吗？哪里不一样？

3. 引导幼儿按种子的颜色、形状等特征来介绍水果。

小结：原来这些水果都有种子，它们长得不一样。种子的形状各式各样，大小不一。还有，种子的数量也不一样。

4. 请幼儿再去看一次，让他们把看到的水果种子的特征记录下来。

5. 幼儿选择自己喜欢的水果种子，将它画在相应的水果纸样上。

---

① 陈琦、刘儒德：《当代教育心理学》，103 页，北京，北京师范大学出版社，1997。

（三）统计交流

展示幼儿记录的结果，统计不同状态的种子的数量。

四、活动延伸

鼓励幼儿寻找其他种子的排列方法。

（2）高级知识获得阶段

学习开始涉及大量结构不良领域的问题，这时教学主要以知识理解为基础，通过师徒式引导要求幼儿在各种情境下通过应用知识解决问题。学习者要想解决具体领域的情境性问题必须掌握高级知识。

（3）专家知识学习阶段

这个阶段涉及的问题更加复杂，学习者已有大量的图式化模式，而且已建立了丰富的联系，因而可以灵活地对问题进行表征。

3. 随机通达教学

在高级知识学习过程中，对于信息意义的建构要从不同的角度入手，从而获得不同方面的理解。在运用已有知识解决实际问题时，存在概念的复杂性和实例间的差异性，对同一内容的学习要在不同时间多次进行，每次的情境都是经过改组的，而且每次的学习分别着眼于问题的不同侧面，这种高级学习的教学就是随机通达教学。

（三）情境性教学和支架式教学

1. 情境性教学

情境性教学作为建构主义的教学模式，其含义有以下三点。

①学习是在与现实类似的情境中发生的，以解决幼儿在现实生活中遇到的问题为目标。

②教学过程与现实的问题解决过程相似。

③情境性教学对于幼儿发展效果的评价不需要独立于教学过程之外的测验，而是采用融合式测验。

2. 支架式教学

支架式教学要求教师引导教学的进行，使幼儿掌握、建构与内化所学的知识和技能，从而使他们进行更高水平的认知活动。通过支架把管理学习的任务逐渐由教师转移给幼儿，然后逐渐撤去支架，这就是支架式教学。支架式教学的环节包括预热、探索、独立探索。

支架式教学与有指导的发现法相似，都强调在有教师指导的情况下发现学习，但支架式教学要求教师的指导成分逐渐减少，最终使幼儿达到独立发现的程度，将监控学习和探索责任由以教师为主向以幼儿为主转移。

> **支架式教学：**
> 通过支架把管理学习的任务逐渐由教师转移给幼儿，然后逐渐撤去支架。

📝 学习笔记

案例 ✦

支架式教学的例子：拼图

小明：我不知道该把这一片放在什么地方。（将图片摆错了地方）

老师：哪一片适合放在这里呢？（指着拼图的底部）

小明：他的鞋子。（寻找代表鞋子的图片，但找错了）

老师：来看看，哪一片的形状像鞋子？（又指着拼图的底部）

小明：这个咖啡色的。（试着摆上去，正合适。然后又试着把另一片摆上去，并看着老师）

老师：你刚才摆得很对！现在把这一片转一下看看。（用手势告诉他怎么做）

小明：我成功了！（他又放进去好几片拼图，并自言自语："这片绿的合适，把这个转一下。"）

案例导入评析

幼儿在日常生活中遇到的很多难题，大多是在尝试错误过程中解决的，这是较低水平的学习，即试误学习；有时则是对工具的功能理解，对手段和结果关系的发现，即顿悟现象。试误学习和顿悟学习都应受到鼓励。山山的问题解决属于顿悟。

格式塔心理学的学习理论以及认知建构主义学习理论等一系列的认知学习理论，为幼儿的教学实践提供了理论基础。在未来的教学中，教师可以在幼儿进行探索、技能练习、推理、反思和发言的过程中，适时予以解释、示范、指导、支持。

幼儿园教师资格考试模拟测试

一、选择题

1. 把学习分为接受学习和发现学习的心理学家是(　　)。

A. 奥苏贝尔　　　　　　B. 加涅　　　　　　C. 布鲁纳　　　　　　D. 布鲁姆

2. 按照加涅的学习结果分类，学习分为言语信息、智慧技能、认知策略、动作技能和(　　)。

A. 信号学习　　　　　　　　　　　B. 态度

C. 辨别学习　　　　　　　　　　　D. 概念学习

3. 适合高级学习的教学是(　　)。

A. 讲解式教学　　　　　　　　　　B. 支架式教学

C. 随机通达教学　　　　　　　　　D. 情境性教学

4. (　　)强调学习的主动性和认知结构的重要性，主张教学的最终目标是促进幼儿对学科结构的一般理解。

A. 斯金纳　　　　　　　　　　　　B. 布鲁纳

C. 苛勒　　　　　　　　　　　　　D. 奥苏贝尔

5. 不属于奥苏贝尔提出的组织学习的原则与策略的是(　　)。

A. 逐渐分化　　　　　　　　　　　B. 整合协调

C. 先行组织者　　　　　　　　　　D. 同化

6. 幼儿在熟悉了"胡萝卜""豌豆"和"菠菜"等具体概念之后，再学习"蔬菜"，这属于(　　)。

A. 下位学习　　　　　　　　　　　B. 上位学习

C. 组合学习　　　　　　　　　　　D. 派生类属学习

7. 小丁原来很怕见陌生人，上幼儿园后这种情况就消失了。根据加涅的学习结果分类，在小丁身上发生了(　　)的学习。

专题七　云测试

A. 智慧技能　　　　　　　　　　　B. 认知策略

C. 态度　　　　　　　　　　　　　D. 言语信息

8. 建构主义强调，知识具有(　　　)的特点。

A. 主观性　　　　　　　　　　　　B. 客观性

C. 普遍适应性　　　　　　　　　　D. 永恒性

二、填空题

1. 认知表征系统包括动作表征、_____和符号表征。

2. 有意义学习的类型有_____、概念学习和命题学习三种。

3. 知识获得的三个阶段包括初级阶段、高级知识获得阶段、_____知识学习阶段。

4. 布鲁纳认为，学习包括新知识的获得、_____和评价三个过程。

5. _____是先于学习任务本身呈现的一种引导性材料，具有较高的抽象、概括和综合水平，并且能与认知结构中原有的观念和新的学习任务相关联。

6. 奥苏贝尔认为幼儿的学习主要是有意义的_____。

三、简答题

1. 简述格式塔心理学学习理论的主要观点。

2. 简述接受学习与发现学习的不同点。

3. 简述认知灵活性理论和随机通达教学。

4. 简述加涅的学习结果分类理论。

5. 什么是有意义学习？有意义学习的条件有哪些？

6. 简述布鲁纳发现学习对幼儿发展的作用。

7. 认知建构主义学习理论的主要观点是什么？

四、论述题

1. 怎样理解布鲁纳的螺旋式课程及其在现实教学中的运用？

2. 在教学中如何应用认知建构主义学习理论？

3. 结合实际谈谈如何将支架式教学应用到幼儿的教育活动中。

五、案例分析题

1. 李晓是幼儿园大班的老师，今天她给孩子们讲授"钱"这一概念。这节课老师让孩子熟悉钱币和面值、了解钱的用途、学习简单的计算和分配。老师布置了超市背景，准备了各个面值的钱币和不同标价的商品。老师先出示钱币，问："你们知道这是什么吗？它可以干什么用？"从孩子们的回答可以看出，他们知道这些是钱，可以用来买东西。接下来，老师发现孩子们对钱币面值的认识有些模糊，分不清哪些面值大、哪些面值小。老师给孩子们进行了系统讲解，引导孩子们将未知的面值与已知的面值相联系，并将不同标价的商品与不同面值的钱币相联系。当孩子们可以识别各个面值的钱币时，老师让孩子在"超市"糖果区中挑选 3 样东西，使价钱加起来正好是 20 元，引导孩子观察标价，并进行合理计算与分配。然后，用同样的方法让孩子们在饼干区用 20 元买 4 样东西。

问题：将"钱"的概念传授给幼儿，老师使用了什么教学方式？分析本活动的特点。

2. 某幼儿特别喜欢听古典音乐，也很崇拜音乐家。有一天，他跟妈妈说："今天，肖邦叔叔到我们幼儿园来了，还给我们弹钢琴呢！"妈妈听了吓了一跳，以为孩子在说谎。

问题：请根据幼儿想象的有关原理，对此例加以分析。

专题八　幼儿概念、技能、策略学习

学习目标

1. 了解概念的三种结构。
2. 知道幼儿概念学习的特点。
3. 理解动作技能学习的原理。
4. 掌握幼儿学习的三大策略。

学习要点

1. 幼儿概念、原理学习与教育
   幼儿概念学习与教育
   幼儿原理学习与教育
2. 幼儿技能学习与教育
   动作技能及其学习的心理基础
   幼儿智力技能的学习与教育
3. 学习策略及其培养
   幼儿学习策略概述
   幼儿学习的三大策略
   幼儿学习策略的培养

案例导入

　　小刚今年 4.5 岁。一次活动中学习"水果"的概念，老师问："什么是水果?"小刚马上就说土豆，老师说小刚说错了。于是他想了想又说："番茄。"老师告诉他："番茄是蔬菜，这节课学习的是水果。"于是他脑海里又浮现出关于苹果、香蕉的画面。

　　问题：小刚为什么会出现关于水果的错误概念？老师是如何引导小刚进行水果概念学习的？

学习主题一
幼儿概念、原理学习与教育

一、幼儿概念学习与教育 >>>>>>>>>>>>>>>>>>>>>>>>>>>>>

（一）概念的含义、种类和结构

1. 概念的含义

所谓概念，是指代表一类享有共同特性观念的符号。[①] 在逻辑学中，概念是反映事物本质属性的一种思维形式，是思维的基本单元。每个概念可从以下四个方面来分析。

①概念名称，每个概念都可用一个词语来命名。

②概念例证，即概念的例子。

③概念属性，每个概念都有本质特征或关键特征。

④概念定义，每个概念都可按照其本质特征下一个定义，如"三角形是在平面上由三条线首尾相接围成的一个封闭图形"。

> **概念：**
> 代表一类享有共同特性观念的符号。

2. 概念的种类

（1）具体概念和抽象概念

根据属性的概括程度，概念可以分为具体概念和抽象概念。按事物的指认属性形成的概念被称为具体概念。按事物内在的、本质的属性形成的概念被称为抽象概念。

（2）初级概念和二级概念

通过直接观察概念的若干正例、反例，从中分析、概括出概念的关键特征，这种概念叫初级概念。通过给概念下定义获得的概念，叫二级概念。

（3）前科学概念和科学概念

根据形成的途径，概念可以分为前科学概念和科学概念。幼儿入园前或人们在日常生活中获得的概念，叫前科学概念，又叫日常概念。科学概念是客观事物的共同属性和本质在人们头脑中的反映。幼儿对事物的认知一般从前科学概念到科学概念。

3. 概念的结构

关于概念的结构目前有三种模型。

（1）特征模型

特征模型认为，概念是由定义特征和概念规则有机结合而成的。概念在记忆中是由几组信息或成分表示的。概念特征分为定义特征和特异特征，前者指概念实例所具有的本质特征，后者指次要的、非本质的特征。有些概念表示事物之间的关系，被称为关系概念，如"较大"。

> **📝 学习笔记**

---

① 陈琦、刘儒德：《当代教育心理学》，139 页，北京，北京师范大学出版社，1997。

(2)原型模型

原型模型认为,概念主要用原型即它的最佳实例来表示,人们主要从最能说明概念的一个典型实例来理解概念。例如,在想到"鸟"时,人们往往会想到麻雀,而不太可能会想到鸵鸟和企鹅,麻雀就是"鸟"这个概念的原型。概念原型比其他实例具有代表这个概念的更多共同属性。

(3)基于理论的模型

所谓理论,是指在现实生活中概念的实质、特征及概念实例之间关系的知识的总和。基于理论的模型认为,要掌握的概念存在于人们关于世界的知识体系之中。这个知识体系既包含概念的各种特征之间的关系,也包含各种概念及实例之间的关系。对概念的掌握,就是建立在这个理论知识体系的基础上的。这个模型强调人们所拥有的知识和当前情境的重要性。该模型的优势之一是它开始回答人们为什么会有分类的问题,认为分类体现了人们对情境、知识的理解和掌握的需要。

在实验中,戈尔曼首先教给幼儿两个物体的新异特征,然后问他们哪一个特征同样适用于一个新的事物。例如,先告诉幼儿,火褐鸟用弄碎的食物喂它的孩子,蝙蝠则用乳汁喂它的孩子,然后问他们猫头鹰用什么喂它的孩子。虽然猫头鹰与蝙蝠有很大的相似性,但结果显示,幼儿认为猫头鹰是用弄碎的食物而不是用乳汁喂它的孩子。也就是说,4 岁幼儿能根据事物的分类而不是相似性来进行推论。

(二)幼儿概念学习

1. 概念学习的两种方式

概念学习主要涉及两个理论:一是联结理论,认为概念学习是一个刺激—反应联结的过程;二是假设理论,认为概念的掌握是一个积极主动的建构过程。综合来看,概念学习是一个解决问题的过程,即根据事实进行概括、提出假设,并将这一假设应用于日后遇到的事例中,再加以检验。概念学习有以下两种情况。

(1)概念形成

概念形成是个体形成概念的过程,是通过接触大量事例获得同类事物或现象的共同特征,并通过验证形成概念的过程。例如,一个 50 多岁的保姆抚养一个 1 岁幼儿,他开始叫"奶奶"时,奶奶只代表抚养他的那个老太太(概念扩展不足)。之后他把所有人都叫奶奶(概念扩展过分)。保姆告诉他"老人是奶奶",他就把所有老人都叫奶奶而不分男女,以后保姆又告诉他不能叫男的奶奶。渐渐地,他才掌握了"奶奶"这一概念,并能够正确称呼。

(2)概念同化

概念同化是指通过学习前人已经形成的概念或下定义的方法来掌握新概念,通过类属学习,把新概念归入认知结构中的有关部分,并使新概念与这些部分建立联系的过程。类属学习有以下两种模式。

学习笔记

概念形成:
通过接触大量事例获得同类事物或现象的共同特征,并通过验证形成概念的过程。

①派生类属学习模式：当新学习材料作为原先获得的概念的特例，或作为原先获得的概念的例证加以理解时，便产生派生类属学习。

②相关类属学习模式：当新知识类属于原有的、具有较高概括水平的观念，使原有的观念得到扩展、精确化、限制或修饰时，便产生相关类属学习。

2. 幼儿概念学习的特点

(1)概念学习的操作化

由于幼儿的思维具有直觉行动性和具体形象性，借助操作学习和各种感觉器官，可以更好地理解概念。幼儿概念学习表现出以下特点。

①概括的内容比较贫乏，每个概念只代表一个具体事物的特征。

②概括的特征很多是外部的、非本质的。

③概括的内涵往往不精确。

(2)概念学习的个性化

幼儿的概念是个性化的，幼儿概念学习也是个性化的。没有两个幼儿具有相同的认知能力和经验。无论哪个概念对幼儿来说都是独特的，但不是完全不同的东西。因此，每个幼儿对概念掌握的深度和广度是不同的。

(3)概念学习的情绪化

幼儿学习概念时总是交织着情绪，所有概念都带有情绪色彩。对富有情绪色彩、与自己日常生活有关的概念，幼儿更容易理解，记忆的效果也更好。

图 8-1　广西壮族自治区直属机关第二幼儿园

(三)幼儿概念学习的教育指导

幼儿从成人那里接受错误的信息会形成错误的概念，经验的局限，识辨能力、推理能力的缺乏也会影响幼儿对概念的理解。可以用以下几种方法对幼儿进行概念学习指导。

1. 确定概念类型法

在学习概念时，一方面要确定概念的维度和数值，另一方面要确定联系这些属性的规则。

2. 例证法

要设计足够数量的正例(positive instances)和反例(negative instances)让幼儿去感受。在实际教学中，教师也可画概念地图(concept map)，在概念关系中把各种事例联系起来，便于幼儿理解概念。

3. 变式法

所谓变式，是指概念正例的变化。变式法就是使提供给幼儿的各种直观材料或事例不断变换呈现的形式，让幼儿掌握概念的本质特征。

学习笔记

案例

在学习"动物"概念时的教师引导

教师：老师和你们一起认识了鸡、鸭、鹅、猪、牛、羊，它们都是动物吗？为什么？

幼儿：是的。因为它们都会叫。

教师：是这样吗？蚯蚓不会叫，可它也是动物啊！

幼儿：蚯蚓会爬，会爬的都叫动物。

教师：鱼不会爬、不会走，只会游泳；鸟也不会爬，它会飞，它们是不是动物呢？

幼儿：它们都是动物，因为它们都会活动，能活动的都叫动物。

教师：能活动的都叫动物，那么飞机是不是动物呢？它也能活动啊？

幼儿：飞机自己不会飞，它没有生命，是人造的，不是动物。

教师：对，能自己活动的叫动物。

二、幼儿原理学习与教育 >>>>>>>>>>>>>>>>>>>>>>>>>>>>>>

（一）原理学习的功能及含义

学习笔记

1. 原理学习的功能

①原理学习使幼儿在纷繁复杂的事物和现象以及事物之间的关系中找到规律性。

②如同概念的概括作用一样，原理学习可以被简化和系统化。幼儿对某些事物及现象的学习不必从头进行观察、抽象、类比与辨别。

③可以用真正掌握的原理来指导幼儿的行为并解决遇到的新问题。

④原理学习可以为其他原理或更复杂原理的学习打下基础。

2. 原理学习的含义

原理学习可从下面几点来理解。

①概念学习是原理学习的基础。原理学习叙述的是概念之间的关系，而且这种关系是相对持久的。

②原理有很多种，在不同学科里的表现是很不一样的。不同的原理学习在抽象性和复杂性方面有很大不同。

③原理不限于语言叙述。原理学习并不是单纯阐述规则，而是人的一种内部状况，能够支配个人的行为。

能简单地用言语叙述概念之间的关系，说清一个例题，如 $2+2=4$，就是原理学习。①

（二）幼儿原理学习的教育

幼儿的认知发展水平以及语言能力都会影响其对原理的学习。因此，在对幼儿进行原理教学时不仅要按步骤组织教学，而且要考虑到幼儿的认知发展水平，同时教师应选择与幼儿的认知发展水平相适应的原理学习方法，并将该原理运用于实践，加深幼儿对原理的理解。

---

① 陈琦、刘儒德：《当代教育心理学》，144 页，北京，北京师范大学出版社，1997。

学习主题二
幼儿技能学习与教育

一、动作技能及其学习的心理基础 >>>>>>>>>>>>>>>>>>>>

(一)动作技能概述

1. 动作技能的含义

动作技能是按一定的技术要求，通过练习获得的迅速、精确、流畅和娴熟的身体运动能力。动作技能与不随意的和反射性的动作不一样。例如，在眼前出现轻微刺激，人能迅速做出眨眼反应，这种反应不是习得的，不属于动作技能。动作技能往往与知觉分不开，所以常常有人把知觉与动作相联系，称之为知觉—动作技能(perceptual-motor skill)。

2. 动作技能的成分及其分类

(1)动作技能的成分

动作技能一般包括认知成分、知觉成分、协调能力、个性和气质。当学习者接受一项训练时，首先要理解训练的项目，这就需要学习者具备一定的认知能力；其次必须准确地、敏锐地通过视觉辨别出反应的线索。在此过程中，学习者的协调能力、个性和气质都起着重要的作用。

(2)动作技能的分类

根据分类标准的不同，动作技能包括以下几类。

①细微型动作技能与粗放型动作技能。

这是根据动作的精细度与肌肉运动强度的不同来划分的，如穿针引线是细微型动作技能，而打篮球是粗放型动作技能。

②连续型动作技能与断续型动作技能。

这是根据动作的连贯与否来划分的。连续型动作技能由一系列连续的动作构成，需要对外部情境进行不断调节，而且完成动作的序列较长，如骑自行车、舞蹈、唱歌、打字。断续型动作技能由一系列不连续的动作构成，如射箭、投篮等。

③闭合型动作技能与开放型动作技能。

这是根据动作对环境的依赖程度的不同来划分的。闭合型动作技能主要依赖机体自身的内部反馈信息进行运动，动作的产生不依赖外界环境，如举重、吊环等。开放型动作技能需要根据环境变化做出适当的动作，对外界信息的依赖程度高，如打篮球、骑自行车等。

④徒手型动作技能与器械型动作技能。

这是根据操作对象的不同来划分的。徒手型动作技能

> **动作技能：**
> 按一定的技术要求，通过练习获得的迅速、精确、流畅和娴熟的身体运动能力。

> ✎ 学习笔记

图 8-2　泰安市泰山幼儿园

主要通过机体的自身运动来完成，如自由体操、太极拳等。器械型动作技能主要通过操作器械来完成，如弹吉他、驾驶汽车等。

3. 熟练的动作技能的特征

心理学家认为，达到较高速度、精确、轻松、连贯的动作可称为熟练的动作。熟练的动作是动作技能获得的标志。熟练的动作技能有以下特征。第一，立即反应代替了笨拙的尝试。第二，微弱的线索被利用。第三，错误被排除在发生之前。初学者主要靠视觉信息的外部反馈来调节自己的动作，而熟练的操作者则主要根据动作感觉的内部反馈来调节自己的动作，所以熟练的操作者能把错误排除在发生之前。第四，局部动作被综合成连锁动作，受内部程序控制。例如，熟练的演奏家不是对单个音符做孤立的反应。他的局部动作已被综合成连锁动作，或者说他已经形成了内部指导程序。在技能经过充分练习的情形下，神经系统的程序很少需要知觉系统监视，可以自行运行。第五，在不利条件下能维持正常的操作水平，如优秀的飞行员能在恶劣的气候条件下维持协调的和准确的操作。

(二)动作技能学习的原理及其学习过程

1. 动作技能学习的原理

(1)动作技能的保持

动作技能一经学会便不易遗忘，原因有以下几点。①动作技能是经过大量的练习获得的。一般来说，经过过度学习的任务是不易被遗忘的。②许多动作技能是以连续任务的形式出现的。连续的任务相对简单，故不易被遗忘。③动作技能的保持依赖小脑和脑的低级中枢，这些中枢可能比脑的其他部位有更多保持动作痕迹的能量。

资料库

动作技能学习和知识学习哪个更牢固

有研究者做过一个关于复杂动作技能学习保持的实验，结果表明，对于通过一定练习获得的某一复杂动作，9个月乃至1年后该动作几乎不会被遗忘。在间隔两年后，该动作技能虽有少量遗忘，但经过1~2次练习后基本可以恢复原来的水平。

音乐动作也可以长期存在于大脑中。30多年前，日本有人发明了一种特殊方法教幼儿拉小提琴。在婴儿出生后的几个月，便向他重复演奏一段乐曲，这段乐曲也许要重复演奏几个月，直到该乐曲产生安抚效果。此时说明婴儿能识别该曲调了。之后再选另一段乐曲演奏，如此训练，直到幼儿4岁时被送往音乐学校学习，幼儿能完全根据听觉学习音乐。研究者推测，幼儿将演奏出来的声音与婴儿时起就储存在脑内的样板(template)进行了比较，使其动作模式得到矫正。

动作技能学习比知识学习保持得更牢固，更不易被遗忘。

动作技能的迁移： 先前掌握的技能对学习新的技能所产生的影响。

(2)动作技能的迁移

动作技能的学习也存在迁移，即先前掌握的技能对学习新的技能所产生的影响。先前掌握的技能对学习新的技能产生积极的影响，称为正迁移，反之则称为负迁移。在动作学习过程中，迁移表现为以下三种情况。

①两侧性迁移。

两侧性迁移指身体一侧器官进行的学习向另一侧器官的迁移。两侧性迁移最明显的是人体对称部位，即左手—右手、左脚—右脚；其次是同侧部位，即左手—左脚、右手—右脚；最弱的是对角线部位，即右手—左脚、左手—右脚。两侧性迁移对于需要双手或四肢协调的动作技能的学习具有促进作用。

②语言—动作迁移。

指导动作技能的学习过程中存在语言—动作迁移。加涅等人指出，被试按照一定的光刺激(视觉信号)做一定的动作，通过这种使刺激与语言相结合的事先训练，使动作技能学习的效率得到提高。一般来说，只有当语言反应不干扰被试的动作时，或者语言反应能提高知觉的辨别能力时，事先的语言训练才能使动作技能的学习得到正迁移。

③动作—动作迁移。

此类迁移在日常生活和学习中的例子很多。例如，会骑摩托车的人更容易掌握驾驶汽车的技能，其原因是这两种活动需要相似的注意分配、反应速度和处理机械的技能。旧的技能对新的技能有时会产生消极的作用，即存在负迁移。例如，开惯小车的人不习惯开大型载重汽车。

在实际技能练习中，正迁移和负迁移常常同时发生，很难截然分开。

2. 动作技能的学习过程

动作技能的形成是通过练习逐步掌握某种动作方式的过程。费茨和波斯纳把动作技能的学习分为以下三个阶段。

(1)认知阶段

在学习一种新的动作技能初期，学习者通过指导者的言语讲解或观察别人的动作示范，或根据标志每一个局部动作的外部线索，试图理解任务及其要求。例如，初学临帖的儿童，要想把字写好，首先必须仔细观察字帖上的字，进而了解某个字由哪些笔画构成，第一笔如何起笔，如何收笔，要知道笔顺，还要知道字的框架结构、各笔画之间的距离和倾斜度等。任何动作技能的学习都必须经历认知阶段。

(2)联系形成阶段

动作技能学习的重点是使适当的刺激与反应建立联系。这一阶段的主要特点是，把技能的局部动作综合成更大的单位，最后形成一个技能连贯的整体。

(3)自动化阶段

在动作技能形成的最后阶段，一长串的动作系列已联合成为一个有机的整体并巩固，各个动作相互协调，似乎是自动加工的。动作学习进入自动化阶段标志着动作学习的完成。此时，动作协调化模式已经形成，如汽车驾驶员可以手脚并用，紧密配合。

> **两侧性迁移：**
> 身体一侧器官进行的学习向另一侧器官的迁移。

📝 **学习笔记**

图 8-3　上海市白玉新村幼儿园

（三）幼儿动作技能学习的教育指导

1. 明确练习的目标

有了明确的练习目标，就可使练习经常处于意识控制之下，提高练习的自觉性、积极性，从而提高练习的效果。

动作技能的学习效果受个体成熟、经验、智力和个性这些内部因素的影响。教师的指导与示范也会影响幼儿动作技能的形成。幼儿接受教育训练，从事日常活动，其动作技能将逐步变得协调、灵活，最终掌握各种动作技能。

2. 了解动作技能学习的主要内容

（1）粗大动作技能的学习

粗大动作主要包括爬行动作和行走动作。爬行动作是个体发展过程中获得的第一个自主位移动作。行走是幼儿自主位移动作发展的必要阶段，也被认为是神经系统、肌肉组织进一步成熟，对幼儿心理发展具有里程碑意义的动作。行走使精细动作有机会进一步发展。

资料库

幼儿动作技能的发展

一、幼儿大动作或躯体动作的发展

2～3岁：走路更有节奏；由疾走转变为跑；做跃起、向前跳跃和接物的动作时上身动作仍显得僵硬；能边走边推玩具小车，但经常把握不住方向。

3～4岁：能双脚交替地上楼梯，但下楼梯时用单脚引导；当做向上、向前跳跃的动作时上身动作较灵活；能双手扶把骑三轮童车。

4～5岁：能双脚交替地下楼梯；能跑得很稳；能用单足跳跃；能依靠躯体的转动和改变双脚的重心去投球；仅依靠双手就能接住球；能飞快地骑三轮童车，方向把握得很稳。

5～6岁：奔跑速度越来越快；快跑时也跑得很稳；能做真正的跳跃运动；表现出成熟的扔物和接物动作模式；能骑带有训练轮的自行车。

二、幼儿精细动作的发展

2～3岁：能做简单的穿衣和脱衣的动作；会拉开和拉上大的衣服拉链；能成功地用小匙吃饭。

3～4岁：会扣上和打开衣服上的大扣子；已学会自己吃饭；会使用剪刀；会模仿画出垂直的线段和圆；开始会画人。

4～5岁：能用剪刀沿直线剪东西；能画出矩形、十字形，会写字母。

5～6岁：会系鞋带；画人能画出人体的4个部分（头、躯干、双手、双脚）；能模仿写出数字和笔画简单的字。

（2）精细动作技能的学习

精细动作技能主要包括抓握动作、绘画技能、写字技能等。精细动作技能的获得扩展了幼儿获取信息的途径，使幼儿的探索行为更为主动和有效。抓握动作是个体最初的和最基本的精细动作，写字和绘画技能是在其基础上发展起来的。

幼儿动作技能学习的内容涉及众多领域，如艺术、体育以及幼儿的各种基本生活。教师在安排幼儿动作技能学习的活动中，应该考虑到动作技能的全面性和适宜性。

3. 把握幼儿动作技能的教学要点

①重视兴趣和自主活动，重视相互学习。

②重视活动的多样性及个体差异。

③重视正规训练与日常生活的结合。

④及时反馈。

每次练习后，让幼儿及时知道自己动作的对错，再通过练习巩固正确的动作，把做错的动作舍弃掉，从而提高技能的练习效率。

二、幼儿智力技能的学习与教育 >>>>>>>>>>>>>>>>>>>>>>

（一）智力技能的界定

智力技能，也称认知技能或心智技能，是指借助内部语言在头脑中进行的智力活动方式。它包括感知、记忆、想象和思维。

1. 智力技能的特点

（1）内潜性

就智力活动来说，它是在头脑中借助内部语言完成的，是外部察觉不到的，所以是内潜性的。

（2）观念性

智力活动的对象不是客观事物本身，而是客观事物在人脑中的映象以及与映象相联系的词。智力活动是靠内部语言进行的，是以词的形式在"心里"完成的动作，所以是观念性的。

（3）简缩性

智力活动脱离了实物的束缚，以高度简缩的方式进行，甚至可以使他人觉察不到其活动的过程，如心算、阅读时，智力活动可以高度简缩这些思维的过程。

2. 智力技能的分类

（1）感知技能和思维技能

智力技能根据其性质可分为感知技能和思维技能。

感知技能指人对客观事物的外部属性和外部联系的认知活动方式。感知技能的形成使感受性得到发展，并在分析器内和分析器之间形成新的联系系统。

思维技能指人对客观事物的本质属性和内部联系的认知活动方式。我国心理学家林传鼎把思维技能分为探索信息技能、吸收信息和保留信息技能、组织技能、发明技能、分析技能、做决定技能、交流技能、社会技能及元认知技能九种。

（2）一般智力技能和专门智力技能

智力技能根据其应用可分为一般智力技能和专门智力技能。

一般智力技能是指一般认识活动的技能，包括观察、倾听、理解、分析问题和解决问题的能力。

专门智力技能是在专门领域中形成并发展的智力技能。幼儿在学习中必须掌握的基本专门技能包括阅读、写作和操作计算机等。

学习笔记

(二)智力技能的形成过程

智力技能的学习过程就是智力技能的形成过程，本质上也是智力发展的过程。智力技能的形成一般经历下述五个阶段。

1. 活动的定向阶段

该阶段是让幼儿了解、熟悉活动，使他们知道做什么和怎样做，从而在头脑中建立关于认知活动和活动结果的表象，以便对活动本身及其结果进行定向。

2. 物质活动和物质化活动阶段

此阶段借助实物、模型或图表等进行手的操作活动。活动的最初形式可以是物质的，也可以是物质化的。它们之间所不同的主要是动作的客体。在物质的活动形式中，动作的客体是实际事物，是对象本身。在物质化的活动形式中，动作的客体不是对象本身，而是它的代替物，如模型、图解、样本等。这些东西模拟出事物的某些本质特征和关系，幼儿能够使用它们进行外部活动。

3. 出声的外部言语阶段

此阶段是不依赖实物而借助出声言语进行活动的阶段。这一阶段的活动是外部的物质活动向内部活动转化的开始，是智力技能形成的一个重要阶段。

4. 无声的外部言语阶段

此阶段是以词的声音表象、动觉表象为中介进行与外部言语相似的默语活动阶段。加里培林认为，不出声的外部言语形式的活动形成，是向智力活动转化的开始。

5. 内部言语活动阶段

此阶段凭借简化了的内部言语，不需要意识参与就能自动地进行智力活动。内部言语活动阶段是活动达到智力水平的最后阶段。

案例 ✦

科学活动：油和水

一、活动目标

1. 仔细观察油和水在相互倾倒、搅拌、静止以及加入洗洁精后搅拌的不同现象。

2. 能用语言和记录的方式表达观察的结果。

二、活动准备

水、油、卫生纸、透明的一次性杯子、筷子、洗洁精、示范记录卡等。

三、教学过程

1. 情境导入：出示两个瓶子，让幼儿猜猜瓶里装的是什么。随后将瓶里的东西倒在杯子里让幼儿观察，证实他们的猜测。

2. 通过比较油和水，感知油和水的特性。

3. 幼儿尝试用卫生纸吸油和水，仔细观察出现了什么现象，然后记录及表达。

4. 问题探究：如果将油和水倒在一起，猜猜会出现什么现象。

5. 幼儿实验。

(1)第一次实验：将油和水倒在一起会出现什么现象。

(2)第二次实验：用筷子在杯中搅拌一下有什么发现。

(3)第三次实验：油和水静止状态的情况。

结论：无论是先倒油还是先倒水，无论用筷子怎样搅拌，最后的结果都是分成两层，油在上面，水在下面。因为油是不溶于水的。

(4)第四种实验：选择洗洁精倒入装有油和水的杯中搅拌，观察会出现什么现象。

四、活动延伸

洗洁精能让油和水混合在一起，这究竟是为什么呢？请小朋友把这个问题带回家和爸爸妈妈一起讨论。

（三）智力技能的学习条件

智力技能的习得并非受单一因素的影响，原型模拟和分阶段练习是影响智力技能学习和发展的重要条件。

1. 原型模拟

智力活动是实践活动的反映。因此，对于智力技能及智力活动方式的培养，首先必须确定智力技能的实践模式，即操作原型和操作活动程序。

确定智力技能的操作原型是一件相当困难的事情，因为智力技能的形成不仅是内隐的，而且是以高度简缩的形式自动进行的，这给操作原型的确定造成了很大困难。

2. 分阶段练习

由于智力技能是按一定的阶段逐步形成的，因此在培养方面必须分阶段练习，才能获得良好的成效。必须指出，分阶段练习的要求是针对智力技能中新的、主体未经掌握的动作成分来说的。如果某种智力技能的动作成分由主体已掌握的一些动作构成，那么此智力技能的形成可以利用已有动作经验的迁移来实现，不必按前面提到的智力技能形成的基本阶段进行严格训练。在某种智力技能中，有些动作成分是主体已掌握的，有些是未掌握的，分阶段练习必须针对这些新的动作成分来进行。教学中要做好新旧动作间组合关系的指导。

（四）幼儿智力技能学习的特点

1. 幼儿智力技能的分化程度低

受认知发展水平的影响，幼儿的智力发展是整体性的、笼统的，智力技能的分化程度较低，发展能力有限，总体处于较低的发展水平。

2. 幼儿智力技能处在感觉运动水平

皮亚杰从生物学的角度来研究智力的发展。他认为，智力的本质是一种适应，适应就是不断地运用和修改我们在认知外部世界过程中产生的动作和概念的组织。组织的内容是动作或概念，组织的结构是认知结构。幼儿的认知结构随着年龄的变化而变化，在不同的年龄阶段有着不同的认知结构，体现出认知发展的阶段性。幼儿的认知水平在学前期从依靠感知动作适应外部世界的感知运动阶段进入前运算阶段，思维水平有了质的飞跃。前一时期的幼儿只能对当前知觉到的事物以实际的动作进行思维，后一时期的幼儿由于符号功能或象征功能的出现，开始从具体动作的束缚中摆脱出来，凭借象征性格式在头脑中进行表征性思维。表征性思维的出现是幼儿智力技能形成的重要标志，同时幼儿期也以表征活动为主要心理活动形式，表征的发展遵循从程序性表征向陈述性表征发展的规律。

3. 幼儿的智力技能主要在生活与游戏中自然流露

幼儿园的孩子不是严格意义上的学生，养育和教育是并行的，没有严格的学业与技能考核。幼儿园注重的是日常生活和游戏，基于孩子的天性开展以兴趣为导向的多样化活动。模仿和象征性游戏是象征性功能或表征思维的主要表现形式，同时在某种程度上也是表征思维的起源。模仿和象征性游戏有助于幼儿智力技能的培养。

幼儿园和家庭应创设丰富多彩的活动环境，积极组织、引导幼儿开展各种模仿和象征性游戏，促进象征性功能的充分发展，从而促进智力技能的形成与发展。

（五）幼儿智力技能的学习指导

感官教育是与动作教育紧密结合的。在操作活动中，幼儿借助直观学具，将外部活动内化为智力技能，以主动地感知这个世界，促进智力发展。[①] 感官教育主要训练幼儿的视觉、触觉、听觉、味觉及嗅觉五大感官系统。蒙台梭利为感官教育设计了大量的基本训练和练习，除训练幼儿了解身体各感觉的功能外，还训练各感官与动作相互间的协调配合，在操作过程中对幼儿进行启蒙教育。

学习主题三
学习策略及其培养

一、幼儿学习策略概述 >>>>>>>>>>>>>>>>>>>>>>>>>>>>>>>>>

（一）学习策略的界定

众多学者试图从不同的角度给出学习策略的定义，概括起来可分为三种：第一种，把学习策略看成学习的规则系统；第二种，把学习策略看成学习过程或步骤；第三种，把学习策略看成学习活动。从规则系统到学习活动都不同程度地揭示了学习策略的本质。综合起来，学习策略是学习者为了提高学习的效果，有目的、有意识地制定有关学习过程的复杂方案。

学习策略： 学习者为了提高学习的效果，有目的、有意识地制定有关学习过程的复杂方案。

---

① 曹中平：《学前教育心理学》，190页，北京，高等教育出版社，2013。

（二）学习策略的分类

关于学习策略的构成，一种说法认为，学习策略由以下因素构成：提问、计划、调控、审核、矫正、自检；另一种说法认为，学习策略包括认知信息加工策略、积极学习策略、辅助性策略、元认知策略。

丹瑟洛认为，构成学习策略的是两种相互作用的成分：一种是基本策略，被用来直接操作课本材料，包括获得和存储信息的策略及提取和利用这些信息的策略；另一种是辅助性策略，被用来维持学习的心理状态，包括计划和时间安排、专心管理以及监视和诊断三种策略。辅助性策略帮助幼儿产生和维持某种内在状态，以使幼儿有效实施基本策略。

获得普遍认可的是迈克卡的分类法，他认为学习策略包括认知策略、元认知策略和资源管理策略。

（三）学习策略对幼儿教育的价值

教师可以在游戏活动中设计策略总结环节，引导幼儿总结以前的学习策略。通过表述，幼儿不仅可以意识到已有的策略，而且能将其上升到元认知层面，即能对前面学到的经验进行迁移，知道策略在何种条件下使用。

在总结环节还要注意，教师的提问要让幼儿清楚地理解自己是如何完成策略使用的。当被追问时，幼儿的思维过程呈现于对话之中，不仅幼儿能更清晰地了解自己的思维过程，而且教师也能从幼儿的回答中对幼儿的思维加工序列有一个清晰的认识，从而有助于教师有的放矢、正确地引导幼儿学习。

二、幼儿学习的三大策略 >>>>>>>>>>>>>>>>>>>>>>>>>>>>>>>

（一）认知策略

幼儿的认知策略与成人有所不同。考虑到幼儿所进行的认知活动，幼儿的认知策略一般包括模仿策略、复述策略、分类策略和联想策略（见表8-1）。

表8-1　认知策略

认知策略	基本内容
模仿策略	幼儿在认知活动中使用最多的基本学习方式，对模仿对象有选择性，在模仿过程中有局部的改造和变形。
复述策略	通过重复的方式来加深记忆。
分类策略	是一种组织策略，年龄很小的幼儿就可以运用。
联想策略	是通过直观事物引发幼儿对与之有联系的另一事物的推想，这是一种很好的记忆策略。

（二）元认知策略

元认知策略是个体对认知过程进行调节和控制的能力，即学习者用来调节和控制自己内部注意、记忆、思维等过程的技能，其功能在于使学习者不断反省自己的认知活动。元认知策略是幼儿为了保证元认知活动的实现而采取的一些策略，主要包括计划策略、监控策略、检查策略和评价策略（见表8-2）。

> **元认知策略：**
> 学习者用来调节和控制自己内部注意、记忆、思维等过程的技能。

> 📝 学习笔记

表 8-2　元认知策略

元认知策略	基本内容
计划策略	幼儿在活动的开始和过程中，对活动所要实现的目标、使用的材料、解决问题的方法、活动时间等进行预期和安排。
监控策略	幼儿在认知过程中对计划的执行情况、自己和同伴的言语表达情况、策略使用的有效性、自己是否理解等进行监控。
检查策略	幼儿对认知策略的效果、认知活动的结果的检查。
评价策略	幼儿对自己的认知活动过程进行的反省性总结，包括认知任务完成的优劣、是否遇到困难、如何解决困难、是否进行检查、是否根据检查进行补救等。

> **资源管理策略：**
> 主体努力监控和调节认知情境，从而使认知活动顺利完成的一种策略。

（三）资源管理策略

资源管理策略是指主体努力监控和调节认知情境，从而使认知活动顺利完成的一种策略，主要包括求助策略、时间管理策略、情感策略、环境资源策略和意志策略(见表 8-3)。

表 8-3　资源管理策略

资源管理策略	基本内容
求助策略	是幼儿借助社会环境以促进学习的一种方法，是幼儿进行反思性学习和元认知活动的一种外显表现。
时间管理策略	幼儿没有时间意识，需要教师不断地提醒才能形成最初的时间管理技能。
情感策略	幼儿为了更好完成认知任务而对自己情绪状态的一种有意识的觉知。
环境资源策略	幼儿意识到此时适合做什么、不适合做什么的觉知，如心里很烦躁，那就不适合做一些精细的操作活动，而更适合做一些大肌肉的运动。
意志策略	幼儿有意调节自己的行为、实现目标的资源管理策略。幼儿是极易分心的，注意力很不稳定。

三、幼儿学习策略的培养 >>>>>>>>>>>>>>>>>>>>>>>>>>>>>>

（一）幼儿元认知策略的培养原则

幼儿元认知策略的培养应注意以下原则。

①教师应注意培养幼儿积极的、独立的自我意识，不断培养其自尊心，激励幼儿从各项认知活动中建立自信。

②教师应向幼儿讲解和示范有关认知策略、信息加工及自我调控的知识。

③教师应加强元认知技能的训练。元认知技能涉及许多方面，如指导幼儿正确操作语言符号及辅助系统，开展对幼儿记忆策略的训练等。

④幼儿元认知能力的培养要循序渐进。

教师在培养幼儿学习策略时首先通过各种方式帮助幼儿学会正确评价自己，其次注重对幼儿的情感教育，最后使幼儿尝试自己解决问题。

（二）教师的教学

1. 通过讲解向幼儿传授学习策略知识

例如，在一项实验中，让幼儿观察一幅画上有哪些小动物。一组仅要求幼儿"仔细看，看了以后告诉老师画上有哪些小动物"；另一组还给予方法指导，"先看树上有哪些小动物，再看草地上有哪些小动物，最后看水里有哪些小动物"。结果表明，对幼儿进行按顺序观察、按类别记忆的方法指导，有利于他们看图后回忆成绩的提高。

2. 促进学习策略的积累

学习策略的讲解虽然是必要的，但是只有和幼儿的亲身体验相结合，才能使幼儿真正明白有关的元认知知识。幼儿学习策略积累的方法见表8-4。

表8-4　幼儿学习策略积累的方法

方法	基本内容
认知冲突法	交往中的认知冲突能促进幼儿元认知的发展，将认知冲突和学习策略的传授结合起来，会收到更好的效果。
行为引导法	设法引出幼儿的适当行为，然后让他们体验适当行为的良好后果，从而产生对学习策略应用效果的切身体验。"知道该怎样做"和"实际怎样做"并不是一回事。

3. 训练对学习策略使用过程的监控

这种监控能力是在学习策略知识和策略运用体验的基础上发展起来的。同时，监控又能促进知识和体验的进一步积累。

案例导入评析

概念用原型即它的最佳实例来表示，这就是原型说。概念存在于人们关于世界的知识体系之中，包括现实生活中概念的实质、特征及概念实例之间的关系。出现错误概念的原因包括幼儿接收到错误的信息，受经验的局限，不能很好地判断事物等。幼儿的概念学习可以从例子开始，了解各种实例，如"水果"和"蔬菜"的概念。

幼儿的知识学习是从概念开始的。通过学习，幼儿不断增加和调整他们对物理世界和社会世界概念的理解。幼儿的有些理解是有益的，但有些理解可能会阻碍他们的学习和社交。教师要从概念学习的原理出发，帮助幼儿以长远的、有建构性意义的方式来理解世界。

幼儿的动作发展与智力成长关系密切，幼儿动作技能和智力技能的形成对其学习意义重大。教师在教学中应关注幼儿动作和技能领域的学习。

学习策略应该是学习者为了提高学习的效果，有目的、有意识地制定有关学习过程的复杂方案。幼儿的年龄虽小，但元认知能力已初步发展，教师应关注幼儿学习策略方面的问题。

学习笔记

幼儿园教师资格考试模拟测试

一、选择题

1. 吹、拉、弹、唱属于( )。

A. 识记技能   B. 心智技能   C. 动作技能   D. 认知技能

2. 根据操作对象的不同,动作技能可分为( )。

A. 细微型动作技能与粗放型动作技能   B. 连续型动作技能与断续型动作技能

C. 闭合型动作技能与开放型动作技能   D. 徒手型动作技能与器械型动作技能

3. 在概念学习的方法中,( )要设计足够数量的正例和反例让幼儿去感受。

A. 确定概念类型法   B. 例证法

C. 变式法   D. 导入法

4. 在( ),重点是让适当的刺激与反应建立联系并固定下来,整套动作连为整体,变成固定程序式的反应系统。

A. 认知阶段   B. 知觉阶段

C. 联系形成阶段   D. 自动化阶段

专题八 云测试

二、填空题

1. 技能是通过练习形成的合乎法则的活动方式,一般分为_____和动作技能。

2. 根据动作对环境依赖程度的不同,动作技能可以分为闭合型动作技能和_____。

3. 根据动作的精细程度与肌肉运动强度的不同,动作技能可以分为细微型动作技能和_____。

4. 概念学习包括概念形成和_____两种方式。

三、简答题

1. 概念可以从哪几个方面进行分析?

2. 在动作学习过程中,迁移可以分为哪几种情况?

3. 操作技能培训的要点有哪些?

4. 简述幼儿概念学习的特点。

5. 简述影响幼儿动作技能学习的因素。

四、论述题

1. 结合实际说明幼儿动作技能学习的三个阶段。

2. 结合实际谈谈幼儿有哪些学习策略。

3. 幼儿元认知能力的培养应注意什么?

五、案例分析题

1. 小强1岁时,就开始拿筷子玩,弄得饭粒到处都是。父母没有特别禁止他的这种行为。2岁时他就模仿大人的样子拿筷子,但两只手抓着筷子,基本夹不了菜。3岁时小强拿筷子仍有点笨拙。4岁时他基本上会用筷子了。对于小强拿筷子这种行为,父母一直采取鼓励的态度。

问题:小强父母的教育理念正确吗?幼儿学习使用筷子对其发展有什么意义?

2. 龙龙是幼儿园中班的孩子,一天他得意地对爸爸说:"爸爸,我知道2加3等于5。"爸爸很高兴,问:"你怎么知道的?"龙龙说:"老师告诉我们的。"爸爸再问:"3加2等于多少?"龙龙摇摇头说:"老师没有说。"

问题:

(1)请根据幼儿思维发展的特点分析龙龙的表现。

(2)面对这种情况,教师应怎样进行有针对性的教育?

专题九 幼儿问题解决与创造性学习

学习目标

1. 知道解决问题的过程。
2. 理解新手与专家在解决问题上的差异。
3. 理解创造性的影响因素。
4. 掌握培养幼儿创造性的教育途径。

学习要点

1. 问题解决的概念
   问题的含义
   问题解决的含义
2. 问题解决的过程与影响因素
   问题解决的过程
   知识丰富领域的问题解决
   问题解决的影响因素
3. 幼儿创造性概述
   创造性与创造过程
   创造性的影响因素
4. 幼儿创造性学习
   幼儿创造性学习的影响因素
   幼儿创造性的教育途径

案例导入

在一次美术活动中，老师让孩子们画好吃的水果，很多孩子都在画自己喜欢的水果。老师发现，贝贝画的东西不太像水果，是一个方方正正的东西，于是问他："贝贝，你画的是什么？"贝贝说："我画的是苹果。"老师又耐心询问：

"苹果是圆形的，你为什么画成方形的呢？"贝贝回答说："我在家看见爸爸把苹果放到桌上，一不小心苹果就滚到地上摔坏了。我想苹果是方形的，该多好呀！"老师并没有批评贝贝，而是鼓励他说："你真会动脑筋、想办法，希望你长大了能培育出方苹果！"

问题：老师的行为对贝贝创造力的发展会产生哪些正面影响？如何培养幼儿的创造力？

学习主题一
问题解决的概念

一、问题的含义 >>>>>>>>>>>>>>>>>>>>>>>>>>>>>>>>>>

问题：
个体首次遇到的且无现成的可回忆的经验加以解决的情境。

对问题解决进行研究，首先要明白什么是问题。认知心理学把问题表征分为三种状态，即起始状态、中间状态和目标状态。起始状态和目标状态是已知的，但是从起始状态达到目标状态的路径是未知的。

加涅认为，问题是个体首次遇到的且无现成的可回忆的经验加以解决的情境。一般来说，问题包括四种成分：目的、个体已有的知识、障碍、方法。

二、问题解决的含义 >>>>>>>>>>>>>>>>>>>>>>>>>>>>>>>>

安德森认为，问题解决应具有以下三个特征①(见表 9-1)。

表 9-1　问题解决的特征

特征	内涵
目标指向性	为了达到预定目的，活动指向一定的目标。
子目标分解	将最终目标分解成相互联系的子目标，分步解决。
算子选择	选择恰当的算子，按顺序有效地运用。

问题解决：
形成一个新的答案，超越过去所学规则的简单应用而产生一个解决方案。

问题解决具有一些共同的特点：第一，解决的是新的、初次遇到的问题；第二，把掌握的简单规则(包括概念)重新组合，以解决当前的问题；第三，问题一旦得到解决，人的能力或倾向就会随之发生变化。总之，问题解决一般是指形成一个新的答案，超越过去所学规则的简单应用而产生一个解决方案。

---

① 吴庆麟等：《认知教学心理学》，169 页，上海，上海科学技术出版社，2000。

学习主题二
问题解决的过程与影响因素

问题解决的过程反映了人的思维过程。幼儿的学习很多时候是通过问题解决来实现的。

一、问题解决的过程 >>>>>>>>>>>>>>>>>>>>>>>>>>>>>

（一）理解和表征问题阶段

1. 任务环境与问题空间

任务环境是指某个特定问题的一切可能的知识状态的集合，包括问题的起始状态、中间状态、目标状态以及可以使用的算子和对算子的限制等搜索路径、搜索图或搜索树。问题空间是指个体在问题解决的过程中形成的对任务的内部表征。

2. 对问题的理解与问题表征

对问题的理解实质上是转换的过程，是内部的心理表征。例如，"和尚爬山"的问题：一天日出时，一个和尚开始爬山，速度时快时慢，到达山顶的庙里时刚好日落；他在庙里住了几天，开始原路下山，也是日出时出发，日落时到达山脚。请问：和尚在往返的路上是否曾在一天中的同一时刻通过沿路的同一点？答案是：一定会。可以想象成两个和尚，一个上山，一个下山，问题就容易解决了。解决问题的第一步是确定问题是什么。这意味着首先应找出相关的信息而忽略无关的信息，对问题进行表征。表征问题的任务是集中与问题相关的所有句子，达成对整个问题的准确理解。

（二）寻求解答阶段

1. 算法式

算法式是为达到某个目标或解决某个问题而采取的一步一步的程序。它是与某一个特定的课题领域相联系的。

2. 启发式

启发式是使用已有的知识去解决问题。常用的启发式方法如表 9-2 所示。

表 9-2　对常用的启发式方法的比较

方法	基本含义	主要特点	主要优点	不足之处	应用之处	纠正方法
爬山法	尽量减小现有状态与起始状态之间的差异	以相似性为指导	符合人们的日常习惯	如果一味地追求相似性，可能会误入歧途	不熟悉的领域	注意相似性与差异性的逻辑含义，以退为进

任务环境：
某个特定问题的一切可能的知识状态的集合。

问题空间：
个体在问题解决的过程中形成的对任务的内部表征。

✎ 学习笔记

续表

方法	基本含义	主要特点	主要优点	不足之处	应用之处	纠正方法
目的分析法	依据现有条件，分析可达到目标与要达到目标之间的差异，引进算子解决问题	引进算子并使算子的应用条件适用于对问题的解决	具有广泛的适用性	需要很强的记忆能力；对子目标的解决必须受一定的顺序约束；在解决极为复杂的问题时容易出错	一般情况下，有助于大多数问题的解决	最好利用示意图来补足记忆和思维
逆推法	将最终目标分解成相互联系的子目标，对子目标进行推演，逐步解决问题	子目标的分解是前后关联的	可以快速地解决问题	子目标是相互依赖的，有可能使个体陷入困境；只适用于解决封闭性的问题	一般的问题解决均可采用，特别适用于解决数学求证问题	对子目标的分解进行自我评价，并限定解决问题的途径
类比法	根据结构的相似性，应用相同的原理对问题加以解决	以结构的相似性为指导	可方便、快捷地解决问题	大多数人并不擅长运用，而且容易被表面的相似性迷惑	最好是自己熟悉的特定领域	—

（三）执行计划或尝试某种解答阶段

在表征某个问题并选好某种解决方案后，下一步就要执行计划、尝试解答。一些计算程序能查出幼儿在解决减法问题中所出现的错误。幼儿计算中存在的错误比老师想象的要多得多，他们总是从大数中减去小数，不管哪个数在前面。

（四）评价结果阶段

在选择并完成一种解决方案后，应对结果进行评价。评价的方法就是寻找能证实或证伪的证据。

二、知识丰富领域的问题解决 >>>>>>>>>>>>>>>>>>>>>>>>>>>

（一）专家的知识与知觉特点

在知觉与再认方面，专家之所以能够很快地解决问题，是因为他们能够准确地再认熟悉的组块，然后据此在长时记忆中提取相应的知识来解决问题。

（二）解决问题过程中专家与新手的差异

专家一般是指在某个特定领域有丰富的解决问题经验的个体。新手与专家不一样，他们解决问题的经验较少。因此，专家一步就能解决的问题，新手往往要多步才能解决。例如，专家的口语报告短，而且速度快，是因为许多中间的步骤没有在短时记忆中出现，所以报告不出来；新手的口语报告多数与问题有关，很少有题外话。

专家和新手解决问题(如物理问题)的差异可以归纳为以下几点：

①专家不需要注意中间过程，可以很快解决问题；新手需要注意很多中间过程，进行有意注意。

②专家利用推理创造性地解决问题；新手先要明确目的，然后搜集信息，再解决问题。

③专家更多地利用直觉，即根据生活经验的表征来解决问题；新手更多地依赖正确的方程式来解决问题。

案例

让橡皮泥浮起来

一、活动目标

1. 通过亲自操作，让幼儿发现橡皮泥浮起来的方法。

2. 在活动中理解文字的意思(沉浮、薄厚、深浅、大小)，了解各种图形与浮起来的关系。

二、活动准备

1. 每组水盆一个、抹布两块，等重的橡皮泥团每人一块。

2. 缸一个，天平一个，文字卡(沉浮、薄厚、深浅、大小，橡皮泥浮起来的图示)。

三、活动过程

(一)问题提出

1. 小朋友看，谁认识这两个字？怎么念？(集体念：沉、浮)这两个字什么地方是一样的？(提醒，左边都有三点水，它们都与水有关系)

2. 你们知道哪些东西会沉在水底，哪些东西会浮在水面上吗？橡皮泥放在水里会怎么样？你们能不能让橡皮泥浮起来？

(二)幼儿猜想

1. 你想怎样做？为什么会这样做？

2. 老师今天准备了相同分量的橡皮泥，也就是说它们是一样重的(用天平进行演示，表示一样重)。等会儿小朋友去试一试，试验的时候注意用抹布将桌面擦干。

(三)幼儿第一次操作

观察重点：了解幼儿使橡皮泥发生改变的情况。

(四)幼儿交流

你在操作中遇到了什么问题？为什么总是不成功呢？可请同伴帮忙。

(五)幼儿第二次操作

老师与幼儿进行个别交流，了解幼儿的想法。

(六)展示交流作品

你做的是什么形状的？怎样做成功的？做成什么形状会使橡皮泥浮起来呢？

(七)总结提升

老师帮助幼儿梳理：要使橡皮泥浮起来，它从下到上要由小变大，同时由厚变薄；边沿由浅变深；呈碗形、杯形或船形，里面是空的。

三、问题解决的影响因素 >>>>>>>>>>>>>>>>>>>>>>>>>>

(一)问题因素

1. 问题的刺激特点

问题中的事件在空间、位置、距离、时间等方面表现出的特定功能，将影响个人对问题的理解和表征。在解决问题时，问题的具体性是很重要的。

2. 功能固着

功能固着指一个人习惯了某个物品的惯常用途后，便很难发现其他新用途的现象。一般初次发现的物品用途越重要，就越难发现它的其他用途，这会影响问题的解决。

3. 反应定势

反应定势指以最熟悉的方式做出反应的倾向。定势有时会有助于问题的解决，有时会妨碍问题的解决。

4. 酝酿效应

酝酿效应指当反复探索一个问题而无解时，把问题暂时搁置一边，过一段时间再来解决，便会很快找到解决方法的现象。许多科学家在研究工作中都有过类似的现象。

(二)个人因素

1. 有关的背景知识

问题解决者具备有关的背景知识，能促进其对问题的表征和解答。需要注意的是，探索技能在解决问题中不能替代实质性的知识。

2. 智慧水平

幼儿的智慧水平越高，越有助于问题的解决。

3. 认知特性

个体对问题的敏感性、好奇心和综合能力都会影响问题的解决。

4. 动机的强度

一般来说，中等强度的动机有助于问题的解决。

5. 气质、性格等个性特征

气质、性格等个性特征也会影响问题的解决。志向远大、意志坚强、情绪稳定、谦虚勤奋、富有创造精神等优良的个性品质能提高解决问题的效率。

功能固着：
一个人习惯了某个物品的惯常用途后，便很难发现其他新用途的现象。

反应定势：
以最熟悉的方式做出反应的倾向。

酝酿效应：
当反复探索一个问题而无解时，把问题暂时搁置一边，过一段时间再来解决，便会很快找到解决方法的现象。

✎ 学习笔记

学习主题三
幼儿创造性概述

一、创造性与创造过程 >>>>>>>>>>>>>>>>>>>>>>>>>>>>>>

（一）创造性的含义

创造性是根据一定的目的，在已有知识经验的基础上，用新颖、独特的方法创造出具有社会或个人价值的劳动产品的心理品质。创造性是通过有创意的作品表现的。有创意的作品具备三个特点：新颖、实用、有品质。

> **创造性：**
> 根据一定的目的，在已有知识经验的基础上，用新颖、独特的方法创造出具有社会或个人价值的劳动产品的心理品质。

（二）创造性的层次

创造性根据其萌发到形成的动态过程可以划分为三个水平，即前创造性、潜创造性和真创造性。前创造性是创造性的雏形，如幼儿的幻想。潜创造性对个体来说是新颖的、独特的，但所涉及的观点或物品是人类已发现或发明的，或者说只是具有创造成果的可能性。而真创造性是提供给社会有价值的成果。人本主义心理学家马斯洛把创造性分为两级水平：一是优秀级，独特的创造性；二是普通级，自我实现的创造性，这是在环境中学习的结果。

图 9-1　创意手工作品

泰勒把创造性分为以下五个层次。

①表现性创造。表现性创造是创造性低级层次的独立表现，其主要特征是自发性与自由活动。

②技术性创造。这一层次与独创和新颖的关系非常密切。

③发明性创造。发明反映新颖的设计或新的组合，或以新的方法解决旧问题。

④首创性创造。首创性创造意味着革新、标新立异。

⑤杰出性创造。杰出性创造往往具有复杂的形式，创造出新的原理或思想。

（三）创造的过程

1. 四个阶段论

华莱士提出了创造过程的四个阶段论，具体如下。

①准备阶段。了解问题的性质，形成自己的知识，尝试寻找初步的解决问题的方法。

②酝酿阶段。个体没有做有意识的工作，而是将问题暂时搁置起来，问题解决处于潜伏状态。

③明朗阶段。个体豁然开朗起来，情绪非常高昂，所有困扰一一得到化解，问题得到顺利解决。

④验证分析阶段。个体对整个创造过程进行反思，并检验解决问题的方法是否正确。

2. 三重境界论

我国著名学者王国维提出了做学问的"三重境界"，具体如下。

①悬想阶段，即"昨夜西风凋碧树，独上高楼，望尽天涯路"。

②苦索阶段，即"衣带渐宽终不悔，为伊消得人憔悴"。

③顿悟阶段，即"众里寻他千百度，蓦然回首，那人却在，灯火阑珊处"。

科学家、艺术家的创造过程无不经历这样的境界。

下面几个问题的解决就反映出了创造的过程。

问题一："水莲花"问题。《美国科学家》中有载："水塘里有一株水莲花，这株水莲花每 24 小时增加一倍，在第 60 天时，这个水塘长满了莲花。哪一天这个水塘的水莲花是半满的？"

如果采用逆向思维来思考，就容易解决这个问题。正确答案为"第 59 天"，因为莲花每 24 小时增加一倍，而这个水塘在第 60 天时长满了莲花。

问题二：约翰家有 5 个兄弟，每个兄弟都有一个姐姐或妹妹，假如把约翰太太也算在内的话，这个家庭中有几位女性？答案为两位女性，母亲与女儿。

问题三：一个农夫有 17 只羊，除了 9 只以外，其余的都从篱笆的破洞跑出去了，还剩几只羊？答案为 9 只。

二、创造性的影响因素 >>>>>>>>>>>>>>>>>>>>>>>>>>>>>>>

创造性的影响因素有很多，按照斯腾伯格的观点，可以从人的智力、知识、思维方式、人格特质和动机等方面来考察。这种独特的视角对幼儿创造性的培养具有启发意义，对教师自身创造力潜能的挖掘同样有价值。下面分别进行阐述。

（一）智力

1. 综合智力

综合智力即领悟力，指从新的角度看问题。包括以下两点。

（1）对问题重新界定

爱因斯坦说过，把一个旧问题从新的角度来看需要创意的想象力，这就成了科学真正的进步。对问题的界定是可以测量的，测量问题解决的正确性与速度有两种方法：一是概念投射问题，有创意的人可以很快从原有的、约定俗成的概念跳到一个不寻常的概念上；二是新奇的类比，如"金鱼对鱼缸就好像猪对_____（鸟笼、猪圈、优雅、肮脏）"。

（2）顿悟

顿悟是一种看问题的新方法，仿佛突然出现了一个使个体感到惊奇和豁然开朗的念头。

2. 分析智力

分析智力是指看出哪种方法是好的、有前途的，然后利用知识解决问题。研究表明，聪慧的人会把较多时间放在整体的、全面的计划上，而把较少的时间放在细节计划上。有创意的思考是需要时间的。

3. 实用智力

实用智力是指能够把自己的成果表现出来的能力。发现一个令自己感兴趣的想法是一回事，有足够的敏感度去了解别人对你的想法是否感兴趣是另一回事。与人沟通的最大挑战，不是说服本来就相信你的人，而是说服原来不相信你的人。这都表现出实用智力，它是培养创造性所不可缺少的。

> **实用智力：**
> 能够把自己的成果表现出来的能力。

（二）知识

1. 正式知识

正式知识是指与某一领域或某一职业相关的知识，是从书本、正规学校教育中得来的。正式知识对创造性的作用具体表现在以下五点。第一，帮助幼儿避免重新发明的"无知风险"。第二，帮助幼儿提出与他人不同的观点。第三，帮助幼儿创造出高品质的作品。第四，帮助幼儿集中精力去思考新的东西。第五，帮助幼儿从偶然的现象中发现创造的源泉。

> **想一想**
>
> 想要成为一名有创造性的教师，应具备哪些能力？

2. 非正式知识

非正式知识是指与某一领域相关的知识，但不是直接从书本中得来的，甚至有时无法用语言表述。

（三）思维方式

思维方式的层次有两种。

①整体形态。例如，做事强调宏观的视野和整体的情况；做决定时不考虑细节。从烦琐的细节中摆脱出来，往往会发现解决问题的创意和灵感。

②局部形态。例如，喜欢解决需要处理细节的问题；只有处理完所有细节问题才感到满意；写文章时喜欢反复推敲，直到所有疑点都解决。

创造性需要两种思维方式并重，即同时注重问题的整体和细节。

图 9-2　衢州市手牵手幼儿园

（四）人格特质

幼儿的一些重要人格特质都与创造性有较高的相关。

1. 冒险性

冒险性是创造性的关键所在。要想成为一个有创意的人，就要具备一定的冒险精神。研究表明，在绘画领域，冒风险与绘画创意之间有较高的相关。而在实际教育中，教师通常很少鼓励幼儿去冒险，不仅是出于安全的考虑，还受一定社会价值观念的影响。

2. 面对障碍时的坚持

有创意的人需要有坚持不懈的毅气。一般来说，越是创造性的想法越不容易被大家接受。面对障碍时，坚持是必要的。

3. 对含糊不明的容忍

对含糊不明的容忍，是指对于一个问题还未得到界定或解决这种情况，个体能接受。如果想使创造潜能发挥到最高点，就需要容忍这种含糊不明的状态，直到问题最终有效解决。

4. 接受新经验

人本主义代表人物罗杰斯认为，开诚布公地接受是创造性的关键。开放的人是对自己的内在自我及其所处的外部环境都感到好奇的人，愿意体验别人不愿体验的经历。幼儿的六种开放形态是：对幻想的开放、对美学的开放、对感觉的开放、对行动的开放、对想法的开放、对价值的开放。

5. 对自己有信心

有创意的幼儿会相信自己，相信自己的判断。总之，自信心是使自己不气馁的精神支柱。

(五)动机

要想发挥潜力，真正有创意，一定要有很强的动机。这个动机可以是外在的，如父母的推动力，也可以是内在的，如自我实现。

父母的推动力与孩子的自发动力哪个更重要？父母总是希望孩子做得更好，但父母的推动力远比不上孩子内心的自发动力。心理学研究发现，父母偶尔推孩子一把，他会有进一步的表现；如果父母不停地推，反而会适得其反。

有时外在动机会逐渐损害内在动机。

(六)环境因素

有适当的压力和挑战性的环境能够培养幼儿的创造性。一个完全良好的支持环境，不需要人去抗争什么，但对创造性的发展来说不一定是理想的环境。

环境有时会扼杀幼儿的创意。这里有一个例子，幼儿园大班的孩子在了解太阳系时，老师想出了一个好办法，让孩子打扮成太空人的样子去探索火星。这时，有个小朋友说，她要打扮成火星人的样子去迎接太空人。老师马上否定了她的提议，说："我们都知道火星上没有人。"这显然不是鼓励创意的做法。孩子有了新的想法却被压抑在心里是一件很可悲的事情。

图 9-3　滨州市实验幼儿园

学习笔记

想一想
挫折教育可以激发幼儿的创造性吗？

学习主题四
幼儿创造性学习

学前期是创造性发展表现最明显的年龄段，适合较多地开展创造性学习活动。

一、幼儿创造性学习的影响因素　>>>>>>>>>>>>>>>>>>>>>>>>

（一）幼儿创造性的发展特点

研究者用不完整物体的图片和墨迹图考察幼儿的创造性，结果发现，4 岁幼儿的创造性达到最高水平，5 岁以后逐渐下降。托兰斯的研究也表明，5 岁是幼儿创造性发展的下降期。

（二）幼儿创造性学习的特点

创造性学习是指保护和培养幼儿创造性的学习方式，强调幼儿学习的主体性和能动性，强调自我建构、自我发现。幼儿创造性学习具有以下几个特点。

①主要体现在创造性游戏中。游戏的不确定性给幼儿带来了问题，从而使他们获得解决问题和做出决定的能力。

②主要借助想象来实现。在创造性学习过程中，想象的作用和地位尤为突出。

③受情绪的影响大。创造过程中充满明显的积极情绪，积极情绪是激发幼儿强烈创造需要的基础。

（三）教师的态度

幼儿园能够提供一个安全、自由和富有刺激性的活动环境来培养幼儿的创造性。在这里，教师的态度很重要。教师应具备的特点包括：具有创造性；有强烈的求知欲；具有创设宽容、理解、温暖的班级体氛围的能力；具有与幼儿共同学习的态度；注重对创造活动过程的评价，借此激发幼儿的创造欲望。

（四）课堂气氛

课堂气氛指课堂教学中所表现出来的情绪状态。开放式的课堂包括空间上的灵活性、幼儿对活动选择的主动性、学习材料的丰富性等。这种气氛有助于幼儿进行批判性探究，培养幼儿的好奇心和冒险精神。

（五）同伴关系

在同伴团体中，幼儿处于一种平等的人际关系氛围中，幼儿之间具有极大的吸引力，这有助于幼儿相互模仿、学习对方的创造方法和技巧。

图 9-4　烟台市鼎丰园幼儿园

(六)幼儿个人的内在特点

以下个性特点有利于幼儿创造性的发展。

①在创造性学习中，幼儿注意稳定的时间较为持久。

②喜欢对事物加以组织，使之条理化，不能忍受事物间的不协调。

③能从不同的角度了解事物。

④游戏活动前对教师的指导很感兴趣。

⑤幼儿的创造性思维往往有暂时的"沉默"与"犹豫"的特点。

⑥对观察、探寻和操纵物体有一种不可遏止的倾向，这种倾向可能就是好奇心，它是创造发明的萌芽。

⑦喜欢把幻想作为学习与解决问题的方式。

⑧喜欢编故事和作曲。

不适宜发展创造性的人格特点有：胆怯、过分自我批评、懒惰、从众、狭隘、刻板、骄傲等。

二、幼儿创造性的教育途径 >>>>>>>>>>>>>>>>>>>>>>>>>>>>>

(一)提供给幼儿自我表现的材料

自我表现的材料是指教师为发展幼儿创造性而提供的绘画、描图、绣花、舞蹈等活动材料。开展这方面活动的教师应注意以下几点。

①活动中应尽量不干预。

②应理解和尊重幼儿的现有发展水平，重视幼儿操作活动的过程，而不是结果。

③应给幼儿提供足够的时间和空间，并给予正确的评价。

④应给有疑虑的幼儿不参与活动的权利。

⑤要对自我表现本身进行评价。

(二)创造性思维训练

创造性思维训练的模式有很多种，如吉尔福特的创造性思维模式、泰勒的创造性思维教学模式等。这类训练模式强调幼儿的自由参与和创造过程。

幼儿的创造性思维训练可以在教师的指导下进行。具体来说，一方面可以在幼儿园教学中采用创造性的教学形式，如在美术教学时让幼儿填补图形；另一方面可以给幼儿提供一些训练题目，促进幼儿思维在流畅性、变通性和独创性方面的发展。

资料库

托兰斯的创造性量表

托兰斯于 1966 年编制了由 12 个分测验构成的三套创造性量表。

第一套是关于言语的创造性量表，由 7 个分测验构成：提问题、猜后果、猜原因、产品改造、非常用途问题、非常问题、假想。

第二套是关于图画的创造性量表，由 3 个分测验构成：图画构造、未完成图形、圆圈或平行线测验。

第三套是关于听觉形象方面的创造性量表，由 2 个分测验构成：声音想象和拟声词想象。各种声音刺激都呈现三次，要求受测者分别说出或写出由某种声音所联想到的事物或活动。

（三）教师的有效教育

1. 教育者要相信每个幼儿都有创造性

幼儿的创造就在于他们用自己的眼睛、大脑去发现他们不知晓的一切。因此，教师应将工作的重点放在激发幼儿的自主观察、想象、表达和动手操作上，并以此培养幼儿对生活、对自然以及对社会的探索欲望，为幼儿未来的创造性发展奠定坚实的基础。

2. 确立幼儿的主体地位

在以往的实践中，教师对幼儿活动过程的价值重视不够，对幼儿活动结果的评价过严，缺少宽容与鼓励，对幼儿活动过程的控制程度过高，常常以自己的主导作用替代幼儿的主体地位，阻碍了幼儿创造性的萌发。因此，解放幼儿，让幼儿用自己的眼睛去观察世界，用自己的语言表达所想，用自己的头脑去思考问题，用自己的双手去感受自然和社会才是最重要的。

3. 坚持在一日生活中培养幼儿的创造性意识

幼儿学习的是生活经验，而不是系统的知识，生活本身就是幼儿园的课程。游戏和教育活动都是幼儿创造性教育的途径和载体，不能单纯依赖某一领域的教育来培养幼儿的创造性。

📝 学习笔记

> **案例 🌐**

哈利·波特的扫帚和神奇的鞋（大班）

幼儿虽然幼稚，但富于幻想，往往会想出一些神奇的事情来。一天，在玩汽车游戏时，其他小朋友都是手拿汽车在马路上开来开去，唯独晖晖手里拿着汽车在半空中飞来飞去。教师奇怪地问："你的汽车为什么能在空中飞呢？"他毫不犹豫地说："老师，这辆汽车已经飞出了地球，正在宇宙中飞行！"乍听起来，让人觉得有些不可思议，但蕴含着幼儿的创新意识。教师没有泼冷水，还表扬了晖晖的想法。

教师应该及时引导、鼓励幼儿充分发挥想象力和创造力，这样幼儿创新的愿望就会越来越强烈。教师继续问晖晖："你长大后的理想是什么？"晖晖说："我长大了，要制作一双鞋，穿在脚上，然后就能上天，去看看太阳和火星。"

"老师觉得晖晖的想法很特别，难道这双鞋比你的汽车还神奇？""当然了，这是一双能上天的鞋，赛过哈利·波特的扫帚呢。"说完，晖晖得意地笑了起来。

"真有趣！"这个话题马上引起了其他幼儿的兴趣，大家争先恐后地说："我们快给它起个名字吧。"有的幼儿说："我给它起个名字叫晖晖牌魔鞋。我要穿着它遨游太空，和外星人握手。"还有的幼儿说："我给它起个名字叫无敌魔鞋，穿着它，妖魔鬼怪见了都害怕。"

这些回答多么生动有趣！幼儿的好奇心与想象力是创新能力的重要特征。幼儿的想象有时很离奇、很古怪，甚至异想天开。创造属于每一个幼儿，它不是少数幼儿的专利。教师要鼓励幼儿充分发挥他们的想象力，给每个幼儿创造的机会。教师说："小朋友们说得真好，现在我们就一起来做这双神奇的魔鞋好不好？""好啊！好啊！"

资料库

创造性测验的方法

一、主观评定法

主观评定法是指由有关专家或专门研究者按照一定的标准对幼儿的创造性进行评价的一种方法。例如，让幼儿在短时间内说出砖头的用途，幼儿会有多种答案，如"砖头可以造楼房""砖头可以铺路"等。对幼儿的这些答案进行评定以确定其创造性水平。

二、作品分析法

作品分析法是指对幼儿按要求完成的作品进行定性和定量分析，从而判断其创造性水平的方法。以作品为中心的测验包括写作、绘画和科学等方面。

三、测验法

测验法是通过心理测验对幼儿创造性进行测量的一种方法。

案例导入评析

美术活动可以很好地激发幼儿的创造性。在绘画活动中，教师的正面引导和鼓励是非常重要的，因为幼儿独特而丰富的想象力需要教师的呵护与培育。

问题解决是思维的基本过程，创造性则是解决问题的更高级表现。幼儿喜欢探究问题，幼儿期是创造力发展的高阶段。教师应加深对幼儿问题解决和创造性学习的理解，通过有趣的活动和有效的指导，促进幼儿思维和创造性的发展。

幼儿园教师资格考试模拟测试

一、选择题

1. 华莱士提出的创造过程的四个阶段不包括(　　)。

A. 准备阶段　　　　　B. 酝酿阶段　　　　　C. 顿悟阶段　　　　　D. 明朗阶段

2. 研究表明，(　　)幼儿的创造想象达到最高水平。

A. 2 岁　　　　　B. 3 岁　　　　　C. 4 岁　　　　　D. 5 岁

专题九　云测试

3. 创造性测验常用的方法包括主观评定法、测验法和(　　)。

A. 观察法　　　　　B. 实验法　　　　　C. 作品分析法　　　　　D. 个案法

4. 一个人面对同一个问题，能想出多种不同类型的答案，这表明他的思维具有(　　)。

A. 流畅性　　　　　B. 变通性　　　　　C. 指向性　　　　　D. 独创性

5. 创造性与智力的关系并非简单的线性关系，以下说法中不正确的是(　　)。

A. 低智商不可能有创造性　　　　　　　B. 高智商可能有低创造性

C. 高智商一定有高创造性　　　　　　　D. 低创造性者的智商水平可能高

6. 下列属于问题解决的是(　　)。

A. 漫无目的地幻想　　　　　　　　　　B. 走路

C. 联想　　　　　　　　　　　　　　　D. 发明创造

二、填空题

1. 反应定势是指以最熟悉的方式做出反应的倾向。它有时会有助于问题的解决，有时_____问题的解决。

2. 有创意的作品具备三个特点：_____、实用、有品质。

3. 个体首次遇到的且无现成的可回忆的经验加以解决的情境，被称为_____。

三、简答题

1. 在知识丰富领域的问题解决中，专家与新手的区别在哪里？

2. 影响幼儿解决问题的因素有哪些？

3. 影响幼儿创造性学习的因素有哪些？

4. 托兰斯的创造性量表包括哪几部分？

5. 问题解决的基本过程是怎样的？

四、论述题

1. 在实践中如何培养幼儿的创造性？

2. 如何对幼儿的问题解决进行教育指导？

3. 在教学中如何促进幼儿问题解决能力的发展？

五、案例分析题

1. 小班幼儿刚入园的几天里，老师常和小朋友做"请你跟我这样做……我就跟你这样做……"这个简单的模仿游戏。这个游戏很受小朋友的欢迎。这天下午，老师正带着小朋友玩这个游戏，赵鑫东看看西瞧瞧，还不时地和旁边的小朋友说悄悄话。老师一边带领小朋友玩游戏，一边看着他，想用眼神提醒他。似乎是意识到了老师的注视，赵鑫开始动手做，可他和老师做的动作不一样。突然他站起来对老师说："老师，我不想学你那样做！"老师一听愣住了，马上停下来问他为什么，他摇摇头说："就是不想！我想做和老师不一样的动作。"听完后，老师有点生气，可一想如果强行拒绝他的意见一定会使他对游戏产生反感。于是，老师就说道："那好，你就做和老师不一样的动作吧。"

游戏又开始了，赵鑫做的每一个动作都和老师不一样，老师拍手，他就拍腿；老师学小花猫叫，他就学小狗叫……慢慢地，好多小朋友都开始做自己喜欢的动作。看到这里，老师灵机一动说："好，现在我们换一种玩法。我们把儿歌改成'请你跟我这样做……我不跟你这样做……'，每个小朋友的动作都要跟老师的不一样。"

游戏重新开始，孩子们特别认真，他们创编了许多平时没有的动作。老师看到这样的变化，刚开始时的不良情绪逐渐消散。这样的游戏比单纯的模仿更能吸引孩子的注意力，更能带动孩子参与游戏，而且孩子的反应能力、想象力和创造力也得到了发展。游戏结束后，孩子们仍然十分兴奋，心里都得到了满足，并笑着对老师说："老师，这样真好玩！"

问题：面对有个性的孩子，教师在教学过程中应如何因势利导，在尊重幼儿兴趣、保障幼儿学习主体地位的基础上，顺利实现教学目标？

2. 老师在教幼儿认识蔬菜时，拿出一个土豆，问幼儿："谁知道老师手里拿的是什么？"明明大声回答："土块。"老师面露不悦，瞥了明明一眼，说："明明说得不对，我们看看谁最聪明，能说出老师拿的是什么。"荣荣不大自信地说："是小兔子。"（荣荣从某个角度发现土豆的形状像兔子的脑袋）老师又说："不对，谁还知道？"辉辉小声说："是土豆。"这时老师眼睛一亮，向辉辉投来赞许的目光，说："辉辉真聪明！"

问题：请针对上述材料，分析我们应该如何对幼儿进行创造性教育。

专题十　幼儿的情商、道德与心理健康

学习目标

1. 了解情商的含义。
2. 知道幼儿情商的发展特点。
3. 理解幼儿移情、内疚的发展特点。
4. 熟悉道德认知、道德情感和道德行为三个方面的相关知识。
5. 学会运用幼儿心理咨询、治疗的常用方法。

学习要点

1. 幼儿情商教育
   情商的概念
   幼儿情商的发展特点
   幼儿情商的教育指导
2. 幼儿道德教育
   幼儿道德认知的特点与教育指导
   幼儿移情、内疚的发展与道德情感的教育指导
   幼儿道德行为的发展特点与教育指导
3. 幼儿心理健康教育
   幼儿心理健康
   幼儿心理健康教育的内涵
   幼儿心理健康教育的实施
   幼儿心理咨询、治疗的常用方法
   幼儿常见的心理问题及其干预

案例导入

　　幼儿园有许多活动，包括角色扮演游戏、涂颜色、吃点心、搭积木等。孩子们4人一组，每项活动持续15分钟。小涵与小宪正在搭一座高塔，小英开始往塔上搭更多的积木，小宪吼了起来："那个不能放这里！"吼声吓到了小英。

小英不小心撞到了塔，所有积木都滚了下来。小涵叫了起来："小英，你是故意的！都说女孩是不会搭积木的。"小英哭了。小宪又说："瞧，你是一个爱哭的孩子。"

　　问题：小宪与小涵的行为会给小英的自尊带来什么影响？如何培养幼儿的情商？

学习主题一
幼儿情商教育

一、情商的概念 >>>>>>>>>>>>>>>>>>>>>>>>>>>>>>>

　　情商即情绪智力。情商反映个人管理情绪的能力，包括识别自己和他人的情绪、驾驭情绪、自我控制以及自我激励等方面的能力。情商概念的提出进一步动摇了智商的地位，使人们认识到一个人成才不仅要靠智力，还要靠情商。

　　心理学家认为，幼儿生活在一个情绪的世界里。幼儿情商的发展非常迅速，因此关心幼儿的情绪，了解幼儿情绪能力发展的水平和特点，了解师幼互动对幼儿情商发展的影响，具有极为深远的意义。

> **情绪智力：**
> 反映个人管理情绪的能力，包括识别自己和他人的情绪，驾驭情绪、自我控制以及自我激励等方面的能力。

资料库

情商的九要素理论

　　许远理和李亦菲从两个维度（一是操作维度，包括认知、表达和调节；二是对象维度，包括自我情绪、他人情绪和环境情绪）提出了 3×3 的二维情绪智力模型，具体包括认知自我情绪的能力、表达自我情绪的能力、调节自我情绪的能力、认知他人情绪的能力、表达他人情绪的能力、调节他人情绪的能力、认知环境情绪的能力、表达环境情绪的能力以及调节环境情绪的能力。[①]

二、幼儿情商的发展特点 >>>>>>>>>>>>>>>>>>>>>>>>>>>>

> **学习笔记**

　　出生后，幼儿的各种情绪会陆续出现。早期的婴儿就会表达兴趣、悲伤、厌恶和满足等情绪。2.5~6 岁时，幼儿会出现生气、哀伤、惊讶、害怕等情绪，尴尬、害羞、内疚和骄傲等情绪则在出生后第 2 年或第 3 年出现，而且与认知的发展是紧密联系的。自我认识的情绪（如尴尬）往往要到幼儿能从镜中或照片中认出自己时才会出现；而自我评价的情绪（如害羞、内疚和骄傲）则往往要到幼儿能评估其行为是不是可被接受的，对自我认知及行为规范有确切的了解时才会出现。

---

　　① 许远理、李亦菲：《情绪智力魔方》，14~15 页，北京，北京广播学院出版社，2000。

幼儿情绪发展的另一个表现是，许多年龄较大的幼儿开始隐藏某些情绪(如哭泣、焦躁)。

(一)幼儿情绪自我认知的特点

婴儿的自我知觉能力是相当薄弱的，他们把自我与外界混为一体，把其他婴儿的哭泣当成自己的行为也跟着哭起来。婴儿是依靠情绪与外界建立联系的。在教育的影响下，幼儿的自我意识随着年龄的增长而不断发展。例如，情绪的自我体验在3岁幼儿身上表现得还不明显，大多数幼儿到4～6岁时才会表现出情绪的自我体验。

幼儿的自我情绪体验从与生理需要相联系的情绪体验(如愉快、愤怒)向社会性情绪体验(如委屈、自尊感、羞愧感)发展，表现出易受暗示性。在幼儿的情绪体验中最值得重视的是自尊感。自尊的需要得到满足，会使人感到自信，体验到自我的价值，从而产生积极的自我认知。

(二)幼儿情绪自我处境认知的发展特点

婴儿的情绪表现形式较为单调，个体间差异较小。入学前幼儿的情绪表达是很外露的，他们很少掩饰自己的真实情绪，高兴了就笑，害怕了就哭。

随着年龄的增长，受父母的塑造和指导的影响，幼儿开始形成与其所处社会文化背景的期望相一致的情绪表现形式。幼儿慢慢懂得什么样的情绪表现不受他人欢迎，于是就会避开引起自己某种情绪的情境或掩饰自己的情绪。例如，在幼儿园经常发脾气是不受教师和同伴欢迎的，胆怯可能被别人取笑等。

(三)幼儿情绪表达的发展特点

幼儿的情绪表达已不同于婴儿，不再是单纯的个体情绪反应，而是综合了社会文化和他人因素的结果。幼儿的情感表达呈现这样的趋势：表达内容由生物性需要转向社会性需要，表达方式由表情动作转向言语报告。

幼儿的情绪表达包括积极的和消极的两种情况。幼儿的积极情绪源于爱的体验，在家庭中得到充分的发展，然后逐渐延伸到外部世界，诸如玩具、同龄伙伴、陌生人等。会关心和爱护他人的幼儿往往显示出较强的情感能力和社会能力，高兴、愉快和幽默等积极情绪也随之产生。幼儿的消极情绪，即防御型情绪，作为不愉快的情绪表达方式，通常会引起忧虑以及随之引发的个体行为的改变。防御型情绪是令人不愉快的，诸如哭泣、愤怒、恐惧和焦虑等，若长期受到压抑容易引发精神疾患等更严重的问题。

图 10-1　上海市七宝古镇的孩子

防御型情绪：
不愉快的情绪表达方式，通常会引起忧虑以及随之引发的个体行为的改变。

(四)幼儿延迟满足能力的发展特点

1.0～2岁

婴儿是没有多少耐心的。对婴儿来说，忍耐意味着等待2～3分钟，如果2～3分钟后他的需要还不能得到满足，他的哭声会越来越大。如果成人的反应是及时的、一致的，让婴儿相信他的需要将会得到满足，婴儿便会信任成人，下次可以等待更长的时间。

2. 2～3岁

这个阶段的幼儿是以自我为中心的，缺乏耐心和承受挫折的能力，习惯把自己的需要放在第一位。

3. 3～6岁

这个阶段的幼儿已经具有初步为等待长远目标而抑制即时需要的能力。当幼儿成为群体中的一员时，他自己的需要不论多么紧急，也得考虑到其他幼儿的需要。幼儿的延迟满足能力尚在发展。

（五）幼儿同伴交往的发展特点

同伴交往对幼儿的社会适应性及心理健康有重要影响。

1. 从出生到6个月

婴儿可以相互触摸和观望，以哭泣来对其他婴儿的哭泣做出反应。

2. 6个月到3岁

幼儿交往的社会性逐渐加强。幼儿的同伴交往可分为三个阶段：一是物质中心阶段，即幼儿之间虽有相互作用，但大部分注意都指向玩具或物体，而很少指向其他幼儿；二是简单的相互作用阶段，此时幼儿对同伴的行为能做出反应并常常试图支配其他幼儿的行为；三是互补的相互作用阶段，此时幼儿出现一些更复杂的社会性互动行为，对他人行为的模仿更为常见，出现互动的或互补的角色关系，如"追赶者""躲藏者"和"寻找者"之类的游戏。

3. 3岁以上

在游戏中，幼儿互借玩具，彼此间语言交流及共同合作逐渐增多。幼儿的沟通能力受到社会性和语言发展等方面的制约。幼儿开始与同伴进行对话交往。此年龄段的幼儿在交往中很容易产生冲突，多发生在物品的分配或活动机会的寻求时。

三、幼儿情商的教育指导 >>>>>>>>>>>>>>>>>>>>>>>>>>>>>>

（一）家庭教育指导

弗洛伊德认为，早期的经验不仅影响人的身心健康，而且决定着幼儿一生的发展。童年安全感和不安全感的体验可能会影响成年后的情感状态。家庭教育是奠定幼儿情商的基础。

1. 重视与幼儿的情感交流

父母与幼儿每一次的情感交流，都是对幼儿进行情感教育的机会。婴儿出生几周后就会盯着父母的脸看好长时间，然后泛出甜甜的微笑，如果父母回应一个笑脸，他会笑得更加灿烂。父母要抓紧机会向婴幼儿输入高级情感，并引导他输出高级情感。早期的交流主要依靠表情、目光、姿势和语气，而不是语言本身。数月大的婴儿就会用凝视和头的动作与成人交流，告诉成人他是否满足、愉快或害怕。如果他们对某个物品失去兴趣，便会把头转开。

2. 关注幼儿的情绪变化

针对幼儿表现出的苦恼，有的父母认为这只不过是一件小事，会采取置之不理的态度，而不是利用这个机会增进同幼儿的情感，帮助幼儿学会处理情绪问题。父母有时也会安抚幼儿的情绪，但用的办法是小恩小惠，只要幼儿不再伤心或生气就行了。而高明的父母首先会认真对待幼儿的情绪，努力了解幼儿苦恼的原因。例如，在幼儿生气时，父母应先引导幼儿冷静下来，然后努力帮助幼儿用积极的办法安抚自己的情绪。

3. 友善地对待幼儿

在幼儿闹情绪时，有些父母会对幼儿进行批评、指责或惩罚。这种做法有可能使幼儿丧失基本的同情心。如果父母抓住各种机会鼓励幼儿关心他人，理解其他幼儿，在这种教育下，幼儿便会产生同情心。

4. 富有积极意义地"约束"幼儿

①对幼儿的限制和约束应当合理、明确。如果可能，写下并公布这些规定。

②在幼儿调皮时，要警告或提醒，以培养幼儿的自控能力。

③用表扬和欣赏来肯定幼儿好的行为，鼓励幼儿持之以恒。

④防患于未然，及时发现并排除影响幼儿的不良因素。

⑤在幼儿违反规定时，不管是否故意，应立即给予恰如其分的"批评"。

案例

我们的生命

一、活动目标

1. 让幼儿明白生命的由来，探寻人的生命历程。

2. 感谢父母的生养，学会感恩，知道爱惜自己的身体。

二、活动准备

展板(活动前幼儿自己收集的关于健康的图片和资料)、教学课件。

三、活动过程

活动前播放幼儿和妈妈的照片，伴有歌曲《世上只有妈妈好》。

(一)感谢妈妈和爸爸给了我们生命

1. 播放婴儿啼哭的声音，引起幼儿对小时候的回忆。

提问：你小时候爱哭吗？你小时候长什么样？

2. 展示幼儿小时候的照片，利用直观信息引导幼儿回忆。

3. 提问：你们小时候真可爱，你们都是怎么来的呢？自由回答。

4. 播放《我从哪里来》教学课件，让幼儿观赏。

5. 教师总结：妈妈和爸爸给了我们生命，感谢妈妈，感谢爸爸。提醒幼儿回家把自己感谢的话讲给妈妈和爸爸听。

(二)感谢妈妈和爸爸把我们养大

教师讲述：在慢慢长大的过程中(课件播放幼儿从小到大的照片)，是谁在陪伴你、照顾你？(让幼儿根据回忆自由表达)

（三）我们要关爱健康、珍惜生命

教师讲述：妈妈和爸爸在养育小朋友的过程中都很辛苦，你们会如何关爱妈妈和爸爸呢？

四、活动延伸

把我们的生命宣言告诉身边的每一个人，让他们也要珍惜生命。

（二）幼儿园教育指导

幼儿园是否需要单独开设一门情绪教育课，并不是最重要的，关键是怎样进行情绪教育以打动幼儿的内心。教师只有对幼儿的各种情绪有清楚的认识，才能有效促进幼儿情商的发展。

1. 常见的情商教育模式

（1）情知教育模式

情知教育模式认为，把"情"与"知"两个客观过程有意识地统一于教学活动中，会收到相得益彰的效果。

（2）情境教学模式

情境教学模式是运用言语、情感、教学材料以及课堂气氛和环境，创设适宜的心理场，使幼儿主动投入学习活动。通过生活情境、实物演示情境、音乐渲染情境、图画再现情境、扮演体会情境、语言描绘情境等，创设与教材有关的环境，促使幼儿从感受美到热爱美，再到理解美。

图 10-2　上海市盘古幼儿园

> **情境教学模式：**
> 运用言语、情感、教学材料以及课堂气氛和环境，创设适宜的心理场，使幼儿主动投入学习活动。

（3）爱的系列教育模式

爱的系列教育模式把爱国之情转化为幼儿能够体验到、理解到的情感，即爱幼儿园、爱小伙伴、爱小动物和爱玩具。这一模式把德育的目标体系、内容体系与情商教育结合起来，具有理论上和操作上的推广价值。

（4）艺术教育模式

艺术教育模式包括审美化课程、审美化教学过程、审美创造活动和审美化教育环境等多个方面。此种模式运用艺术手段影响幼儿情感的发展，强调艺术与科学教育的互补作用。

（5）赏识教育模式

赏识教育模式的内容主要包括"8 个学会"。

学会信任：看到幼儿的长处，欣赏他，为他自豪。

学会尊重：倾听幼儿说话，并向他请教。

学会理解：和幼儿做朋友，进行心灵的沟通，真正理解幼儿的行为。

学会宽容：幼儿出现问题时，成人要进行反思；幼儿犯错误时，成人要耐心等待。

学会暗示：利用比喻的手法，对幼儿进行开导，启发幼儿进行自我教育。

学会提醒：对于幼儿的缺点，要对事不对人，不能看到缺点就否定幼儿的全部，要在不伤害幼儿自尊的情况下，鼓励他改正。

学会激励：每个幼儿都有优缺点，成人要看到幼儿的闪光点，激励他。

> ✎ 学习笔记

学会督促：督促不是监视，不是管制，而是在尊重和信任之下的陪伴，成人要学会陪伴。

2. 幼儿园情商教育的要点

(1)关于情商教育的理论

在我国传统文化教育中，情感教育融入传统的道德教育之中，强调对幼儿的关怀，高度重视伦理道德教育；西方国家重视在交往过程中培养幼儿的亲社会行为。我国幼儿伦理价值观念教育实施较早、要求较全、标准较高，对基本情绪认知的教育和对自己情绪状态的认识的研究与西方不同。对于幼儿情绪能力的培养，可借鉴西方先进的理念，重视幼儿自我情绪的认知管理、自我情绪的表达及对他人情绪的认知以及人际交往能力。

(2)关于情商的课程

有一种专门的幼儿情商教育课程，即在日常教学中、在幼儿解决有争议的问题中训练幼儿的情商。例如，在大班的阅读活动中可以讲述这样一则故事：兔子想找正在冬眠的朋友蟾蜍玩，就搞了个恶作剧想让蟾蜍早点醒过来。教师可以借这个故事引导幼儿讨论什么是友谊，被人捉弄的感觉是怎样的，在之后的活动中进一步引入自我意识、关心朋友等主题。

学习主题二
幼儿道德教育

里奇等人认为不道德有三个来源：一是不良的偏好(或价值观)，设想为反常的恶或偏于恶；二是缺乏对他人利益的关心，由超道德和道德冷淡构成；三是缺乏理性的自我控制，由道德疏忽和道德缺乏构成。可见，道德作为人类行为的规范和伦理规则，其表现是很复杂的。

皮亚杰研究了儿童对规则的态度和对行为责任的道德判断，把儿童的道德认知分成两种水平(见表10-1)：一是他律水平，二是自律水平。他律道德阶段就是受外界支配的时期，是5~8岁。这个时期的儿童一般服从外部规则，接受权威指定的规范，只根据行为结果来判断对错。自律道德阶段也就是自主期，是八九岁以后。发展到这个时期，儿童不再无条件地服从权威，但道德判断还是不成熟的，要到十一二岁后才能独立判断。皮亚杰认为5岁以前是无律期，即以自我为中心来考虑问题。

表 10-1　两种道德认知发展水平的区别

项目	他律水平	自律水平
定义	基于强制的关系，如儿童完全接受成人的指令。	基于自主的个体间的平等合作与相互认同的关系，如平等的个体间的关系。
态度	道德现实主义的态度：把规则看成不可改变的要求，源于外部，具有权威性，不可协商；认为完全服从成人或规则就是对的。	理性的道德态度：把规则看成彼此都认可的结果，可协商，认为只有能被个体接受并得到普遍认同的才是合法的；认为与合作的要求以及相互尊重的原则相一致的行为方式就是对的。
判断	根据行为的客观形式和结果来判断什么是不好的；成人所做出的决定就是公正的；严厉的惩罚被认为是公正的。 过错方必定要受到惩罚；公正被认为是必然的。	根据行为者的意图来判断什么是不好的；只有平等地对待或者考虑到个体的需要才是公正的；根据对过错行为惩罚的适当性来判断其公正性。 惩罚受到人们意图的影响。

但丁曾说过："道德常常能填补智慧的缺陷，而智慧却永远填补不了道德的缺陷。"在德智体美劳的教育目标中，德育始终是放在首位的。道德品质是指依据一定的道德行为准则行动时所表现出来的某些稳定的心理特征。对幼儿进行道德教育，即培养幼儿初步的道德情感和行为，使其了解基本的道德认知。

✎ 学习笔记

一、幼儿道德认知的特点与教育指导 >>>>>>>>>>>>>>>>>>>

（一）幼儿道德认知的特点

①道德认知发展是一个长期教育、不断积累的过程。幼儿的道德认知水平较低，概括能力较差。

②幼儿的道德是非观念处于不稳定的状态，幼儿缺乏道德认知的一致性。

③道德评价带有很强的情绪性和受暗示性，常以自己的情绪或成人的标准来进行评价。

科尔伯格的道德认知发展阶段见表 10-2。

表 10-2　科尔伯格的道德认知发展阶段

发展水平	阶段	基本特征
前习俗水平	阶段 1：服从与惩罚定向	遵守规则是为了避免惩罚，根据行为的实际结果判断行为的好坏。
	阶段 2：个人奖赏倾向	以个人的需要来决定事情的好坏，遵循互惠原则。
习俗水平	阶段 3：好孩子倾向	由其他人的喜恶、赞同与否来决定什么是"好"的。
	阶段 4：法律和秩序倾向	法律是绝对的，权威必须受到尊重，社会规则要保持。
后习俗水平	阶段 5：社会契约倾向	事情的好坏由社会普遍认同的个人权利标准决定。
	阶段 6：普遍的伦理原则	遵守公平、人的尊严和平等等抽象的普遍原则，以个人内在的良心进行道德判断。

（二）幼儿道德认知的教育指导

①要教给幼儿相应的道德知识。只有具备一定的经验，掌握社会行为规范，懂得待人接物的要求、集体生活中的规则，幼儿才能明是非、有良知。

②要选择符合幼儿心理特点的、能感染人的、生动的德育内容。例如，选择

具有一定教育意义的有趣的童话故事等文学艺术作品，以此来影响和塑造幼儿的心灵，使其了解是非，明白道理。

③对幼儿的道德行为及时提出要求并进行评价。在幼儿做出行为之前提要求，在做出行为之后进行评价，有助于幼儿将道德认知与行为结合起来。

二、幼儿移情、内疚的发展与道德情感的教育指导 >>>>>

（一）幼儿移情与内疚的发展

1. 幼儿移情的发展

移情是某一个体对另一个体产生同感的情绪反应，是对其内在状态的认知觉察。内在状态指思想、感受、知觉和意图。移情不仅能促进助人行为，而且能抑制攻击性行为。移情的发展表现在以下几个方面。

①最初的移情反应。当一个几个月大的婴儿听见另一个婴儿哭泣时，他也开始哭泣。这种反应性哭泣并不是毫无感情成分的简单声音模仿。另外，6个月的婴儿 A 哭泣时，另一个婴儿 B 通常观看，但很少哭泣。这种情况如果反复发生，就会产生积累效果，即当婴儿 A 哭泣时，婴儿 B 也开始哭泣。

②自我中心的移情忧伤。当一个 10 个月的婴儿看到一个小朋友跌倒并哭泣时，他也哭起来，然后把大拇指放进嘴里，把头埋进母亲的衣服里，就像他自己跌倒时所做的那样。婴儿表现出了强烈的移情反应，但他分不清是谁在忧伤。当婴儿对同伴的忧伤和他对自己的忧伤做出相同反应时，就被称为自我中心的移情忧伤。

③准自我中心的移情忧伤。1 岁后，幼儿移情哭泣和注视他人的情况会经常出现，从移情忧伤到同情忧伤发生了质变。他开始向忧伤者走去，做出援助的举动。例如，在一个追踪研究中有这样的描述："玛丽看到一个来访的女孩在哭泣。她小心翼翼地观察着她，在她旁边转来转去，把玩具娃娃以及其他东西递给她，如她喜欢的瓶子或带线的珠子。"

④真实的移情忧伤。1.5 岁后，幼儿开始觉察别人的内在状态(如想法、情感需求)，知道他人的内在状态有可能不同于自己的内在状态。莎拉 2 岁 3 个月，她正和表弟坐在汽车里。当表弟找不到他的玩具时就哭了起来。有人说，玩具在汽车车尾的行李箱里，回到家就可取出。10～15 分钟后，汽车回到房子前，莎拉说："现在你可以拿到玩具了。"3 岁时，莎拉把唐老鸭帽子送给朋友做纪念，用这顶帽子来取代她朋友几天前丢失的帽子。可见，这个阶段的幼儿不仅能对他人的忧伤产生移情，而且能理解忧伤者，并知道忧伤者在这种情境中的独特需要。

⑤学龄前幼儿已经认识到，不同的人对同一件事会产生不同的情感。

⑥6～7 岁幼儿对自己的情感和他人的情感之间的联系表现出相当复杂的理解。

⑦再大一些的儿童有了成熟的移情能力。一是获得了认知感，能把发生在他人身上的事件与发生在自己身上的事件区分开来。如果忧伤者将痛苦或不幸归咎于自然原因，移情忧伤可能会转变为同情忧伤。二是了解处在他人情境中的感受。

三是知道他人的外部行为所反映的内心感受。例如，移情愤怒，即忧伤者对实施者感到愤怒，而观察者通过移情能感受到这种愤怒。

2. 幼儿内疚的发展

内疚是个体对实际的或想象的过错行为应该受到责备的感受。霍夫曼认为，内疚是对自己的一种厌恶感，通常伴随紧迫感、紧张感和悔恨感。内疚往往会引发行为上的补偿。例如，一个 2 岁幼儿拽住了她表姐的头发，母亲告诉她不要这样做，于是她爬到表姐跟前说："我拽了你的头发，请不要哭。"并且吻了表姐一下，以表达自己的内疚。

> **内疚：**
> 个体对实际的或想象的过错行为应该受到责备的感受。

资料库

内疚发展的研究

8～9 个月的幼儿会产生移情忧伤。到 1.5 岁后，幼儿会表现出内疚感。例如，有个大人抱起 21 个月的幼儿，高高举起，又轻轻放下，连续数次感到累了，最后放下了幼儿。但这个幼儿还想让他举起，当大人弯着腰时，幼儿就跑过来，结果头碰到了大人的下巴和嘴唇，幼儿哭了。当幼儿看到大人的嘴在流血时，马上停止了哭泣，说："叔叔，妮妮把你的嘴给弄破了，妮妮给你吹吹。"接着还说："妮妮对不起。"

4～5 岁的幼儿开始建构更复杂的表象，包括社会互惠性要求。有时幼儿会因没有进行互惠而感到内疚。例如，马克给了小丽一块糖吃，而马克向小丽要一块饼干吃，小丽没有给他，此时小丽感到一种未互惠的内疚。

6～8 岁的儿童会因没有尽到某种义务而感到内疚，如因对一个生病的朋友的食言而使自己苦恼。

10～12 岁的儿童会因违背道德规则而感到内疚，如因违背了与朋友的约定而感到内疚。

---

3. 道德情感教育的移情唤醒方法

(1)模仿状态

模仿状态是指一个人在观察到另一个人的表情时会自动模仿他的表情，然后大脑开始发挥作用，使一个人感受到另一个人所感受到的东西。詹姆斯假定，反馈是所有情绪体验的关键，"我们因为哭而感到悲哀，因为打而感到愤怒，因为发抖而感到害怕"。此假设在今天得到了证实。当婴儿看到母亲微笑时，会感觉很好。沙利文把移情定义为母亲与婴儿之间的非言语的感染和交流。①

以自我为焦点的角色选择比以他人为焦点的角色选择会产生更强烈的移情。前者是想象自己处在他人的位置，后者是把关注的焦点集中在他人的感受上。

(2)给幼儿更多的情感呵护

关注幼儿的情感，有利于其更好地感受自我，也有利于其了解他人的需要。引导幼儿帮助那些需要帮助及处于忧伤中的人。

(3)诱导对亲社会行为的影响

频繁诱导和提供亲社会的典范在教育情境中能发挥积极作用。另外，成人也要为幼儿树立榜样，让幼儿多接触榜样有助于形成亲社会行为。从幼儿种种复杂的情感、情绪、态度和观点中可看到成人价值观的影子，而且幼儿价值观的模棱

> **名人点睛**
> 所谓健全人格须包括：一、私德为立身之本，公德为服务社会国家之本。二、人生所必需之知识技能。三、强健活泼之体格。四、优美和乐之感情。
> ——陶行知

---

① [美]霍夫曼:《移情与道德发展：关爱和公正的内涵》，杨韶刚、万明译，52 页，哈尔滨，黑龙江人民出版社，2002。

两可、变幻莫测、自相矛盾也往往是从成人的世界学习而来的。

(二)幼儿道德情感的教育指导

1. 创设良好的气氛与环境

幼儿园应创设充满关爱、信任、同情以及民主的人际交往环境。同时，幼儿的自我评价能力还不成熟，教师要为其创设是非分明、情感态度积极的道德氛围，积极地、适时地给予幼儿情感回应，促进幼儿道德情感的发展。

2. 道德认知教育与道德情感教育相结合

教师要不断丰富幼儿的道德认知，将认知和各种情感体验结合起来。但要防止移情被过度唤醒，以免移情过于强烈，使移情忧伤变成厌恶。

3. 注意调节幼儿的情感

让幼儿有机会表达自己的内心感受，自由抒发情感。成人要尊重幼儿的情感表达，疏导幼儿的消极情感。幼儿控制情感的能力较弱，要依靠成人的引导。要防止幼儿出现同情疲劳，因为同情疲劳是一种习惯化积累效应，个人的移情忧伤减弱会对忧伤者变得漠不关心。例如，灾民悲惨生活的图片能激发人们的亲社会行为，但当这些图片随处可见时，就可能会使人们变得无动于衷了。

三、幼儿道德行为的发展特点与教育指导 >>>>>>>>>>>>>>>>

(一)幼儿道德行为的发展特点

道德行为是符合一定道德标准的行为表现，反映道德认知和道德情感的发展水平，是道德教育的最终目的。幼儿的道德行为包括：主动的道德行为，如阻止打人；公平分配的道德行为，如打扫花园，给每个小朋友报酬；亲社会的道德行为，如帮老人提东西；禁止的道德行为，如偷窃。

根据研究，幼儿道德行为的发展大致分为以下几个阶段。

1. 前道德时期或适应性社会行为发展阶段

1.5 岁以前的幼儿还没有道德认知，不能有意识地做出道德行为，当然他们会与照料者之间产生亲密的情感联系，会接触到"好""不好"等词汇，因而会产生相应的一些行为。

2. 萌芽性道德行为发展阶段

1.5～2 岁幼儿的"好""坏"观念从模糊向逐步明确发展。这个阶段的幼儿能理解一些"好""坏"行为的简单要求，并做出一些合乎成人要求的道德行为。

3. 情境性道德行为发展阶段

3～4 岁幼儿容易受情境的暗示，因此其道德行为带有偶发性、情境性、不稳定性。由于好动、好奇，又缺乏社会经验和技能，这个阶段幼儿的过失行为较多，冲动和模仿使他们经常违反规则。

4. 服从性道德行为发展阶段

5～6 岁幼儿对"好""坏"的理解逐渐观念化、明朗化、复杂化，但自我控制能力有限，其道德行为常受在场的权威人物和人际关系的影响。关于幼儿道德行为的表现，幼儿是"高兴的侵犯者"，即幼儿倾向于认为违背道德的行为能让人体验

想一想

幼儿好品质的形成，是靠说教还是靠惩罚，是靠蜜糖还是靠鞭子？

同情疲劳：

一种习惯化积累效应，个人的移情忧伤减弱会对忧伤者变得漠不关心。

学习笔记

到积极的情绪。给 4～8 岁孩子创设一种情境：一个幼儿正琢磨是否要从另一个幼儿的衣服口袋里偷糖果的场面，衣服挂在没有人照看的衣帽间。一种情况是幼儿拒绝诱惑没有去偷糖果，另一种情况是幼儿偷了糖果。要求被试回答的问题是：在某一种情况下，你会怎样想？为什么会这样想？结果发现，较小幼儿的推理解释集中于行为的结果，如幼儿得到糖果会高兴或者没有得到糖果会难过。只有较大的 8 岁孩子的推理解释集中于道德的结果，认为偷了朋友的糖果他会感到难过，或者没有去拿糖果他会感到高兴。

（二）幼儿道德行为的教育指导

长期以来，学校承担着社会文化价值维护与传递的功能，教师依据社会要求和教育大纲将文化价值有计划、有目的、系统地传递给学生。学生似乎是一个"生物受体"，被动地接受教师灌输的社会文化价值。教师希望这样能促进学生的社会性发展，教会他们在社会生活中采取正确的道德行为，使他们成为懂得真善美的人。然而，幼儿道德行为的形成，单靠说教是不够的，必须进行适时的道德实践培养。

1. 进行道德行为训练

成人可为幼儿提供榜样，通过练习帮助幼儿养成良好的道德行为；同时，利用幼儿的人际冲突，为幼儿提供锻炼道德行为的机会。例如，有的幼儿占着秋千不让别人玩，由此产生同伴冲突，教师可以借此机会让幼儿学会正确处理问题的方式。

2. 激发幼儿良好的行为动机

对幼儿表现出的良好的道德行为要及时强化和鼓励，从而激发幼儿良好的行为动机。

3. 培养幼儿言行一致的品质

引导幼儿在实际生活中克服挫折、拒绝诱惑，保持言行一致，具有一定的意志力。

4. 制定规则

通过制定奖罚分明的规则引导幼儿分清是非。

5. 成人要控制自己的行为

幼儿容易接受成人的关心，也容易受到成人愤怒情绪的负面影响。因此，在幼儿的成长过程中，成人要注意调节和控制自己的情绪，避免对幼儿发泄不良情绪。

6. 记住名言的启示

奥古斯汀说过，让我们再来高歌一曲，不是用双唇，而是用整个生命。康德说过，人类永远对两件事深感敬畏，一个是灿烂的星空，另一个是人心中的道德体验。理论是苍白的，生活之树是常青的。

总之，幼儿道德教育的目的是促进幼儿道德水平的发展。只有遵循幼儿道德的发展规律，给予符合其道德认知的指导、教育，才能实现幼儿行为的道德化。

学习主题三
幼儿心理健康教育

一、幼儿心理健康 >>>>>>>>>>>>>>>>>>>>>>>>>>>>>>>>>

(一)幼儿心理健康的界定

心理健康是指人具有持续稳定的心理状态、良好的个性特征，以及对社会的适应能力。心理学家把幼儿心理健康定义为幼儿情绪—社会—行为健康，即幼儿在各种情境下的情绪体验、调节和表达，人际关系，探索环境和学习方面处于良好并一直发展的状态。

(二)影响幼儿心理健康的因素

1. 身体的健康

身体的不健康会影响心理的健康，使幼儿产生焦虑、忧虑、烦恼、抑郁等不良情绪，影响幼儿的情感、性格、意志和人际关系，形成不健康的心理。

2. 家庭环境

家庭是幼儿生活的主要环境。从幼儿出生开始就应给予其丰富的社会性和物质性刺激，这对幼儿未来的认知发展和社会化起重要作用。家庭成员之间的关系和家庭氛围对幼儿来说具有特殊的作用。

3. 社会环境

幼儿的心理发展会受到各种社会因素的影响。例如，高层楼房使幼儿的自由活动空间减小，不利于其心理的健康发展；闹市区的噪声、交通拥挤、空气污染等均会影响幼儿的发育。

4. 教育的影响

对幼儿过分保护会影响其独立性，导致幼儿缺乏社会交往经验和基本的交往技能。另外，对幼儿的态度忽冷忽热、反复无常，易使幼儿感到无所适从，遇事举棋不定，缺乏判断力，情绪也不够稳定。

二、幼儿心理健康教育的内涵 >>>>>>>>>>>>>>>>>>>>>>>>>>

(一)幼儿心理健康教育的定义

幼儿心理健康教育是根据幼儿的身心发展特点，运用心理教育方法和手段，培养幼儿良好的心理素质，促进其全面发展的教育活动。

(二)幼儿心理健康教育的意义

幼儿期是个性、情绪调控能力及自制力等心理品质迅速发展的时期，把握好这个时期的教育契机可以使幼儿从小养成良好的个性心理品质和行为习惯。

(三)幼儿心理健康教育的目标

幼儿心理健康教育应以发展性教育模式为主，从幼儿的成长需要出发，解决

想一想

孩子的心理健康出现了问题，多与其父母或看护人有关，你同意这种说法吗？

学习笔记

幼儿心理健康教育： 根据幼儿的身心发展特点，运用心理教育方法和手段，培养幼儿良好的心理素质，促进其全面发展的教育活动。

他们在成长中的问题，促进其心理机能的开发与发展；还应对已出现的心理健康问题进行有针对性的疏导，让幼儿可以健康地成长。这种补偿性的教育模式在幼儿时期必不可少。

（四）幼儿心理健康教育的内容

1. 帮助幼儿学会调整自己的情绪

情绪是幼儿心理健康的重要内容，幼儿的心理健康与他们能否以恰当的方式表达情绪情感有密切的联系。在教育时应注意以下两点。

①提高幼儿对不同情绪的认知，丰富幼儿的情绪体验，教会他们调控自己的情绪，懂得哪些要求合理，哪些要求不合理，引导他们通过面部表情、身体动作、语言和活动等方式表达情绪。

②教幼儿学会处理不良情绪的策略和方法，合理发泄不良情绪。

2. 帮助幼儿学习社会交往技能

①学会感知和理解他人的情感。在日常生活中要鼓励幼儿积极参加集体活动，正确地感知与理解自己及他人的情感和愿望，初步掌握人际交往技能。

②学会互助、合作与分享。幼儿需要通过人际交往学会并遵守日常生活中基本的社会行为规范，学习自律和尊重他人，在交往中养成友好、合作、宽容和热情的品质，这对于改善幼儿的人际关系，增进其社会交往能力大有益处。

③恰当的自我评价。幼儿的自我评价能力是逐步发展起来的，反映了幼儿对自己在环境中所处地位的认识和评价。家长和教师的正确评价和恰当期望直接影响幼儿自我评价的合理性。

3. 帮助幼儿形成良好的行为习惯

幼儿的心理健康与良好的行为习惯密切相关。良好的行为习惯是在家长和教师的指导下通过反复练习形成的，其本身包含一种理性地应对外界环境的倾向。

①培养幼儿科学、规律的日常生活习惯，即良好的睡眠、盥洗、饮食、排便以及室内外活动的生活习惯。生活自理能力使他们的机体活动能按照一定的生物节律运转，维持正常的生理与心理平衡。

②培养幼儿良好的卫生习惯，即勤理发、勤洗手、勤洗脚、勤洗澡、勤剪指甲、早晚刷牙、饭后漱口等。

③参加丰富多彩的户外游戏和体育活动，增强体质，发展基本动作，提高动作的协调性、灵活性和对环境的适应能力，培养幼儿对活动的兴趣及坚强的意志品质。

三、幼儿心理健康教育的实施[①] >>>>>>>>>>>>>>>>>>>>>>>>>>

（一）创设良好的环境

环境是重要的教育资源，幼儿园应重视环境的创设和利用，为幼儿创设丰富的物质生活环境，如改善饮水、活动场所等环境条件，改善膳食结构及进食环境。

---

① 姚本先、邓明：《幼儿心理健康教育的目标、任务、内容与途径》，载《教育科学研究》，2004(1)。

国家要净化社会大环境,消除不良文化对幼儿心理发展的危害。

提高幼儿园教师的心理健康水平,端正幼儿园教师的教育态度,为幼儿营造温暖、关爱、民主和平等的氛围,使幼儿的基本权利得到保障,人格得到尊重。和谐的师幼关系对幼儿社会性观念的初步形成,口语能力、个性以及智力的发展具有十分重要的意义。

(二)将心理健康教育全面渗透于一日生活之中

科学合理地安排一日生活,不仅有利于幼儿形成相对稳定的生活秩序,而且能培养其独立性,提高自我管理能力。一日生活常规指导和训练可以帮助幼儿养成良好的行为习惯,是心理健康教育不可忽视的重要手段。一日生活的各个环节都蕴含着丰富的教育内容,既有德育、智育和美育等教育因素,又有心理健康教育因素;既有兴趣、情感成分,又有意志成分。

教师应充分利用一日生活来实施心理健康教育,善于挖掘和运用蕴含在教学中的心理健康教育因素,将主题活动的教育目标渗透到一日生活中,使幼儿把积极的情感落实在自己的实践活动中,真正养成健康的行为习惯。

(三)将心理健康教育寓于各类活动之中

幼儿的能力和人格是在活动中培养和发展起来的,幼儿园的各类活动都是实施心理健康教育的方式,如运动会、幼儿广播操比赛、献爱心活动、参观活动、室外游览活动和文艺活动等。教师应拓宽幼儿活动的范围,让幼儿通过亲身参与和感受,在生活中学会交流、学会体验、学会交往并学会寻找快乐。

游戏是幼儿喜爱的主导活动,也是幼儿主要的社会实践活动形式,既可单独进行,也可集体进行。游戏对幼儿认知、情绪情感和社会性的发展都起着促进作用。教师应该为幼儿提供表现的机会与条件,尊重幼儿在发展水平、能力、经验和学习方式等方面的个体差异,因材施教。

(四)开设相关课程

幼儿园开展心理健康教育应以活动课程为主。活动课程能够充分发挥幼儿的主体性,重视幼儿直接经验的获得和实践能力的锻炼,强调幼儿心理素质的整体提高。隐性课程也是心理健康教育的必要组成部分,对幼儿心理健康的发展具有潜移默化的影响。因此,必须树立大课程观念,把各种类型的心理健康教育课程作为一个有机整体,统一于幼儿园心理健康教育整体课程体系的设计和实施中。

(五)心理咨询与辅导

心理咨询与辅导是幼儿心理健康教育的重要组成部分,是指经过专业训练的人运用心理学的理论和技术,与幼儿建立一定的人际关系,帮助幼儿消除心理健康问题与障碍,提高心理素质,发挥自身的潜能,有效地适应社会生活环境的教育活动。心理辅导可以面向全体幼儿开展,但主要以有心理困惑或强烈心理冲突与矛盾的个别幼儿为对象,关注他们的现在,针对具体问题和行为进行辅导,提高他们应对挫折和各种不幸事件的能力,使之能自己面对和处理生活中的问题,改善并恢复其心理机能。

（六）家园同步

心理学家张春兴指出，心理健康问题根源于家庭，形成于社会，表现于学校。幼儿的心理发展取决于幼儿所处的心理环境，而家庭是其中相当重要的部分，早期环境主要通过父母对幼儿产生影响。所以，家长不仅要关心幼儿的身体健康，而且应当有意识地掌握一些心理健康方面的知识和技能，树立正确的幼儿教育观，给幼儿提供与同龄人交往和参与社会生活的机会，提供良好的示范榜样。

良好的家庭氛围对幼儿的情绪发展必不可少。如果幼儿得不到父母的情感抚慰，缺乏安全感，就可能会被焦虑、抗拒和憎恨包围，产生一系列的心理健康问题。幼儿园可以通过专门的心理健康教育讲座、座谈、宣传栏等形式提高家长的相关知识素养。幼儿心理健康发展是家庭、幼儿园、社会环境等多方面教育因素相互作用的结果，要尽可能做到家园教育一致，保证幼儿心理健康教育的延续性和有效性。

四、幼儿心理咨询、治疗的常用方法 >>>>>>>>>>>>>>>

（一）系统脱敏法

系统脱敏法在行为治疗中占有重要地位。这种方法主要是诱导来访者缓慢地暴露出导致焦虑或恐惧的情境，并通过心理的放松状态对抗这种焦虑或恐惧的情绪，从而消除神经症的症状。其基本原理是，人和动物的肌肉放松状态与焦虑或恐惧的情绪状态是一个对抗过程，一种状态的出现会对另一种状态起抑制作用。

（二）放松疗法

放松疗法的基本原理是，在放松状态下大脑皮层的唤醒水平下降，兴奋性降低，全身肌肉放松，紧张情绪得到缓解，有益于增进身心健康。放松疗法的基本步骤是：第一，选择一个安静、整洁、光线柔和的房间，让来访者舒服地躺在沙发上，闭上眼睛；第二，让来访者体验紧张、放松的感觉，然后逐步进行主要肌肉的紧张和放松练习。每一部分肌肉群的训练过程为：集中注意—肌肉紧张—保持紧张—解除紧张—肌肉松弛。

（三）行为改变法

1. 强化法

强化法是用来培养幼儿新的适应行为的。根据学习原理，一个行为发生后，如果紧跟着一个强化刺激，那么这个行为就会再次发生。例如，一个幼儿不敢同老师说话，学习上遇到了问题也没有勇气向老师请教。如果在他敢于主动向老师请教时，老师对其给予表扬，并耐心解答问题，这个幼儿就能学会主动向老师请教。

2. 代币奖励法

代币是一种象征性强化物，小红星、贴纸、特制的塑料币等均可作为代币。当幼儿做出成人所期待的良好行为后，就被发给相应数量的代币作为强化物。幼

学习笔记

系统脱敏法：诱导来访者缓慢地暴露出导致焦虑或恐惧的情境，并通过心理的放松状态对抗这种焦虑或恐惧的情绪，从而消除神经症的症状。

代币：一种象征性强化物，小红星、贴纸、特制的塑料币等均可作为代币。

儿用代币可以兑换有实际价值的奖励物或活动。代币奖励的优点是：可使奖励的数量与幼儿良好行为的数量、质量相适应，代币不会像原始强化物那样产生"饱足"现象而使强化失效。

3. 行为塑造法

行为塑造法指通过不断强化逐渐趋近目标的反应来形成某种较复杂的行为。有时候我们所期望的行为在某幼儿身上很少出现或很少完整地出现。此时我们可以依次强化那些渐趋目标的行为，直到目标行为出现。例如，有人曾用行为塑造法让一个缄默无语的孩子开口说话。

4. 示范法

观察、模仿教师提供的范例(榜样)，是幼儿社会行为学习的重要方式。模仿学习的机制是替代强化。由于范例的不同，示范有以下几种：辅导教师的示范，他人提供的示范，电视、录像、有关读物等提供的示范以及角色的示范。

5. 处罚法

处罚的作用是消除不良行为。处罚有两种：一是在不良行为出现后，呈现一个厌恶刺激(如否定评价、给予处分)；二是在不良行为出现后，撤销一个愉快刺激。

五、幼儿常见的心理问题及其干预 >>>>>>>>>>>>>>>>>>>>>>>

(一)孤独症

有这样一群孩子，你看他们的眼睛时看到的是冰冷的眼神；即使你站在他们身边，也感觉离得很远；若尝试与他们进行交流，往往以失败告终。他们就是孤独症儿童。他们终日躲在自己小小的世界里，不允许外人进入打扰。

1943年，美国霍普金斯大学精神病学家凯纳在《情感交流的自闭性障碍》一文中，第一次提出人们不认识的疾病，他称之为"早期婴儿孤独症"。通过对11名患儿的实验研究，他发现这种病具有不能与他人建立正常的社会关系、极度孤独、语言发育迟缓和不正常、言语不起沟通作用、游戏方式简单和重复这五种表现。

孤独症的主要症状表现为以下几个方面。

①社会交往障碍。不喜欢与其他小朋友交往，对外界环境采取极端冷漠的态度。

②语言障碍。会出现模仿语言或重复的刻板语言。

③知觉障碍。经常表现出对细微声音的过敏反应，而对巨大的声音反而表现出迟钝，不怕惊吓。

④认知障碍。在玩玩具时，他们所玩的方式大多是固定式、反复式的，对玩具的玩法缺乏想象力和创造性。

⑤异常行为。孤独症幼儿的行为大多是不变的，走的方式一样，玩的方式也相同，身边的东西谁也不能动，不然他就会发怒。这些幼儿经常重复、机械式地玩一件东西或做某个单一动作。

⑥不怕危险。对危险的感受性相当低，常常旁若无人地东奔西跑，就算以前从未去过的地方他们也不怕。

对孤独症幼儿进行辅导的原则是：①注意安全；②以爱心对待他；③多交往与多活动；④多用语言表达。有研究发现，绘画治疗孤独症幼儿，不仅有效果，还可以开发部分的艺术创造力。

绘画治疗对孤独症幼儿的绘画行为问题的改善具有可行性。这里的绘画行为问题不仅包括绘画时的动手能力、抓握画笔、绘画的力度、颜色的使用、作画时的积极感，而且包括孤独症幼儿的刻板行为、焦虑不安、长时间安坐等行为。绘画是一种能让孤独症幼儿表达情感和宣泄负面情绪的手段。幼儿通过线条、色彩等表达自己的欢乐情感，发泄心中的不满，对孤独症幼儿的行为改善效果明显。

（二）多动症

多动症幼儿主要表现为好动、注意力不集中、情绪波动大、自我控制能力差等。因此，多动症幼儿的学习成绩常常不理想。

好动具体来说包括：喜欢跑动，爬上爬下，摇椅子转身，离位走动，叫喊，引逗旁人，咬铅笔、咬指甲、咬衣角等小动作不停。

注意力不集中主要指上课时不能专心听讲，注意力涣散，易受环境的干扰而分心，在课堂上东张西望，心不在焉或凝神发呆。

情绪波动大主要指为了一些小事就喊叫或哭闹，脾气暴躁，常根据瞬间冲动行事，不考虑后果，可能突然做出一些危险的举动或破坏的行为。

自我控制能力差主要表现为幼稚、任性，克制力差，易被激怒或冲动。

多动症的干预方法主要有药物治疗和行为疗法。采用行为疗法的重点在于培养和发展其自制力、注意力，可用强化法、代币奖励法等。另外，也可采用自我指导训练的方法，即发展幼儿的自我对话，加强内部语言对自身行为的引导和控制作用。

（三）焦虑

焦虑指由突如其来的非生理因素引起的焦虑状态，具体表现为缺乏自信、过于敏感、无端哭闹。易焦虑的幼儿对陌生环境敏感，容易担心害怕，甚至惶恐不安、哭闹不停，常常担心被别人嘲笑，对尚未发生的情况过分关注，并伴有无根据的烦恼。对日常一些微不足道的小事，也显得过分焦虑。

焦虑的干预方法包括放松疗法、系统脱敏法等，以此提高幼儿的挫折应对能力。

（四）恐怖和失眠

恐怖表现为对某些事物或情境产生惧怕心理，想要逃离，如对打雷闪电感到害怕，极度紧张，抱头乱窜。有些幼儿会对一些没有危险的东西感到害怕，而且这种害怕十分突出，会出现回避、退缩行为。失眠的幼儿入睡困难，入睡后不时惊醒、大声哭闹，甚至梦游，但白天回忆不起来，只觉得精力不足，情绪不稳定。

恐怖和失眠的干预方法主要包括以下四个方面：第一，利用系统脱敏法缓解

名人点睛
人类的自我意识、自我约束、毅力和全情投入等能力对一个人一生的影响在大多数时间内都要比智商更为重要。
——戈尔曼

学习笔记

焦虑：
由突如其来的非生理因素引起的焦虑状态。

恐怖症状，这是常用的方法；第二，改善人际关系，营造宽松、自由的氛围，适当减轻幼儿的压力；第三，养成良好的作息习惯，睡前不要太兴奋；第四，睡前不要过饥、过饱。

（五）攻击性

大多攻击性强的幼儿爱东奔西跑，经常搞恶作剧，喜欢讽刺、挖苦别人。对美好的物品毫不爱惜，把摔打当成家常便饭。家长要加强对幼儿良好行为习惯的培养和教育，遇事切忌持粗暴的态度，要耐心说理，提高幼儿辨别是非的能力。

常用的干预方法包括行为塑造法和示范法。

（六）人际关系恶劣

幼儿的人际关系主要是指他们与父母、教师以及同伴之间的关系，这些人际关系的状况可以反映出幼儿的心理健康状态。心理健康的幼儿乐于与人交往，善于和同伴合作与分享，能够理解和尊重他人，待人慷慨友善，也容易被别人理解和接受。心理不健康的幼儿一般没有融洽的人际关系，容易与他人产生交流障碍；不能与他人合作，对他人漠不关心，缺乏同情心；存在猜疑、嫉妒、退缩的心理，不能融入集体，与他人格格不入。

常用的干预方法包括：①运用强化法、代币奖励法，对幼儿良好的人际交往行为进行强化；②采用示范法，给幼儿提供榜样；③给幼儿以情感支持和鼓励。

（七）厌学

厌学是指幼儿对幼儿园很抵触，对上幼儿园一事表现出不良的情绪和行为。

常用的干预方法包括：①消除幼儿对幼儿园的不良印象；②利用各种强化方式奖励幼儿的上学行为，避免由于躲避上学而带给幼儿的好处；③培养幼儿生活的独立性和活泼开朗的性格；④教师要在情感上支持幼儿，对幼儿表现出兴趣和关心。

案例导入评析

幼儿在一起玩耍时常会发生一些语言冲突，这反映了幼儿认知的不一致性。这种冲突对幼儿的社会化有正面意义，但也需要教师的引导。小涵与小宪的数落和"欺侮"会伤害小英的自尊。教师需要把三个幼儿叫到一起讨论彼此的看法，可以从找优点开始，引导幼儿发现别人的优点，知道关心和帮助别人。交往技能相对较差的幼儿需要在活动中多进行练习，找回自信。幼儿的情商培养要从小事做起。

幼儿的情商发展非常迅速，关心幼儿的情绪、了解其发展水平的特点，对幼儿的身心发展具有极为深远的意义。幼儿的道德行为常有言行脱节、易反复的特点，因此，教师要从幼儿的道德行为训练和良好行为动机的培养两个方面着手进行教育。幼儿心理健康问题近年来逐渐受到教师的关注，这方面需要教师进行专业学习。

幼儿园教师资格考试模拟测试

一、选择题

1. 幼儿情绪自我体验的转折期是(　　)。

A. 1~3 岁　　　　　B. 2~4 岁　　　　　C. 3~5 岁　　　　　D. 4~6 岁

2. 提出道德发展阶段论的代表人物是(　　)。

A. 弗洛伊德　　　　B. 班杜拉　　　　　C. 皮亚杰　　　　　D. 科尔伯格

3. 皮亚杰认为(　　)岁是儿童由他律向自律转化的分水岭。

A. 6　　　　　　　　B. 8　　　　　　　　C. 10　　　　　　　D. 12

4. 儿童的道德判断受外部价值标准的支配和制约，表现出对外在权威的绝对尊敬和顺从的愿望。在皮亚杰看来，儿童道德发展处于(　　)。

A. 自我中心阶段　　B. 权威阶段　　　　C. 可逆性阶段　　　D. 公正阶段

5. 可采用(　　)来治疗失眠。

A. 系统脱敏法　　　B. 放松疗法　　　　C. 自我暗示法　　　D. 行为疗法

6. 多动症幼儿行为的主要特征不包括(　　)。

A. 活动过多　　　　B. 注意力不集中　　C. 冲动行为　　　　D. 攻击性行为

二、填空题

1. _____模式是运用言语、情感、教学材料以及课堂气氛和环境，创设适宜的心理场，使幼儿主动投入学习活动。

2. 改变幼儿行为的方法包括强化法、_____、行为塑造法、示范法、处罚法。

3. 幼儿心理健康教育应以_____教育模式为主。

4. 在科尔伯格关于儿童道德判断发展阶段中，服从与惩罚定向阶段属于_____水平。

5. 皮亚杰认为，_____道德阶段儿童对行为的判断，主要依据客观结果，不考虑主观动机。

6. _____症是幼儿最为常见的一种以注意力缺陷和活动过度为主要特征的行为障碍综合征。

三、简答题

1. 简述幼儿情商的发展特点。

2. 简述科尔伯格的道德认知发展理论。

3. 简述幼儿内疚的发展特点。

4. 简述幼儿道德行为的发展特点。

5. 简述某幼儿园小孩孤僻不爱说话，老师说"不用管他"的做法有何不当。

6. 简述影响幼儿心理健康的因素。

四、论述题

1. 结合实际论述如何在幼儿园开展情商教育。

2. 结合实际论述如何对幼儿进行心理健康教育。

3. 结合实例谈谈幼儿的道德感是如何产生和发展起来的。

五、案例分析题

1. 田老师今年带中班，经过小班一年的学习，大部分孩子已经能够很好地遵守幼儿园的常规，也有了比较好的习惯。豆豆是田老师最喜欢的孩子，她对他要求最严格，关心也最多。

豆豆还小，说不出来原因，只是觉得田老师对自己比对其他小朋友要严厉。小朋友都淘气，可是田老师更容易发现自己。同样都是批评，田老师批评自己更重一些。好像自己的背后总有一双严厉、警觉的眼睛，无时无刻不在盯着自己。

豆豆的妈妈也发现孩子上了中班以后，不太愿意上幼儿园了。看得出来，田老师是一位负责任的老师，她很在意豆豆，经常会跟家长交流孩子的近况，给他们很多指导。

直到一个月前，田老师和豆豆父母都发现豆豆开始有抽鼻子、挤眼睛、干咳嗽、吃手等行为，大家都着急了，尤其是田老师，从豆豆有这些动作开始，她就不停地提醒、纠正，没有想到这些症状反而加重了。豆豆父母赶紧带孩子去儿童医院检查，结果是豆豆患有儿童抽动症。

问题：结合案例，谈谈教师应如何正确应对教育中出现的问题。

2. 3 岁的小明上床睡觉前非要吃糖，妈妈向他解释睡觉前不能吃糖的道理，小明就是不听，还哭了起来。妈妈生气地说："再哭，我就打你。"小明不但没有停止哭叫，反而情绪更加激动，干脆在床上打起滚来。

问题：请你分析一下引导幼儿控制情绪的方法。

3. 开学不久，陈老师发现杨朗有许多缺点。陈老师心想，像杨朗这样的孩子缺少的不是批评而是肯定和鼓励。一次，陈老师找他谈话说："你有缺点，但你也有不少优点，可能你自己还没有发现。这样吧，我限你在两天内找到自己的一些长处，不然我可要批评你了。"第三天，杨朗很不好意思地找到陈老师，满脸通红地说："我心肠好，力气大，长大后想当兵。"陈老师听了说："这就是了不起的长处。心肠好，乐于助人，哪里都需要这种人。你力气大，想当兵，保家卫国，是很光荣的事，你的梦想很实在。可是当兵同样需要科学文化知识，需要有真才实学。"听了老师的话，杨朗高兴极了，脸上露出了微笑。

问题：分析案例中陈老师在教育过程中主要运用了哪些德育原则和方法。

专题十一　领域学习

学习目标

1. 了解影响幼儿阅读的因素。
2. 掌握指导幼儿阅读的方法。
3. 了解幼儿感知集合的特点。
4. 理解空间知觉对幼儿数学学习的重要性。
5. 体会数学、文字和绘画表征的倾向科学教学法。
6. 理解幼儿绘画、感知音乐的特点及相应的教学方法。
7. 理解环境认知的含义。

学习要点

1. 幼儿阅读认知与教育
2. 幼儿数学认知与教育
   幼儿数学概念的认知与教育
   空间知觉与幼儿数学学习
3. 幼儿科学认知与教育
   科学知识获得的认知基础
   幼儿科学教学的内涵
   数学、文字和绘画表征领域的科学教学法
4. 幼儿绘画心理与教育
   幼儿绘画的心理特点
   为发展幼儿绘画的创造力而设计的教育活动
   以绘画促进幼儿空间知觉能力发展的教育
5. 幼儿音乐心理与教育
   音乐心理研究背景
   幼儿音乐能力的构成
   幼儿音乐能力的产生与发展
   幼儿音乐教学方法
6. 幼儿环境认知与教育
   环境认知与环境教育的概念
   环境教育的开展

　　小香是一个3.5岁的小女孩，今天放学回来，她高兴地告诉妈妈老师上课的形式很有趣。老师先教小朋友们唱生日歌，然后小朋友们依次扮演梨、香蕉、草莓这3种水果宝宝，最后看谁扮演得最好，就给予他对应水果的称号。小香很开心，因为她不但拿到了香蕉的称号，还很轻松地记住了这3种水果。

　　问题：为什么小香能快速地记住这3种水果？

学习主题一
幼儿阅读认知与教育

一、幼儿阅读的心理过程 >>>>>>>>>>>>>>>>>>>>>>>>>>>>>

　　阅读是从印刷文字中获得意义。阅读理解有两种方式：一是直接理解，根据字的外形特征直接获得意义；二是间接理解，以字音为中介来获得意义。

　　幼儿已学会了字的发音，幼儿的早期阅读是通过字音来获得词义的。随着幼儿的成熟，他们所阅读过的词的数量会超过所听过的词的数量。早期阅读教育就是要引导幼儿把熟悉的文字符号转换成口语符号，利用选择性的信息(字形、字音和字义)来加速理解的过程。

二、幼儿阅读教学指导 >>>>>>>>>>>>>>>>>>>>>>>>>>>>>>

（一）运用全语言理念引导幼儿自然阅读

全语言学习法：
让幼儿运用自然的方法学习阅读，使幼儿拥有阅读学习的机会。

　　全语言是一个信念系统。"全"即语言是完整的，不是支离破碎的；语言技能和语言策略的学习是在完整的情境、真实的言语实践中形成的，语言经验渗透在全部的课程中。全语言学习法，就是让幼儿运用自然的方法学习阅读，使幼儿拥有阅读学习的机会。

（二）丰富幼儿的阅读经验

学习笔记

　　①图书阅读经验。图书阅读经验包括翻阅图书的经验，读懂图书内容的经验，理解图书画面、文字与口语对应关系的经验和图书创造的经验。

　　②前识字经验。前识字经验包括懂得文字的具体意义，能念出声来。例如，看到"猫"就知道念什么，理解文字的功用，了解一些汉字的规律等。另外，幼儿开始学习阅读时，也需要学会一些认字的技巧，其中对字的结构分析和语音学分析是很重要的技巧。

　　③前书写经验。幼儿天生就有书写的需要。根据这一需要，有意识地帮助幼儿积累有关汉字书写的经验，如了解一些书写工具、书写姿势等，以此来积累书写经验，为正式阅读做好准备。

（三）将阅读融入幼儿的生活

在尝试从文字中了解意义时，幼儿学会了多种阅读方法。教师应该了解幼儿的阅读特点，创造丰富的书面材料环境，引导幼儿将口语转变成书面语言，并说出句子。

（四）及时对幼儿阅读进行评价

阅读教学评价法，是通过对幼儿进行阅读能力评估，如阅读准备、阅读兴趣、阅读技巧、阅读效果等，从而寻找最佳的指导方法。

幼儿阅读能力的获得不仅与其成熟度相关，也与其特定的学习技巧，如视听辨识力等有关。因此，教师在引导幼儿进行正式阅读之前有必要了解幼儿阅读能力的现状，帮助幼儿学会一些阅读的技巧，然后选择一些易于被幼儿接受的阅读课程。另外，面对有阅读学习障碍的幼儿，教师应观察这些幼儿的阅读行为，适时地介入，耐心地加以鼓励和引导，使阅读困难的幼儿也能与同龄人一样体验阅读的快乐。

三、阅读中字词识别的影响因素 >>>>>>>>>>>>>>>>>>>>>>>

（一）词优效应

卡特尔发现，识别字词所需要的时间比识别一个字母或假词所需要的时间少，这就是词优效应。

（二）字形结构与字词识别

汉字的字形结构有两个特征：一是笔画数、部件数越多，加工速度就越慢；二是汉字笔画、部件之间按一定的空间位置关系搭配成字词的组合方式，承载着字形的整体轮廓信息。根据结构方式，汉字分为独体字和合体字。合体字在四象限的分布中，一般左上角信息最多，右下角信息最少。

（三）词频效应

词频即字词的分布概率，指在某一语言范围内字词出现的概率和相对次数。被试对词频高的词反应较快，这种现象被称为词频效应。

①英语中以-he 为结尾的词，若无其他线索，被试倾向于认为是 the。
②汉字中"的""是""在""有"等是高频字。

（四）语境

语境会影响个体对字词的识别速度。例如，先在被试面前快速呈现以下四组词中每组的第一个词(面包—黄油，医生—护士，面包—护士，医生—黄油)，对第二个词做识别反应测试，结果发现，被试对"面包—黄油"和"医生—护士"两组词的反应最快。词的意义之间的关联促进了字词的识别，这是语义启动效应。

四、幼儿识字学习的教育指导 >>>>>>>>>>>>>>>>>>>>>>>>

（一）遵循字词本身的规律

作为图形文字，汉字具有独特的知觉规律，可多让幼儿去感知字形，通过写、画等方式让幼儿对字的结构有一个较好的心理表征。幼儿识字的快慢、是否出现

学习笔记

词优效应：
识别字词所需要的时间比识别一个字母或假词所需要的时间少。

想一想
幼儿最熟悉的书面的或口头的字或词有哪些？

语义启动效应：
词的意义之间的关联促进了字词的识别。

名人点睛
任何一种教育思想，任何一种课程模式，都有它的历史背景、人文环境和价值观。
——祝士媛

祝士媛简介

错误等并不重要，重要的是识字过程。

（二）重视字词识别的心理过程

让幼儿在语境中学习识字，也是很好的方法。通过意义把字词联系起来，在有趣的游戏中让幼儿学习字词。

学习主题二
幼儿数学认知与教育

一、幼儿数学概念的认知与教育 >>>>>>>>>>>>>>>>>>>>>

（一）数学概念的心理表征及其特征分析

1. 数学概念的心理表征

数学概念的心理表征(mental representation)是指与数学概念直接相联系的整体性认知结构，包括相应的心智图像、对其性质的认识和有关过程的记忆。心理表征主要有丰富性、个体性、相关性和可变性等特征。

2. 数学概念的教育指导

数学概念的教学可以帮助幼儿建立起适当的心理表征。在进行指导时应注意以下几点：①概念学习以幼儿已有的经验和知识为基础；②直观形象的教学具有一定的局限性；③幼儿学习数学概念是从冲突到整合的过程。

（二）幼儿感知集合的特点与教育指导

1. 幼儿感知集合的价值

(1)感知集合是幼儿数认知的基础

整体知觉是认识数量的第一种途径。大部分心理学家都承认，幼儿在不会精确计数之前就存在对数的整体知觉。苏联教育家列乌申娜认为，幼儿最初形成的是关于元素的含糊的数量观念，而后是关于作为统一整体的集合的概念，在这个基础上发展比较集合的兴趣和更准确地确定集合中元素数量的兴趣，以后幼儿才能掌握计数的技巧和数的概念。

(2)感知集合及其元素是计数的前提

缺乏对集合元素的感知，缺乏对两个集合间元素的对应比较，会使学习计数和掌握数的概念产生困难。只有先让幼儿对集合中的元素进行确切感知，学会用一一对应的方法对两个具体集合元素进行比较，并在比较的基础上确定它们相等或不等之后，幼儿才开始对计数活动感兴趣，才能建立起抽象的数词与物体间的一一对应关系，从而学会计数，形成初步的数概念。

(3)感知集合及其包含关系有利于掌握数的组成

在自然数的系列中，每一个数都包含在它的后继数里边，即1包含在2里，2包含在3里。在数出一组物体的数目时，幼儿要在头脑中把它们放进一种类包含

数学概念的心理表征：

与数学概念直接相联系的整体性认知结构，包括相应的心智图像、对其性质的认识和有关过程的记忆。

名人点睛

为幼儿提供体现发展思维观点的直观、可操作、形式多样的学习材料，让他们兴趣盎然地从事数学活动、受到教育，就成了教育实验后至关重要的任务。

——林嘉绥

林嘉绥简介

关系之中。如果没有类包含的逻辑观念，幼儿就不能把握好整体与部分的关系，也就不能掌握数的组成。

2. 幼儿感知集合发展的特点

(1)泛化笼统的知觉阶段

幼儿 3 岁前感知集合没有明显的集合界限，不是一个元素接一个元素地去感知。例如，在幼儿玩积木时，趁他不注意的时候拿走几块，他是不会觉察到的。这时他所感知的只是一堆不确定的、模糊不清的东西，即知觉是泛化的、笼统的。

图 11-1　上海市小主人幼儿园

(2)感知有限集合阶段

3 岁幼儿已经能在集合的界限以内感知集合了，但他们还缺乏对集合中所有元素的明确知觉，不会注意集合中的每一个元素。例如，幼儿给 5 个娃娃喂水，往往只喂第一个和最后一个，而不注意那些排在中间的娃娃，这说明幼儿把注意力集中在集合的界限上，从而削弱了对所有组成元素的注意。

(3)感知集合元素阶段

四五岁的幼儿能把一个集合的元素一个对一个地摆放到另一个集合相应的元素上，可以不超出集合的界限，达到准确的一一对应，这说明幼儿已能注意到集合中元素的个数。另外，这个年龄段的幼儿还可以不用数数，而用一一对应的方法来确定两个物体组之间的等量或不等量关系，这实际上是对集合中元素知觉的精确化表现。

(4)感知集与子集包含关系阶段

方富熹等人对 3～6 岁幼儿理解类包含关系的能力做过实验比较。[1] 实验中把背着救生圈的三头小猪并排放着，其中有两头穿着红短裤，问幼儿："背救生圈的小猪多还是穿红短裤的小猪多?"结果表明，6 岁幼儿对集与子集包含关系的理解从 5 岁时的 45％上升到 65％，说明幼儿对集与子集包含关系的理解能力是随年龄的增长而逐步提高的。

3. 幼儿感知集合的教育指导

①教师要了解有关集合的一般知识。

②教师要加强集合概念在数学教学中的渗透。

③让幼儿利用多种感觉分析器来感知集合。

不同分析器感受的同类对象(物体或现象、声音、运动等)的总体可以叫作集合，强调幼儿在运用各种分析器的游戏活动中感知集合的重要性。

(三)幼儿数量的认知特点与教学[2]

1. 数与量

幼儿生活在一个数量的世界里，"数"通常指分离量，因为构成集合的每一个个体都是独立的。而"量"通常指连续量，相对于分离量，其组成是连续成一体、无法独立分开的。

---

① 方富熹、方格：《学前儿童分类能力的初步实验研究》，载《心理学报》，1986(2)。

② 林泳海、曾一飞：《幼儿数量的认知特点与教学》，载《山东教育》，2002(27)。

2. 幼儿数与量的认知特点

(1)皮亚杰的研究

对幼儿数与量概念的发展，皮亚杰做了大量研究。首先，有关数概念的发展，其主要观点为：一是对数概念的真正理解源于幼儿的智力发展，这些概念的发展是独立自发、无人教导的；二是数目守恒的能力是理解数概念的先决条件，幼儿到 6.5 岁左右大多会自然形成这样的能力。皮亚杰认为，幼儿对数概念的理解有以下三个发展阶段。

第一阶段(4 岁左右)：对数概念无法理解的阶段。幼儿无法运用一一对应的关系来建构两组相同数目的物体，通常会以排列出的实物的长度是否相同来判断两组数目是否等同。

第二阶段(5～6.5 岁)：过渡阶段。幼儿会运用一一对应的关系来建构两组相同数目的物体，但对于一一对应的关系不能充分理解；在其所排出的一一对应关系被破坏(拉长或缩短其中一组实物)后，幼儿就无法肯定两组物体数目的同等性。

第三阶段(6.5 岁以后)：对数概念真正理解的阶段。幼儿已能用各种方法建构两组相同数目的物体。例如，用计数或一一对应的方式知道数目是守恒的，不管其外观如何变化。

由上可知，第一、第二阶段的幼儿深受知觉的外观影响，在进行数量判断时根据其整体外形，将分离量看成连续的形态。根据皮亚杰的研究，幼儿守恒能力的获得是其思维去集中化的结果，它涉及相互性、同一性和逆反性三种逻辑的协调。

(2)幼儿数量能力的发展特点

皮亚杰的数目守恒实验受到了不少人的批评。研究发现，幼儿的数目守恒能力获得的时间比皮亚杰学派所认定的六七岁要早得多。3～4 岁幼儿已能对少量的实物做出正确的判断。通常幼儿在不会计算的情况下，其判断基于直觉的物理外观，亦即两组实物所占的空间大小。其实这是相当合理的策略，一般而言，数量多少与其所占的空间大小是有关系的。5～6 岁幼儿的数量概念发展迅速。

3. 幼儿数量的学习特点与教育指导

(1)幼儿数量的学习特点

①自发性与自我引导。幼儿的非正式算术多半是自我启动、自我引导的。

②建构与发明性。一些加减法策略都是幼儿自己发明的，并不一定是他人教授的。幼儿的数学建构能力令人惊奇。

③情境与实用性。幼儿对数量的学习基本上是在自然生活与游戏情境中为解决问题而引发的，与日常生活密不可分。

④直觉与具体性。数学是具体的、看得见的、摸得着的、可以计算的。若要幼儿计算想象中的事物，就必须寻找替代物。

(2)幼儿数量的教育指导

教师在对幼儿进行数量方面的教育时，要多联系幼儿的生活实际，重视幼儿解决问题和推理的能力，鼓励幼儿相互交流。幼儿的数量教学要尽量从生活中取材。

资料库

知觉学习的原理

　　知觉是人脑对客观事物整体属性的反映，也可以说是一种刺激的抽样与编码。心理学家吉布森写了《知觉学习和发展的原理》一书，提出了与辨别学习有关的知觉学习原理。

　　分化性原理：发现了刺激之间的主要差异，如在电影中对华人与西方人的区分要易于对西方人之间的区分。

　　独特性原理：学习者借助与众不同的特征来辨别事物。幼儿的知觉明显具有这个特点，如卡通画之所以深受幼儿的喜爱，是因为它借助技术突出了某些特征。

　　对比性原理：通过一些鲜明的对比来区分事物。

二、空间知觉与幼儿数学学习 >>>>>>>>>>>>>>>>>>>>>>>>>>

（一）幼儿数学学习与空间知觉有直接联系

　　幼儿数学课程应该融入几何经验，被纳入知觉学习范畴。两种较大的空间能力包括空间视像化（spatial visualization）与空间定位（spatial orientation）。前者是指在头脑中操作、旋转或倒置一个以图片形式呈现的刺激物；后者是指能够理解视觉样式元素的空间安排，以及能够不被物体的方位变换迷惑。有研究者提出了七项空间知觉能力：眼与动作协调的能力、图形—背景知觉能力、知觉恒常能力、空间位置知觉能力、空间关系知觉能力、视觉分辨能力和视觉记忆能力。

（二）空间能力是幼儿数学学习的基础

　　早期的几何学习可作为将来发展其他数学概念的桥梁和基础，如运算可使用数线（number line）来表示。

（三）幼儿的知觉学习可促进数学的问题解决

　　丰富的几何与空间经验能培养幼儿解决问题的能力，因为运用几何与空间意识去想象、模拟或画出抽象的问题情境是非常有价值的解决问题策略。总之，幼儿数学中的几何教学应以知觉学习特点为基础。数学学习、几何经验可促进幼儿知觉能力的发展，在某种意义上几何学习过程就是知觉能力形成的过程。

> **学习笔记**
>
> **空间视像化：**
> 在头脑中操作、旋转或倒置一个以图片形式呈现的刺激物。
>
> **空间定位：**
> 能够理解视觉样式元素的空间安排，以及能够不被物体的方位变换迷惑。

学习主题三
幼儿科学认知与教育

一、科学知识获得的认知基础 >>>>>>>>>>>>>>>>>>>>>>>>>>

（一）科学知识获得的建构主义理论

1. 科学概念是经过个人建构获得的

根据皮亚杰建构主义的原理，每个学习者必须以对自己有意义的方式去学习。

学习只有在与个体头脑中已有的知识、经历或概念建立联系时才能真正发生。幼儿真正学到的并不是他在周围环境中所看到的客体的复制品，而是他自己思考与加工处理的结果。

2. 认知失衡是科学学习的一个必要前提

只有去寻找对认知失衡的解释，学习才有可能发生。如果已有知识、信念能够解释所有事情，那么就无须进行更深层次的解释。

3. 先前经验对理解科学概念的作用

幼儿在开始正式学习时，已经有一些关于自然世界的观念。其中有些观念与当今普遍认可的科学理论是一致的，如有些动物(如蛇)会冬眠等；也有一些观念与当今普遍认可的科学理论是不一致的，如幼儿认为影子是活的等。这些先前经验对幼儿理解科学概念会有一定的影响。

4. 幼儿科学概念的获得

(1)幼儿科学概念的转变

建构新的理解意味着概念的转变。建构主义的一个基本原则是，只有幼儿对已有概念不满意时才会出现概念的转变，而不是因为别人说了什么。

(2)幼儿科学概念的自我建构

如果幼儿形成的某一新概念似乎比以前更可信，他就会暂时接受它，并以它取代先前的观点。为了能被长久地接受，新概念必须具有解释力、预测力，并能被他人认可。

(二)幼儿科学思维的形式

维果茨基认为，学龄前和小学阶段的课程都必须在一个"前概念"的水平层次上，只有快到青春期时(也许从较为成熟的小学六年级开始)，才开始出现抽象的概念思维。

幼儿的科学思维包括以下四种形式。

1. 混合思维

混合思维是通过同时性的感觉把偶然的事件联系起来的思维。例如，一个幼儿正在看一本连环画，突然打了一声雷。之后他便不再看书了，因为他认为"看书会引起打雷"。

2. 复合思维

复合思维比混合思维稍高级些，是基于感知到的外在相似之处的思维，是一种易变的思维。有时候随着事物的增多，把它们联系起来的共同特征会改变：一件衬衣和一只袜子被联系到一起，因为它们都是蓝色的；然后加进来一只皮鞋，因为皮鞋和袜子都是穿在脚上的等。因此，这种思维也叫作链式复合思维。

3. 前概念思维

前概念思维是连接复合思维和概念思维的桥梁，且已发展成为抽象思维，但又总和具体事物保持着某种联系。

4. 概念思维

在思考时所用的词汇并没有联系具体的形象，而是把一些抽象的概念跟另一些抽象的概念联系起来。在思考时可以同时联系几个概念，如可以把"民主"一词与一般的人民、一组特别的人，或与统治力量、自由选择的权利等从属概念联系起来。

想一想

同一问幼儿，水在什么情况下会结冰？

混合思维：通过同时性的感觉把偶然的事件联系起来的思维。

复合思维：基于感知到的外在相似之处的思维，是一种易变的思维。

二、幼儿科学教学的内涵 >>>>>>>>>>>>>>>>>>>>>>>>>>>>>>>>>

（一）新课程背景下幼儿科学教学的含义

新课程背景下幼儿科学教学，即过程导向教学，是运用建构主义的方法，把科学内容当作掌握过程的媒介，让幼儿去发现学习。

（二）科学教学过程

1. 科学探究、操作材料和讨论

（1）科学探究

科学探究指通过让幼儿参与活动来发展好奇心，对重力、摩擦力等原理进行研究。活动包括：增加或减少悬挂在活动横木上的书包，以考察重量；让物体从斜坡上滑下来，以考察摩擦力等。每一种经验都会导致幼儿对这种经验进行分析，进而找到问题的答案。

（2）操作材料

教师选择每个幼儿都要用的材料。有了材料，幼儿可以自己操作。教师听取幼儿谈论自己的发现，帮助他们形成自己的看法。教师在选择材料时应该遵守：一是材料应和某个重要的科学概念有关，使用这些材料应该能揭示许多相关现象；二是这些材料应有多种相互作用，幼儿能用不同的路径进行探索研究；三是在探索中每个幼儿都应有足够的关键材料。

（3）讨论

讨论能够使幼儿用自己的话表达自己的想法；能使幼儿获得听到自己话的机会，让那些意识到自己所说的话没有传达出自己意思的幼儿再次表达自己的想法。

2. 概念引入

首先，让幼儿探究教师给出的某一概念，以查明幼儿能发现什么。幼儿的动手探究是在教师的支持而不是直接指导下进行的。其次，在幼儿探究之后，进行概念的引入与解释，使幼儿的发现与教师直接指导下的科学概念间建立起稳固的联系。最后，教师鼓励幼儿调查相关的新问题与情境的关系，以进一步探究该概念。这时，教师再次充当了支持者的角色。

3. 科学发现

科学发现就是创造一种新的学习环境来解决问题。幼儿处于有结构的材料之中，在讨论会上进行研讨。这既类似于传递信息，又是一个科学发现的过程。幼儿的科学发现有两类：一是自由发现。幼儿能自由选择，可表现出内在的、继续前进的某种动力，幼儿好像一个艺术家一样开始了自己的创作。二是科学活动中的发现。耕耘于科学之田上的真正科学家和教室里的"小考察家"有相似之处，也有不同之处。

> **过程导向教学：** 运用建构主义的方法，把科学内容当作掌握过程的媒介，让幼儿去发现学习。

图 11-2　上海市练塘镇中心幼儿园

🖉 **学习笔记**

三、数学、文字和绘画表征领域的科学教学法 >>>>>>

（一）数学的渗透

在科学活动中，将学习主题与数学活动相融合。数学活动的部分内容本身就是科学探索的一部分，如排序、测量、守恒等。在教学中把科学学习的内容与数学知识联系起来，这样幼儿在科学活动的探索过程中，也容易体验到数学方面的知识。

（二）文字和阅读的介入

1. 科学概念以汉字来表示

在科学活动中，汉字的出现有助于幼儿对科学知识的掌握，加深幼儿对科学现象的理解。由于汉字本身的表意性，汉字有时蕴含着科学的分类。例如，和植物有关的汉字几乎都有木字旁，表示金属的字都有金字旁。在幼儿学习科学概念时，以汉字为呈现方式，一定程度上会加深幼儿对科学概念的理解。

2. 记录幼儿的回答，让幼儿接触文字

在全组活动时，教师边提问边在纸上记录幼儿的回答，形成一份班级观点记录，供大家不时地翻阅。同时，在幼儿的回答旁写上幼儿的名字，有助于强化书面回答，增强回答者的主人翁意识。在记录纸上写下全组讨论达成的结论及其理由，并在结论旁边写上幼儿的名字。这种讨论要一直进行下去，直到所有幼儿都发表了意见。

3. 鼓励幼儿进行创造性读写

通过科学项目中的创造性读写活动，幼儿可以表达一些能够表明自己理解的观点。例如，要求幼儿编故事，叙述在幼儿园操场上发现了一只恐龙，并配上插图，说明这只恐龙在做什么，它有多大，幼儿在干什么，他们的感觉如何；或者讲一个动物伪装得很好，在自然环境中它很难被看见，偶然的机会它迷路了，进入了不同的环境。这个动物发生了什么事，它做了什么，它的感觉如何。幼儿在早期科学教育中学到的很多主题都有助于他们进行创造性书写。总之，读写是早期幼儿教育中重要的目标。

（三）绘画的表征

绘画可唤起幼儿的回忆，加深幼儿对科学的印象，使幼儿更好地理解科学的过程。绘画能反映幼儿真实的科学思维的具体内容。

学习主题四
幼儿绘画心理与教育

一、幼儿绘画的心理特点 >>>>>>>>>>>>>>>>>>>>>>>>>>>

（一）幼儿绘画的年龄特征

在绘画方面，幼儿在不同阶段存在心智、个性心理状态、天资和后天教育的

差异。要了解不同阶段幼儿绘画的发展，给幼儿绘画正确的指导，就要将不同年龄阶段幼儿的绘画分别对待。幼儿绘画有以下两个阶段。

1. 涂鸦期(1～3岁)

(1)涂鸦表现

1～3岁幼儿能画出断断续续的线或各种曲线。这是幼儿绘画的第一步，被称为错画、乱笔画或涂鸦。根据水平的高低，涂鸦可分为以下四个发展阶段：①未分化的涂鸦。由于幼儿的动作不协调，因此只能画一些凌乱的线条。②控制涂鸦。手和眼能配合，手能控制动作，能在纸上左右、上下地画出一些直线。③圆形涂鸦。重复画一些圆圈。④命名涂鸦。这个阶段的幼儿虽不能画出具体形象，但已能明确地表达意图，一边画画，一边自语："这是妈妈，这是大树。"

(2)涂鸦的原因

涂鸦在较小的幼儿身上表现得最为明显。除了幼儿手部的力量不足、缺乏绘画技能外，还有以下心理原因。

①在涂鸦中，幼儿能获得快感。这种运动的快感有两种：一是被动快感，如母亲轻轻推动摇篮，幼儿便会得到一种有节奏运动的快感；二是主动快感，如幼儿自己在床上扑腾扑腾地运动，这种主动的无控制、无目标的运动使幼儿感到快乐。涂鸦，也是一种无控制、无目的的活动，幼儿能从中获得主动的快感。

②模仿和强化。幼儿看到别人写字、作画，由于好奇心，便产生了涂鸦的动机，模仿着去画。成人看到孩子能拿笔去画便表扬、鼓励，幼儿对自己所画的各种形状、颜色的线条感到满足，便能进一步加强涂画的愿望。

③精神分析学派认为，幼儿涂鸦是一种反抗或报复行为，借此引起母亲的注意。

由此可见，涂鸦为年幼的幼儿所喜爱，是由其生理和心理特点决定的。

(3)涂鸦期绘画的教育指导

幼儿的涂鸦是没有规则且不受客观环境影响的，这是人绘画能力的最早表现。这一时期是幼儿绘画的萌芽状态，需要家长的细心观察和耐心培养。家长应积极参与幼儿的绘画游戏，多与幼儿进行交流，与幼儿在涂鸦中做绘画游戏，使幼儿创作的无意义图形成为有内容的符号图形。另外，要及时更换幼儿使用的彩笔，激发幼儿对色彩的兴趣。

2. 象征期(3～6岁)

(1)幼儿绘画的特点

①用象征性的符号表现物体的特征。

3～6岁幼儿的思维具有行动性和具体形象性的特点，所画出的图形一般都具有象征意义。例如，用圆圈代表头，两点代表眼睛，两条竖线代表腿。这个时期许多幼儿的画，在成人看来不像样子，但幼儿能说出他画的是什么，如"这是我"。此时期的幼儿对绘画的兴趣极高，想象力和创造力极为丰富，是绘画表现的最佳期。

②幼儿的绘画表现出平面性或二维性。

幼儿会将环境中立体物的各个面都画出来，如将公共汽车展开来画。此时期的幼儿画他所知，而不是画他所见。幼儿对于直接感知到的物体特征会毫无保留地画出来。

"透明"画,指幼儿在绘画时,总认为凡是客观存在的东西,都必须把它们画出来,虽然是重叠的两物,但画面上还是互不遮挡的,全然不考虑透视的绘画现象。例如,将海里的鱼虾、水草都画得一清二楚。幼儿形成这种绘画特点的原因:一是幼儿缺乏绘画技能,不能正确表现物体;二是幼儿思维的直观性和具体形象性。

展开式,又称异方向同存式或视点游走式,指幼儿从不同的角度观察到的事物在同一个画面上表现出来的绘画现象,即画中的人物、事物由中心向四周或上下或左右展开的画法。

"透明"画和展开式的画法是幼儿心理发展的产物。皮亚杰曾称2岁左右的幼儿发生过一次"哥白尼式的革命",即幼儿获得了客体永久性——虽然物体看不见、摸不着,但他们仍然知道这个物体是存在的。这种客体永久性在幼儿绘画领域中的表现就是"透明"画和展开式的画法。

③绘画的夸张性。

这个时期的幼儿往往把他们所察觉到的物体以夸张的形式表现出来。例如,画一般的小朋友,其鼻子往往被忽略,而对于闻花小朋友的鼻子就会画得又长又大。幼儿的夸张法实际上是幼儿的自我中心在绘画领域的表现。

④拟人化的表现。

拟人化指幼儿把无生命的物体或有生命的动植物画得和人一样,不仅赋予它们生命,而且赋予它们一切人所具有的特点和本领的绘画现象。幼儿所画的向日葵、太阳等,就画得像人一样有眼、嘴、鼻子和笑脸。总之,把所画物体都画成像人一样的形象,也像人一样有感情、有思想,这恰恰是幼儿思维自我中心的表现。这种拟人化的表现是他们心理发展中泛灵论的反映。受知觉水平的限制,幼儿还不能对自己和经验加以区分,认为一切事物都与自己一样具有相同的心理,认为只有活动着的对象才有生命、有意识。

⑤基线式。

幼儿往往会在画纸的底部画出一条长长的线条作为地面的标志,把整个画面分成地上和地下两部分,所有地面上的物体都在基底线上排列成一排,表示这些物体处于同一水平高度,这就是基底线绘画的特点。

(2)幼儿绘画的教育指导

这个时期要给幼儿创造良好的绘画环境,给他们准备好绘画工具,并教给他们使用各种工具、材料的方法;为了发展幼儿的观察力,应该让他们多参与各类活动并多接触大自然;注意培养幼儿独立思考的能力;及时对幼儿进行表扬和鼓励,让幼儿保持对绘画的浓厚兴趣。

(二)幼儿绘画的特点

1. 幼儿绘画中"圆"的分析[①]

幼儿绘画中出现了很多圆形,从中也表现出了幼儿对圆的偏爱。其实,在视知觉中,幼儿如果没能将事物区分开来,就往往以最简单的图形来描绘,即点、

> **拟人化:**
> 幼儿把无生命的物体或有生命的动植物画得和人一样,不仅赋予它们生命,而且赋予它们一切人所具有的特点和本领的绘画现象。

---

① 票羊:《儿童画中"圆"的心理分析》,载《幼儿教育》,1987(3)。

圆或球。幼儿用圆形代表事物的水平也是在不断发展的。幼儿不仅画同心圆，而且能在同心圆上加上放射线，用来表示各种不同的事物，如一朵花、周围长满树的池塘等。幼儿在这些图画中往往牺牲了事物的逼真性而寻求式样结构上的简单性和对称性。幼儿在绘画中不是机械地模仿，而是在用自己的智慧去发明创造。幼儿喜欢用圆形来描述事物，是由幼儿独特的心理特征决定的。幼儿绘画的心理值得深入探索。

2. 幼儿绘画作品的特点

古德曼认为绘画主要有充实性、表现性和结构性三个特性。[①] 幼儿绘画的形式包括构图、色彩和线条。幼儿绘画的具体表现如下。[②]

(1)构图

构图一般遵循对比、均衡和节奏三个法则，但幼儿在构图中往往是不遵循这些法则的。

幼儿第一阶段的构图是凌乱式的，即不考虑各形象之间的联系，把要画的形象任意堆积到画面上，不分前后左右，整个画面不均衡、无节奏，看起来乱七八糟，这与幼儿无绘画主题有关。幼儿第二阶段的构图是并列式的，即能分出天空和地面，把天上的各物体，如太阳、云、鸟等并列在一起，放在画面的上部，把地面上的各物体，如房屋、树、人等并列放在画面的下部。幼儿的构图能力不断发展，会出现如前所述的基线式构图。幼儿的构图还有一些特点，如画的人往往是头大脚小或头重脚轻。在比例位置方面，高低不当会给人以飞升或下沉的感觉，落幅太偏，显得孤独无援。幼儿缺乏透视技巧，但对一些初步透视法还是可以接受的。

(2)色彩

色彩主要以红、橙、黄、绿、青、蓝、紫七种色光为标准。色彩可分为原色(红、黄、蓝为三原色)，间色(两种原色配合而成)，复色和补色(红与绿、黄与紫互为补色)。幼儿一般喜欢彩色，不喜欢黑白色。原因是彩色使人觉得新鲜、好看，人眼对彩色光波很敏感。彩色的光波长短不一，红、橙光波最长，是暖色，能使人产生兴奋的感觉。据测查，幼儿对各种颜色的喜欢程度依次是红、橙、黄、蓝、绿、紫、青、白、黑和灰。

在用色方面，幼儿往往表现为用喜欢的颜色一气画完，整个画面是一种颜色；或者轮换着用自己喜欢的颜色画。由于幼儿不能用物体的固有色来涂抹，因此，画上可能会出现不少错误，如把太阳画成蓝色，把花画成绿色。在画装饰画时，需要用各种颜色。画装饰画能充分满足幼儿在色彩方面的愿望。

(3)线条

不同的线条有不同的艺术效果：水平线开阔平静，垂直线庄严高耸，波浪线缓缓蠕动，斜线有运动的感觉，曲线柔美流畅。最初，幼儿是意识不到这些线条

图11-3 在线条基础上作画

学习笔记

延伸学习

请查阅资料，了解"房树人"测验。

[①] 高雪梅、郑持军、李红：《儿童绘画表现性发展的研究进展》，载《心理科学进展》，2003(1)。

[②] 林泳海：《幼儿绘画的特点》，载《幼儿教育》，1985(12)。

的区别的。在运用线条方面，幼儿是比较随意的。教会幼儿用这些基本的线条表现物体是很重要的。

3. 幼儿绘画过程的特点

创造艺术作品，要经过对生活的体验，进行艺术构思，然后构图，幼儿的绘画也离不开这个过程。由于幼儿具有直觉行动思维的特点，幼儿的艺术构思与创作常融为一体。这在较小的幼儿身上表现得更为突出。幼儿作画主要依靠头脑中形成的表象。幼儿在绘画过程中，往往沉迷于作画，有时还一边画，一边自言自语。有时由于绘画技能不够，难以表达所要表现的物体，就用语言描述来补充画面。

幼儿的抽象思维还不发达，缺乏概括性，在绘画过程中表现为绘画主题不稳定。在自由画中，幼儿的思维是极为活跃的。幼儿能想到很久以前的事，并在头脑中加工改造，创造出许多独特的新形象，并以独有的创作方法表现出来，富有幻想和浪漫色彩。意愿画可以使幼儿的想象力得到充分发挥。

4. 幼儿绘画欣赏过程的特点

绘画欣赏过程主要通过视觉感知艺术形象，在大脑中形成许多表象，然后与已有经验相联系，产生对作品的体验。绘画欣赏过程实际上是一个充满联想、想象和再创造的过程。对于绘画作品，幼儿在很小时就极为感兴趣。

图 11-4　泥工活动

2岁幼儿大多喜欢看画。不过，2岁幼儿把画中的形象当成现实，认为画中的东西是有生命、有感情的。3岁幼儿尚不能分出画面的主次，往往被画面上的鲜艳色彩吸引，而且只能说出人物动作或个别场景，对画面的主题难以概括。4～5岁幼儿能概括出画面上的主要形象，也能概括出简单的情节。到了6岁，幼儿便能概括出画面的内容，并用语言表达出来，产生鉴赏的客观准则——"像不像"。

绘画欣赏既能扩大幼儿生活的视野，也能促进幼儿心理的发展，特别是促进幼儿欣赏水平的提高。提高幼儿的审美能力在教学上应该受到重视。

二、为发展幼儿绘画的创造力而设计的教育活动 >>>>>>

(一)教育目标

在绘画教学中，以艺术审美为中心，把对美感的培养辐射到各种活动中去，使幼儿的审美心理和一般心理协调发展，最终促进幼儿创造力的发展。

资料库

儿童绘画的发展阶段

1. 错画阶段：2～3岁。由无目的的涂鸦到有目的的临摹，由纯肩部运动到腕部和手指运动。

2. 画线阶段：4岁。视觉控制已有进步，可以单线画人的四肢。

3. 图形的象征主义阶段：5～6岁。人像已经画得不错，但只是象征性图形。

4. 图形的写实主义阶段：7～8 岁。画仍然是理论的而非视觉的，画他所知道的，而非所见的。

5. 视觉写实主义阶段：9～10 岁。由根据记忆或想象作画，到根据自然作画；由只用表面轮廓到尝试立体，已有了远近观念。

6. 抑制阶段：11～14 岁。因画得不像而感到沮丧。

（二）绘画内容的选择

幼儿绘画内容的来源有：①幼儿熟悉的游戏或日常生活中所看到或体验到的事情，如搭积木、帮妈妈做家务等；②参加游园会或运动会等获得的经验，如参加舞蹈表演、赛跑等；③以故事的情节想象为绘画主题，如西游记等；④以幼儿幻想的世界里的事物为主题，如肩膀上长出翅膀飞入太空和嫦娥共舞等；⑤配合幼儿园的教学内容，如节日(国庆节、端午节、元宵节、中秋节)等。

选择绘画的主题和内容要考虑幼儿的体验程度和感受的深度，如此，幼儿才能表现出强烈的情感，而其作品才能震撼人心。①

（三）绘画过程指导

1. 丰富幼儿的经验

注重积累生活方面、环境方面、艺术作品方面的经验。重视欣赏教学，以共同讨论的方式欣赏幼儿的作品，加强艺术形式的渗透。

2. 用美术的构成要素唤起幼儿的情意象征

(1)色彩

绿色象征大自然的勃勃生机，给人温馨、宁静的感受；黑色象征危险，使人产生恐惧、压抑等体验。可让幼儿感知不同的色彩，并对不同的色彩产生不同的内心感受。

(2)线和型

竖直线可以表现挺拔、坚毅、呆板、凝固，水平线可以表现平静、沉稳，曲线可以表现柔和、流动、委婉。启发幼儿用不同的线条表达不同的感受。

(3)形式美

让幼儿体会对称与均衡、重复与变化、整齐与散乱的统一。

3. 培养幼儿创造力的四种绘画教学方式

(1)手工制作与绘画相结合

手工制作与绘画相结合的教学方式，是把绘画融入手工制作之中，激发幼儿学习和创作的欲望，丰富美术教学的功能。

(2)共同创作，发挥集体的创造热情

在共同创作中，给予幼儿合作的机会，不仅能增进他们合群、互助等亲社会行为的学习，而且能提高他们的创作兴趣，发挥创作的想象力。

(3)诗、故事与绘画相结合

诗、故事与绘画同属于艺术范围，在精神上是相通的。这种方式是把诗或故事的内容用绘画的方式表现出来。这里的诗或故事都是幼儿自己叙述或自编，并由教师记录下来的，正因为是幼儿生活的体验以及想象的意境，所以最能引起幼儿的共鸣，极易用绘画的方式表达出来。

----

① 高爱民、林泳海：《美术教学促进幼儿创造力发展》，载《上海托幼》，2002(11)。

🖉 学习笔记

(4)音乐与绘画相结合

在绘画中辅以音乐的优美旋律，有助于激发幼儿的创造力。在美术教育上，引导幼儿将节奏感适当地表现在绘画上，这是一种新鲜、有趣的教学方式。

4. 在绘画活动指导中对教师的具体要求

在绘画活动指导中，教师应做的是：不为幼儿选内容，尊重幼儿的作品，不强迫幼儿作画，合理称赞，不必过多重视整洁。

三、以绘画促进幼儿空间知觉能力发展的教育 >>>>>>>>>>>

（一）幼儿空间知觉能力发展的特点

皮亚杰的研究表明，随着年龄的增长，幼儿的空间概念从拓扑观念向欧氏几何发展。他将幼儿空间概念的发展分为以下两个阶段。

第一阶段：6岁之前，能再认熟悉的物体，能够区分开放图形和封闭图形，能够识别基本的拓扑形状却无法再认欧氏几何图形。

第二阶段：6～7岁，能再认某些欧氏图形而对另一些则不能再认，幼儿能将曲线图形，如圆和椭圆从直线图形中区分出来，但对这两类图形中的每一类不能再进一步分析。

根据皮亚杰的研究，在对空间坐标体系的认知方面，四五岁的幼儿对于水平面还不理解。第二阶段的7岁幼儿仍然没有固定的水平轴或垂直轴的概念，幼儿对于构造空间中参照系的认识还是不充分的。

（二）通过绘画来发展幼儿空间知觉能力的教育指导

①通过绘画、临摹几何图形来发展幼儿的空间知觉能力。

②提倡幼儿通过画标志、模型和路线来发展其空间知觉能力。例如，画出从幼儿园回家的路线。

学习主题五
幼儿音乐心理与教育

一、音乐心理研究背景 >>>>>>>>>>>>>>>>>>>>>>>>>>>>>>>>

音乐心理反映的是音乐与人的行为、心理过程的互动关系及其规律。19世纪中叶，实验心理学的兴起打开了现代音乐心理研究的大门。我国音乐心理发展的本土化研究还比较薄弱。不过近年来，人们越来越注重对音乐、社会与文化背景的相互影响以及音乐与社会心理的相互影响等方面的研究。因为任何音乐活动在本质上都是社会性的，这也应该是音乐心理学所要解释的问题。①

二、幼儿音乐能力的构成 >>>>>>>>>>>>>>>>>>>>>>>>>>>>>>>>

音乐心理是指个体从事音乐活动的心理状态及心理能力。有人将其称为音乐感知；也有人把音乐感一并归于能力范畴，统称为音乐心理能力。它不是一种单一的能力，而是由以音乐感知能力为核心的五个方面的能力构成。

（一）音乐感知能力

音乐感知能力是音乐审美能力基本的因素，是感知和听辨音乐形式的能力。它主要表现在感知音乐客体形式所表达的意境及情调上。幼儿要想达到对音乐的体验，拥有正常的听觉是前提。因为听觉为我们对音高、音强、音长、音色、节奏的分辨提供了便利。失去听觉就会使人对音乐的理解变得困难。此外，知觉是人对事物进行整体把握的心理条件。

（二）音乐记忆能力

音乐记忆能力是大脑的音乐表象存储能力，表现为音乐的识记、保持和再现的过程。音乐记忆的过程需要多种感觉的参与，如视觉、触觉、听觉等。音乐的识记是人们在接触音乐时，首先将音乐的基本信息储存在短时记忆中，形成初步印象。音乐的保持是将短时记忆中获取的音乐信息，通过重复练习、弹奏将音乐保持在长时记忆中，这是一个强化、加深印象以形成稳定的神经联结的过程。音乐的再现是将音准、节奏、调式、风格、和声，甚至伴奏乐器的种类和演唱者的气息和技巧等准确地表达出来。音乐记忆是音乐想象的基础。

（三）音乐想象能力

音乐想象能力指以原有的音乐映象为媒介，聆听、回忆和创造新音乐的心理过程。音乐想象能力在幼儿音乐活动中，如创造音乐、认识音乐、改造音乐、音乐表演和音乐欣赏等，起着非常重要的作用。让幼儿根据音乐编动作，或者通过现有的曲调创作新歌曲等可以培养他们的音乐想象能力。

（四）音乐运动能力

音乐运动能力是把音乐音响内化或转化为身体张弛运动的能力，又称节奏感。但实际上音乐运动能力要远远超过节奏感的范围，它包括人们在聆听、演唱、演奏音乐时的全部身体运动机能状态的感觉能力。人身体的运动节奏会与音乐的节奏产生共鸣。这种共鸣是人的本能。例如，婴幼儿在听到节奏鲜明的音乐时，会晃动身体、手舞足蹈。幼儿的音乐运动能力主要表现在身体对音乐的表现力以及对节奏感的把握上。

（五）音乐情感

音乐情感指的是在人与音乐的交互过程中所产生的各种情感因素。②"言为心声"，语言是为表达内心的所思所想服务的。音乐是一种极富感染力的、独具特色的语言，通过歌词、曲调、节奏、音响等来表达丰富的情感。感受音乐就是人们

---

① 肖辛：《"音乐心理学"介绍》，载《音乐世界》，1997(8)。
② 金妍锐：《音乐认知发展视域——音乐情感认知研究》，载《魅力中国》，2010(6)。

通过音乐活动达到对音乐由表及里的情感认识。幼儿的音乐情感需要在良好的音乐教育中培养。

三、幼儿音乐能力的产生与发展 >>>>>>>>>>>>>>>>>>>>>>

幼儿期大脑的可塑性强，是学习音乐的黄金期。幼儿很早就表现出对音乐的感知能力。那么，幼儿音乐能力的发展会经历哪些阶段呢？

（一）对声音的简单反应阶段

0～1岁婴儿的音乐听觉还不太精细，也较迟缓。他们能对声音做出简单的反应，如分辨声音的高低，把自己的声音从其他声音中区分出来等。他们对令人愉快的音乐感兴趣，并且可以对它较为持久地保持注意。在满周岁时，有的婴儿具有较好的节奏感，能用身体动作表现出来。①

资料库

幼儿的音乐欣赏

音乐欣赏是指以具体的音乐作品为对象，通过聆听的方式及其他辅助手段来体验和领悟音乐，从而获得精神愉悦的一种审美活动。对幼儿而言，对音乐的欣赏，首先要通过倾听音乐作品，对它有基本的感知，再在对音乐的整体感觉基础上达到对它深层内涵的理解与体悟。对音乐的创造性表现是音乐欣赏的最终目的。在理解的基础上对音乐进行大胆表现，是激发幼儿创造力的良好途径。

（二）歌唱、节奏感知、身体动作阶段

2～3岁幼儿倾听音乐时，会运用身体的动作如模仿发音、节奏律动等来做出对音乐的反应。他们常常保持一种类型的动作来反映对一种节奏的体验。

此外，这个年龄段的幼儿可以辨认四度、五度音程，出现最初的音乐学习活动，能把听到的歌曲片段模仿唱出，也可以模仿弹琴、拉琴的动作。这时幼儿的音乐记忆迅速发展，可以记住两三个乐句。这个时期可以说是幼儿音乐教育的开始阶段。3～4岁幼儿能感知旋律轮廓。如果此时开始学习某种乐器的演奏，可以培养幼儿的绝对音高感，并使幼儿开始以变化的动作去配合节奏。

（三）有意感知、深入理解音乐阶段

3～6岁幼儿的语言能力得到了快速发展，能够把注意的焦点放在某一特定的音乐概念上。可运用语言符号帮助幼儿理解和形成有关概念。4～5岁幼儿听音乐时明显的身体反应减少，有意识地听音乐的成分增加，听音乐的能力逐渐增强。他们能辨识音高、音区，能重复简单的节奏。② 5～6岁幼儿能理解、分辨响亮之声和柔和之声，能从一些简单的旋律或节奏模式中辨认出相同的部分，且这个时期的幼儿有更持久的兴趣和更专注的态度去听有细节的故事和音乐。7岁儿童的动作和节奏更为协调一致，能够通过乐器演奏较为深刻地理解音色、力度、音高、节奏等。此外，该时期幼儿欣赏音乐的能力也有提高。

上述阶段是基于一般的幼儿音乐心理特征而划分的。各阶段有各自的特点，

---

① 王丽红：《儿童音乐心理学浅说》，载《大舞台(双月号)》，2008(2)。
② 赵宋光：《音乐教育心理学概论》，139页，上海，上海音乐出版社，2003。

又有相互的渗透。幼儿音乐能力的发展没有绝对界限，且幼儿各方面之间都有很大差异。有的幼儿有超常的音乐心理特征，表现出突出的音乐天赋。但有的幼儿对音乐反应较为缓慢。这些个性特征对教学者来说是需要区别对待和处理的。

资料库

奥尔夫音乐教学法

奥尔夫音乐教学法由德国音乐家奥尔夫创立，是世界著名、影响广泛的三大音乐体系之一，历经多年的发展，已成为 21 世纪全球范围内流传较广、影响较大的一种音乐教育体系。

奥尔夫音乐教学法以"原本性音乐"为标志，原本的音乐是接近自然的、机体的，能被每个人学会和体验的，是适合幼儿的。在奥尔夫音乐教学中，教师会随时让学生即兴歌唱、即兴演奏。即兴作为评估学生音乐能力和音乐学习效果的最佳手段之一，也是奥尔夫音乐体系中最核心、最基本的构成部分。奥尔夫音乐教学法的课程内容主要包括嗓音造型、动作造型、器乐造型三个方面；教学采用集体教学的形式为幼儿创造交流、分享、合作的机会；教学采用引导创作法。

四、幼儿音乐教学方法 >>>>>>>>>>>>>>>>>>>>>>>>>>>>>>>>>>>

幼儿音乐教学方法是为了完成音乐教学任务，教师和幼儿在共同活动中采用的手段；是为了达到音乐教育目的而调整师幼关系的一种方法。

（一）讲授法

讲授法是教师通过口头语言进行教学的一种方法。它主要包括讲述、讲解、讲演三种方式。向幼儿讲授基本乐理、乐器构造等较为抽象的知识时，可以使用讲授法。运用讲授法时要注意唤起幼儿的注意和兴趣，激发幼儿的思考和想象，否则很容易形成注入式教学。

（二）唱歌教学法

唱歌教学法是常用的一种教学法，是通过教师对乐曲的正确歌唱，要求幼儿进行模仿学习的方法。唱歌涉及的基本技能主要包括姿势、呼吸、发声和吐字。一般可将呼吸与发声结合进行练习。咬字、吐字方面要求清晰、准确。

（三）演示法

演示法是教师在课堂上通过各种教具进行示范性表演，或通过现代化教学手段使幼儿获得感性知识的方法。音乐教学中的演示手段主要包括四种：聆听音响，观察动作；教师示范；及时反馈；用直观性教具演示，使幼儿获得感性知识。演示法的直观性强，很容易吸引幼儿的注意力，激发他们的学习兴趣，丰富他们的感性知识，发展他们的观察力和想象力。

（四）律动教学法

律动是指人体随着音乐的旋律和节奏做有规律的、协调的动作，如拍手、摇头、跺脚、摆动身躯等。幼儿具有随音乐律动的本能。该教学法因势利导，符合幼儿的身心特点。

（五）游戏法

游戏法是指幼儿在游戏活动中能随着音乐节奏、节拍的变化，有表情地进行律

学习笔记

动，做出模仿动作和即兴动作。游戏法能让幼儿轻松参与音乐活动，获得对音乐的兴趣，还可激发他们的想象力、创造力。

（六）视唱、 练耳、 乐理教学法

在幼儿教学中，视唱要音准，节奏方面要注意由易到难。练耳可以用听辨、模唱和听记等方法进行。乐理教学要与视唱、练耳等密切结合。

（七）音乐欣赏法

音乐欣赏法是以欣赏音乐为主的教学方法，是指教师在教学中创设一定的情境，利用一定的教材内容及艺术形式，使幼儿通过体验客观事物的真善美来陶冶情操，培养其浓厚的学习兴趣、正确的学习态度、崇高的审美理想和鉴赏能力。目的是扩大幼儿的音乐视野，丰富他们的音乐知识，提高他们的鉴赏能力并培养他们对音乐的兴趣。

除了上述这些教学法外，还有器乐教学法、练习法等，在此不一一介绍。教师在教学中应根据幼儿及幼儿园的实际情况选择合适的教学方法。

学习主题六
幼儿环境认知与教育

环境教育是世界性的课题，我国对环境教育也越来越重视。国家也在倡导建立绿色学校，包括绿色幼儿园。《幼儿园教育指导纲要(试行)》明确指出，幼儿园要"在幼儿生活经验的基础上，帮助幼儿了解自然、环境与人类生活的关系。从身边的小事入手，培养初步的环保意识和行为"。在幼儿园开展环境教育，符合世界环境教育的发展趋势和国家的政策走向。

国内的研究有些介绍美国、日本等国家环境教育立法和美国环境教育的经验，也有些介绍学校环境教育，认为环境教育要将理性认知与生态体验相结合、专业教育与大众普及相结合，建立绿色学校。这些研究对于学前环境教育有一些启发。关于学前环境教育的研究认为，目前幼儿园教师没有意识到自己是课程资源的开发者，把教材作为唯一的环境课程资源，提出要挖掘地域性资源和信息化资源，并以生成课程模式来组织环境教育。

国内的环境教育研究对于环境认知这方面的重视不够。美国的《环境心理学》一书对于自然与人类本性、环境知觉、环境与行为的关系、拯救环境等方面的研究，涉及很多环境认知方面的内容。关于幼儿地理、地图认知方面的研究也有如地图表征的研究、幼儿地图能力的研究。幼儿对于环境认知最早能够注意和记住的是空间标志物，再次是识别和熟悉特定标志物之间的路径，将彼此邻近的标志和路径组合成小的单位，最后可以将各种环境要素综合组织成统一的整体环境。可见，幼儿已经获得了环境认知方面的能力。

幼儿的学习与发展特点决定了他们对外界刺激的变化特别敏感。幼儿期是接

学习笔记

受环境教育的最佳时期。促进幼儿的环境认知，引导幼儿正确认识人与自然的关系，使他们逐渐养成爱惜资源和保护环境的意识、行为习惯非常重要。

一、环境认知与环境教育的概念 >>>>>>>>>>>>>>>>>>>>>>>>>>

环境认知是个体对环境刺激的一系列心理加工，包括编码操作和记忆应用操作两个过程，从而达到识别、理解、记忆和使用环境的目的。环境认知的研究范围非常广，除了环境表象、认知地图和寻路等传统研究领域，虚拟环境认知、环境认知在人性化设计中的应用、对潜在环境的知觉等，也成为环境认知中比较热门的研究问题。

（一）环境表象

幼儿对环境中的各方面有了基本的认识，如建筑物。对于建筑物的表象，有以下几个因素起着重要的作用。①可识别性。建筑物的外在形式，如突出的轮廓线、变化的外观、风格上的特色等都会对幼儿形成建筑物的表象产生促进作用。②可见性。即如果建筑物的特征突出，更容易被看到，那么就更有可能形成清晰、深刻的表象。③使用特点。在使用功能上更具独特性的建筑物更容易被记住，如医院、学校、剧场等。④意义。如果建筑物在文化、历史等方面具有特定的价值和意义，也有利于表象的形成。例如，北京的天安门和长城在人们心目中可能已超越了一般的建筑物，提升为北京的城市名片和中华民族的标志与象征。

引导幼儿认识周边的生活环境，如城市或乡村的建筑等。通过观察、表述，使幼儿对当地的物质环境、人文环境有一个比较完整或清晰的认识与表征。

（二）认知地图

在日常生活中，人们每天都需要同空间打交道，需要记住家中物品的摆放位置，知道工作单位与家庭之间的通行路线，能够顺利地到达商场、学校、医院等。在进行空间认知的过程中，可能会形成认知地图。认知地图是指个体对环境所建构的空间心理模型。通俗地说，认知地图就是心理地图。当人们需要使用它时，它就好像一张地图一样浮现在脑海中。当然，这张地图与实际的空间环境并不是完全一一对应的，存在个体建构的成分。

这方面的教学要求幼儿对环境的属性或特征进行识别，也可要求幼儿对熟悉的环境以绘画的形式来表达，如标志建筑物的布局、简单的路线图等。

（三）寻路

与认知地图作为一种心理表征不同，寻路是一种行为。寻路过程包括知道当前所在位置；明确目的地；了解通往目的地的路线；选择交通方式前往目的地；当确认没有顺利到达目的地时，退回或寻找其他路线等。它是在一个有目的的动态过程中完成的，是一个空间问题的解决过程。

影响寻路的环境特征：第一，可区分性，是指环境中的物体看起来相似或相异的程度。那些外形特殊、功能性强且独立的建筑更容易被发现和记住。第二，可见性，是指从其他观测点可以看到环境中不同部分的程度。可见性强的环境更容易让人寻路。第三，复杂程度，包括多个层面，涉及城市道路和空间布局规

学习笔记

划、场所和建筑物内的结构组织等。一般认为，具有固定结构模式的城市更容易被识别。解决空间环境中寻路困难的一个重要途径是指路标志的设立。第四，标识情况，引导图和箭头标志不仅能帮助幼儿寻路，对于缓解来访人员的紧张、焦虑也具有一定的作用。但引导图设置不当和箭头标志太多也有可能起到负面的作用。

（四）虚拟环境认知

虚拟现实具有"3I"的特点，即"沉浸性"（immersion）、"交互性"（interaction）和"想象性"（imagination）。"沉浸性"是指由计算机生成的三维虚拟环境能够使人们有身临其境的体会。"交互性"是指人们通过其自身的自然感官功能，借助专用的设备来对虚拟环境中的物体进行观察和操作，即与环境形成互动。"想象性"是指人类可以借助想象力和创造力在虚拟环境中创建现实中不存在的东西。

（五）环境认知在人性化设计中的应用

现代城市广场体现出多功能复合和空间多层次的发展趋势。广场中既设置较大面积的空地，为集会、表演等有组织的大型活动提供场所，以满足人们交往和实现自我价值的需求；又设置相对安静隐蔽的空间，以满足个体活动不受干扰的需求。人在广场中的交往活动一般可分为公共性交往、社会性交往和亲密性交往三种类型，不同的交往活动也需要不同尺度、不同层次的空间领域。不同年龄层次的市民在活动内容、活动时间上各有不同，如老年人的晨练、市民的表演、幼儿的游玩等，这也要求设计广场时考虑到能提供不同的层次供不同的人群使用。幼儿园的室内外设计，在人性化设计方面，也可达到美观等艺术效果。

（六）对潜在环境的知觉

潜在环境指环境中的声音、温度、气味等非视觉部分所构成的环境。稳定的环境特质可能未被人们明确地意识到，但对人们的心理起着强烈而可预测的作用。例如，可让幼儿体会音乐与噪声有何不同，了解环境中的噪声有哪些，会对自己的心情产生什么影响。再如，环境中的气味有好闻的花香，也有垃圾产生的不好的气味等。可让幼儿谈谈垃圾的气味会使人产生什么情绪。其他还有拥挤等，会对个体产生什么影响，如何应对，等等。

总之，对于幼儿环境认知的研究本身具有探索幼儿认知的理论意义，也有为环境教育的开展提供心理学基础的现实指导意义。环境教育的课程资源开发，对幼儿园教学改革的推进、教育质量的提升是一个很好的途径，可使幼儿从小具有环境知识、简单的技能和与自然和谐共处的环境意识。

二、环境教育的开展 >>>>>>>>>>>>>>>>>>>>>>>>>>>>>>>>>

（一）环境与环境教育

环境与生态有关。生态学的定义最早源于德国生物学家海克尔。生态学是关于生物与其周围环境相互关联的科学，强调人与自然环境和谐相处。环境指影响人类生存和发展的各种天然的和经过人工改造的自然因素的总和。

环境教育，可使幼儿围绕人类周围的自然环境、社会环境同人类的关系，认识到人口、污染、资源的分配与枯竭、自然保护，以及环境的开发等，对于人类环境有着怎样的影响。1987 年，联合国教育、科学及文化组织和联合国环境规划署在环境教育和培训会议上提出环境教育应面向各个层次的所有年龄段的人。《幼儿园工作规程》中把"增进对环境的认识"作为幼儿园保育和教育的主要目标之一，确定了环境教育在幼儿阶段的地位。

（二）环境教育在五大领域的内容上有关联与补充

幼儿环境认知与教育这个内容，首先在社会领域中有所涉及。美国的《期望卓越：社会领域课程标准》强调人物、场所和环境，帮助幼儿认识地球上多种多样的环境和相互影响的各种各样的人群，重视空间地域的概念以及人与环境的关系；强调全球联系，帮助幼儿认识到世界的相互联系性和依存性，关注世界文化的多种形式和关系。英国的《国家地理课程标准》明确规定了 5～7 岁儿童的培养内容中有"探究环境时使用地理术语；在学校或当地实地考察；使用多种比例尺的地球仪、地图和示意图，包括识别主要的地理特征"。

我国的《幼儿园教育指导纲要(试行)》中包含着地理知识、环境知识等方面的培养要求，如科学领域中"爱护动植物，关心周围环境，亲近大自然，珍惜自然资源，有初步的环保意识"。

要做好幼儿的环境教育，先要了解环境认知的内涵、幼儿环境认知的特点。这方面的研究和相关知识可以为环境教育提供依据。

（三）开展幼儿环境教育的建议

1. 挖掘环境教育资源，开展系列环境教育活动

以热爱家乡环境为主题。了解家乡环境，认识家乡环境，热爱家乡环境，并融入课程资源。

具体包括：了解可能对人产生影响的环境特征，了解自然灾害和环境污染可能对人产生的危害。开展生态平衡教育，明确动物、植物、土壤和水遵循自然法则所结成的生态关系；人类是生态系统的一部分，人必须在生态系统中生活；珍惜并保护水资源、森林资源、土地资源和野生动物等，要爱护环境、保护环境。

教师应利用幼儿的生活经验，启蒙幼儿认识自然环境，珍惜自然资源，养成与其年龄相适应的环境保护意识与习惯。

2. 加强师资培训，提升教师环境教育素养、意识和能力

可通过合作交流、案例分析、参观、访问、考察、校本培训等方式，对在岗教师进行系统的环境教育培训，让他们熟悉当地的环境资源。同时，与环境保护中心、自然保护研究机构、文化管理部门等部门及社区人员和家长建立联系，多方位、多层次落实幼儿环境教育。提高教师对城市和乡村地区的经济、政治和生态间相互依赖性的认识，为幼儿提供获得保护和改善环境所需的知识、价值观、态度和责任感的机会。

开展环境教育的要点

1. 以生态学为背景，挖掘家乡物质的和非物质的环境教育资源。

2. 熟悉生活环境的空间关系和场景分布，培养幼儿的空间认知能力、地图认知能力。

3. 在生态学背景下让幼儿认识到环境可能对人产生负面影响，并开展相应的环境保护活动。

4. 结合本地特色，形成幼儿园生态学背景下的环境教育课程资源。

5. 加强师资培训，提升教师的环境教育素养、环境教育意识和环境教育能力。

3. 开展地图教育

学习笔记

地图是对空间关系的外部表征形式，是以视觉的、数字的或触觉的方式表达地理信息的工具。地图教育的目的在于培养幼儿的地图认知能力，其中包括透视感、比例感、方位感、符号感、区位感、画图技能及用图技能七种能力。在地图学习的过程中，幼儿的空间想象力、抽象能力、逻辑思维能力和认知能力有了很大的发展。通过认知地图和地图学习，幼儿能够了解所生活环境的空间关系、空间分布，知道自己的家在哪个城市，处在中国地图的哪个位置；知道在城市地图中，幼儿园在哪里，公园在哪里；知道从幼儿园回家的路线是什么。通过这些环境活动，培养幼儿的空间认知能力、地图认知能力。下面就地图(回家的路线)认知研究的事例进行简单说明。

(1)幼儿对地图(回家的路线)的认知

幼儿最熟悉的两个地方是家与幼儿园，那么，在往返于家与幼儿园的途中，幼儿的心理地图表征是怎样的？大多3岁幼儿对大范围的空间感知的信息获取较为困难，对地图的认知模糊。例如，小班幼儿能把基本表征物"家""路"画出，但缺乏对"家""幼儿园""路"三个基本表征物的整体与准确认知，线条的随意性强等(见图11-5、图11-6)。

4岁幼儿处于可对应阶段。该阶段的幼儿能知道地图是什么，开始表现出表征对应与几何对应。例如，该阶段幼儿的地图表征感知强，画面感丰富，立体感强，方向感清晰，符号表征意识强等(见图11-7、图11-8)。5~6岁幼儿处于可对应阶段与表征对应阶段的过渡期，该阶段的幼儿基本形成地图概念。例如，该阶段的幼儿能画出的表征物更多，画面感更为丰富，方向感清晰，路线具有立体性，曲折度高，地图认知能力强，同时富有创造力等(见图11-9、图11-10)。

由上可知，幼儿受地域、年龄的影响，在表征上学回家的路线图的能力上有所差异。农村幼儿偏向自然景物，城市幼儿偏向建筑物与交通工具，但两者在地图表征上的整体差异不大。随着年龄的增长，幼儿地图感知的准确性越来越高，地图表征能力逐渐提高。

图 11-5 城市小班幼儿回家的路线绘制范例

图 11-6 农村小班幼儿回家的路线绘制范例

（2）适时开展幼儿的地图教育

幼儿地图表征能力的发展在不同地域、不同年龄阶段有着不同的特点。据此，我们可以有针对性地开展幼儿的地图教育工作。

第一，理解和掌握幼儿的地图表征水平及发展规律。根据皮亚杰的认知发展说，充分认识幼儿的地图表征水平及发展规律，对不同年龄段的幼儿进行有针对性的地图学习教育。例如，小班可进行地图认知学习，中班可进行地图表征的形状感知学习，大班可进行地图表征的方向、大小感知学习。

第二，开展具有地方特色的地理教育、环境教育。在不同的地域环境下，幼儿的地图认知与表征存在差异性与独特性。幼儿园应因地制宜地开展具有地方特色的主题性地理教育、环境教育课程。例如，农村幼儿处于自然景物偏多的地域，城市幼儿处于建筑与交通工具偏多的地域，两者可根据不同的地域环境进行具有地方特色的地理教育教学。

第三，创设满足幼儿需求的小区、城市等熟悉地方的地图教具。杜威在《儿童与课程》中提到"地图把个人的经验加以整理，并把它们相互联系起来"。例如，湛江市坡头区的幼儿园可开展坡头区乡土地理图片展示活动，如坡头区的发展变化图、各个镇的集市与风俗特色图等。通过图片让坡头区的幼儿了解家乡的地理环境与风俗，激发他们对家乡的认同感，从而引导幼儿保护湛江市坡头区的环境。

第四，教会幼儿掌握认知地图的方法和技巧。斯宾塞曾说，最成功的教育，并非让孩子掌握多少知识，而是让孩子掌握学习知识的能力。正所谓"工欲善其事，必先利其器"，因此，教会幼儿掌握认知地图的方法和技巧尤为重要。常用的认知地图的方法和技巧主要有以下几种：一是草图法，画出所在地方的草图；二是地图评价，要求被试对环境的属性或特征进行评定，编辑加工后以地图的形式进行表征；三是地图识别，对照片或地图景物进行识别再认；四是距离估计，也称认知距离，是对实际距离（或功能距离）的评估。

图 11-7　城市中班幼儿回家的路线绘制范例

图 11-8　农村中班幼儿回家的路线绘制范例

图 11-9　城市大班幼儿回家的路线绘制范例

图 11-10　农村大班幼儿回家的路线绘制范例

幼儿环保意识的发展特点与教育

环保,即环境保护,是在个人、组织或政府层面,为人类福祉而保护自然环境的行为。

幼儿期是环境保护意识萌芽和初步养成的关键期,充分利用这一关键期,幼儿就能形成对周围环境的正确认识和保护环境的正确意识。为此,教师可以针对不同年龄段幼儿的特点进行环保教育工作。

小班(3～4岁)幼儿的年龄特征十分突出,主要是动作发展快、认知靠行动、情绪作用大、爱模仿等。因此,教师对小班幼儿进行环境保护教育时,可组织小班幼儿观看电视节目,阅读画报、图片等。例如,观看《地球超人》,可以让幼儿直接了解环境受污染、受破坏的情况;还要经常向幼儿讲解有关环境保护的知识,这样就可以让幼儿比较容易地接受有关环境保护的内容,树立环保意识。

中班(4～5岁)幼儿明显的年龄特点:一是活泼好动;二是爱玩、会玩;三是以具体形象思维为主;四是开始能够接受一定的任务,形成一定的规则意识。中班幼儿主要是从动手玩乐中进行思维,缺乏通过词语逻辑进行思维的能力,如"为什么洗手要用肥皂"。此外,该时期的幼儿在已有感性经验的基础上,开始能对具体事物进行概括分类,但概括的水平还很低。其分类一般根据具体事物的表面属性(如颜色、形状),功能或情境等进行。因此,教师应针对幼儿的具体形象思维,加大教育活动直观性的力度,促进幼儿发展一定的规则意识。组织中班幼儿利用旧报纸、易拉罐等废品和筷子、塑料瓶、杯子等做模型,告诉幼儿环境保护可以从充分利用身边的废物做起。开设一节做模型的活动让幼儿发展动手能力,在学习有关环境保护知识的同时,还可以得到玩的乐趣。

大班(5～6岁)幼儿的语言表达能力明显提高,他们不仅能系统地叙述生活中的见闻,而且能生动地描述事物。幼儿在与成人和同伴的交谈中,以自我为中心的表达减少,能依据别人的言语调整谈话内容。幼儿看图讲述的能力也明显提高,在讲述时根据图片的内容想象角色的心理活动。但是在语言的概括能力、语言表达的逻辑性方面还存在个体差异。教师可带幼儿实地参观,如参观化学工厂,观看里面的操作过程,加深幼儿对环境污染危害性的认识,理解环境保护的重要性,从而养成爱护环境的习惯。

案例导入评析

幼儿学习语言颇具天赋,包括对母语之外的其他语言的习得。在自然情境中通过有趣的事件,幼儿能够很快熟悉词语,如一些常见的水果名称。

要组织好各领域的教学,首先,要了解各学科的内在知识体系和学科特点;其次,要考虑幼儿对不同学科的认知发展特点和学习特点;最后,要求教师具备多方面的知识,走专业化教学的道路。

幼儿园教师资格考试模拟测试

一、选择题

1. 以下选项除(   )外,都是影响字词识别的因素。

A. 词优效应

B. 字形结构与字词识别

C. 词频效应

D. 词量效应

2.(　　　)阶段的幼儿能在集合的界限以内感知集合，但他们还缺乏对集合所有元素的明确知觉，也不会注意集合中的每一个元素。

A. 泛化笼统的知觉　　　　　　　　　　　B. 感知有限集合

C. 感知集合元素　　　　　　　　　　　　D. 感知集与子集包含关系

3. 幼儿科学发现有两种，其中(　　　)是指幼儿能自由选择，可表现出内在的、继续前进的某种动力。

A. 自由发现　　　　　　　　　　　　　　B. 科学活动中的发现

C. 日常生活中的发现　　　　　　　　　　D. 教学活动中的发现

4. 在音乐心理能量结构中，(　　　)是把音乐音响内化或转化为身体张弛运动的能力，又称为节奏感。

A. 音乐感知能力　　　　　　　　　　　　B. 音乐记忆能力

C. 音乐想象能力　　　　　　　　　　　　D. 音乐运动能力

二、填空题

1. 阅读理解有两种方式：一种是根据字的外形特征直接获得意义，被称为直接理解；另一种是以字音为中介来获得意义，被称为_____。

2. 幼儿守恒能力的获得涉及相互性、同一性和_____三种逻辑的协调。

3. 幼儿的科学思维包括四种形式：混合思维、_____、前概念思维和概念思维。

4. 根据年龄的差异，幼儿绘画可分为两个阶段，其中第一个阶段是_____，在此阶段的幼儿能画出断断续续的线和各种曲线。

5. 在幼儿教学方法中，_____是教师在课堂上通过各种教具进行示范性表演，或通过现代化教学手段使幼儿获得感性知识的方法。

三、简答题

1. 幼儿学习感知集合的价值是什么？

3. 幼儿科学知识获得的建构主义理论是什么？

4. 幼儿绘画有哪些特点？

5. 幼儿的音乐心理是怎样产生与发展的？

6. 幼儿户外运动的价值有哪些？

7. 简述《幼儿园教育指导纲要(试行)》中关于科学教育的目标。

四、论述题

1. 结合实际说说教师怎样才能上好音乐课。

2. 结合实际谈谈如何开展幼儿环境教育。

3. 结合实际谈谈如何在一日生活中实现社会领域的教育目标。

五、案例分析题

1. 小贝小时候每当拿起笔在纸上写写画画时，父母就在旁边指点，这儿不好，那儿不对。后来小贝上了幼儿园，当其他孩子都很好奇地拿着笔在纸上画画时，小贝却无精打采，没有活力。幼儿园老师和他的父母交流，他们显得灰心丧气。

问题：分析小贝出现此种状况的原因，并找出解决办法。

2. 强强4岁了，喜欢自言自语。搭积木时，他边搭边说："这块放在哪里呢……不对，应该这样……这是什么……就把它放在这里当作门吧……"；搭完一个机器人后，他会兴奋地对着它说："你不要乱动，等我下了命令后，你再去打仗！"

问题：请根据幼儿言语功能发展的有关原理，对此案例加以分析。

专题十二 幼儿教学目标、活动设计与评价

学习目标

1. 了解教学目标的功能。
2. 掌握幼儿教育活动指导的基本模式。
3. 理解真实性评价的内涵。

学习要点

1. 教学目标
   教学目标的陈述
   教学目标的功能
2. 幼儿教育活动设计与指导
   幼儿教育活动设计
   幼儿教育活动指导
3. 幼儿教育的评价
   幼儿教育评价的含义
   幼儿教育评价的类型
   幼儿教育评价的新趋向

案例导入

在一次课堂活动中，张老师设计了"京剧脸谱"的主题活动。活动前，张老师先让幼儿同家长一起收集有关京剧的资料。在活动中，张老师首先请幼儿欣赏某京剧片段来引起他们的兴趣。然后介绍京剧是我国特有的戏剧艺术，并对京剧在我国的地位以及颜色的使用进行讲解。之后让幼儿按照模板设计一个自己喜欢的京剧脸谱，并引导其思考如何才能画得左右一致。活动气氛活跃，幼

儿兴趣盎然，最后张老师对他们的作品进行简要点评并加以鼓励。在活动中，幼儿不仅学习了京剧脸谱艺术，而且练习了"对称""夸张"等美术表现方式。京剧脸谱活动不仅激发了幼儿热爱中国脸谱艺术的情感，而且培养了他们对民族文化的自豪感。

　　问题：如何评价张老师的活动设计？

学习主题一
教学目标

一、教学目标的陈述 >>>>>>>>>>>>>>>>>>>>>>>>>>>>

　　传统方法所陈述的教学目标含糊不清，使人难以捉摸，被心理学家称为用魔术陈述的目标。这种目标很难指导幼儿的学习。为此，西方教育心理学界发起过克服教学目标含糊性的运动，此运动以《准备教学目标》一书的出版为标志。

（一）常见的三种教学目标

1. 行为目标

　　行为目标（behavioral objectives）是行为主义心理学家马杰提出的概念。他认为，行为目标有时也被称为作业目标（performance objectives），指使用可观察和可测量的行为陈述的目标。马杰提出，陈述较好的行为目标应具有以下三个要素。

　　①说明通过教学幼儿能做什么（或能说什么）。

　　②规定幼儿行为产生的条件。

　　③规定符合要求的作业标准。

　　例如，中班教育活动"熊宝宝穿衣服"的一个目标是"幼儿在成人的引导下能自己穿衣服"，这就是一个行为目标的陈述。例如，教学目标"通过教学培养幼儿的动手能力"就是一种十分含糊的说法，不能给教学及其评价提供具体指导。陈述较好的行为目标能明确地告诉人们：这里的动手能力意味着什么以及如何观察和测量这种能力。当然，行为目标虽然避免了用传统的方法陈述目标的含糊性，但它本身也有缺点。它过于强调行为结果而未注意到内在的心理过程，教师可能因此只注意到幼儿外在的行为变化，而忽视了其内在能力和情感的变化。

2. 内部过程与外显行为相结合的目标

　　认知心理学家认为，学习实质上是内在的心理变化。教育的真正目标不是具体的行为变化，而是内在能力和情感的变化。教师在陈述教学目标时，应该明确陈述诸如记忆、知觉、理解等的变化。但这些内在变化不能直接进行观察和测量，为了观察和测量这些内在变化，需要举出能反映这些内在变化的行为样例。例如，

> **行为目标：**
> 使用可观察和可测量的行为陈述的目标。

> **✎ 学习笔记**

> **想一想** 🌸
> 　　幼儿是以学知识为主的还是以发展能力为主的？这与教育目标有关系吗？

小班教育活动"小手真干净"的目标"幼儿充分体验自己洗手的乐趣,并能在饭前、便后及游戏之后主动洗手",便是内部过程与外显行为相结合的目标。

3. 表现性目标

为了弥补上述两种陈述目标的不足,艾斯纳提出了表现性目标(expressive objectives)。这种目标需要指明幼儿将要处理的问题及将要从事的活动,但不指定幼儿将从这些问题和活动中学到什么。也就是说,表现性目标规定了幼儿要做什么,但没有规定通过做什么而学到什么。例如,大班教育活动"神秘的动物园"的目标"幼儿参观动物园并讨论最感兴趣的动物"就是一个表现性目标。大多心理学家认为,这种目标只能作为教学目标具体化的一种可能的补充。

(二)克服教学目标含糊性的方法

图 12-1 利津游戏的场地

①教学目标应陈述幼儿的学习结果,包括言语信息、智力能力、认知策略、动作技能和情感态度,不应陈述教师该做什么。

②教学目标的陈述应力求明确、具体,可以观察和测量。在此,应尽量避免使用含糊的和不切实际的语言陈述目标。

③教学目标的陈述应反映学习结果的层次性。认知领域的教学目标应反映记忆、理解与运用(包括简单运用与综合运用)三个层次。当然,简单的目标容易具体化,高级目标如创造性思维、高级情感等难以具体化。人本主义心理学家认为,个人的感情和信息的个人意义是不能用行为术语来测量的。

二、教学目标的功能 >>>>>>>>>>>>>>>>>>>>>>>>>>>>>

(一)指导教学方法的选择与运用

在现实教学中,教学方法、技术、媒体的选择与运用取决于教学目标。皮连生的研究表明,如果教学目标侧重知识或结果,则宜选择接受学习,与之相应的教学方法是讲授法;如果教学目标侧重过程或探索知识的经验,则宜选择发现学习,与之相应的教学方法是教师指导下的发现法。[①] 历史上也有讲演法与讨论法的优劣之争。讲演法适合传递信息,讨论法适合改变人的信念或观念。所以,离开了教学目标,就很难比较教学方法的优劣。

(二)指导教学结果的测量与评价

一个活动、一个教学主题或一个教学单元的学习结束后,教师应该通过作业、自编的测验题来检验教学效果。最可靠和最客观的标准就是教学目标的完成度,教学结果的测量必须是以教学目标为基础的。

---

① 皮连生:《学与教的心理学》,228页,上海,华东师范大学出版社,1997。

(三)指导幼儿的学习

幼儿的学习一般是通过教学目标来引导的。教学目标可以引起幼儿的注意，使他们把注意力集中在要求完成的教学目标上。

学习主题二
幼儿教育活动设计与指导

一、幼儿教育活动设计 >>>>>>>>>>>>>>>>>>>>>>>>>>>>>>>>>

(一)幼儿教育活动设计的含义

幼儿教育活动是实现教育目的的手段，是有目的、有计划地引导幼儿主动参与多种形式活动的教育过程。幼儿教育活动包括生活教育活动、游戏活动和教学活动等。幼儿教育活动设计一般是指教师在尊重幼儿的身心发展规律、学习特点及了解和掌握幼儿的现有水平和发展需求的基础上，依据一定的教育目标，选择一定的教育内容和方法，对幼儿实施教育影响的方案。

> **幼儿教育活动：** 有目的、有计划地引导幼儿主动参与多种形式活动的教育过程。

资料库

关注学生的多样性

发展的普遍化应用在学生个体身上时可能会存在问题。进行与发展相适应的教学设计时需要对发展的实质有深入的理解。

1. 幼儿身体的发展、认知的发展和社会性的发展是相互影响的。例如，幼儿对同龄人认同的关注可能会影响他们在学习认知技能时付出的努力程度。

2. 同一年龄段的幼儿在发展方面存在差异。同一年龄段的幼儿在社会化程度、身体的成熟以及认知方面会有区别。在把对同一年龄段幼儿的期望运用到不同个体身上时要格外谨慎。

3. 一些能力可能比其他能力发展得更快。例如，一个幼儿的言语能力可能比他的社会能力发展得更快。所以，基于一种能力的发展对另一种能力的发展提出假设时要格外小心。

(二)幼儿教育活动设计应注意的问题

幼儿教育活动设计需要关注多个方面。

①必须以哲学、心理学和社会学等学科中有关幼儿发展心理和学习心理的理论观点为基础。

②必须具有促进幼儿身心发展的价值。

③应包括短期和长期两种目标。

④必须使用系统的方法。

⑤不以解决全部幼儿的发展问题为目的，应该有针对性地指向某一部分幼儿。

> **✎ 学习笔记**

案 例

区域混龄活动：小小足球运动员

一、活动目标

1. 在大带小活动中提高幼儿的社会交往能力。

2. 发展幼儿的腿部肌肉，提高幼儿的反应能力。

3. 在活动中增强幼儿的自我保护意识，提高幼儿的自我保护能力。

二、活动准备

球门、足球、两条弧线。

三、活动过程

1. 开始部分。

将幼儿集中到一起，教师讲解玩法及要求。

2. 基本部分。

(1)指导幼儿进行混龄游戏：小班幼儿在第一条线(离球门近的一条线)外踢足球射门，中班幼儿在第二条线外踢足球射门，大班幼儿轮流守门。

(2)要求：射门队员及守门队员排队轮流充当。

3. 结束部分。

4. 讲评活动。

(三)幼儿教育活动设计的模式

学习笔记

①递进式模式(见图12-2)，指将某内容分成若干阶段，逐步推进的教育活动设计形式。

图 12-2　递进式模式

②放射式模式(见图12-3)，指通过各种渠道完成主要内容的教育活动设计形式。

图 12-3　放射式模式

③立体式模式(见图12-4)，指将某一主要内容分解为若干子内容，再将子内容分解为若干次子内容的教育活动设计形式。

图 12-4 立体式模式

④网络式模式，指将递进式、放射式和立体式结合起来形成的教育活动设计形式。

二、幼儿教育活动指导 >>>>>>>>>>>>>>>>>>>>>>>>>>>>>>>

（一）幼儿教育活动指导的基本模式

1. 对应教育目标的教育活动指导模式

乔以斯等人将教育活动模式分为四类：信息加工类、社会交往类、个人发展类和行为训练类。他们认为应根据不同活动模式进行相应的教育指导。

2. 对应知识类型的教育活动指导模式

皮特斯认为，知识可分为陈述性知识、程序性知识和条件性知识三类，因此相应的教育活动指导模式也可分为三类。

（1）呈现模式

呈现模式由菲茨在 1969 年提出。在教育活动指导中，它主要涉及呈现信息和操练技能等知识的教育活动指导，具体分为认知、联系或整合和自动化三个阶段。在认知阶段，幼儿要理解任务和要求；在联系或整合阶段，教师可以采用集中练习和分散练习的策略；在自动化阶段，主要是教会幼儿熟练、连贯地完成动作技能。这一教学模式采用的是陈述性策略：首先呈现知识，其次转换成程序，最后在任务情境中操练、检测和迁移。

（2）行动模式

行动模式常用于培训的情境，强调的是模仿学习和遵循示范，即当学徒。近年来，这种模式也被称为认知学徒法，其依据在于知识技能的学习发生于其运用的情境中，强调归纳相关的认知过程和练习，让幼儿在环境中解决真实的问题。

（3）探究模式

探究模式强调创设幼儿自由探索和实验的学习环境。此时幼儿需要提出假设，并分析问题和检验解决方案的合理性。这个模式关注幼儿概括、迁移能力的培养，重视将现有的问题解决技能运用到新的情境中，突出条件性知识对探究过程的调节作用，重视幼儿在教育活动中的主动性和自觉性，鼓励幼儿承担自主学习的责任。

（二）幼儿教育活动指导的发展趋势

幼儿教育活动指导可分为外部指导和内部指导两种，即幼儿园教师对幼儿学习的指导和幼儿的自我指导。幼儿教育活动指导的趋势是由具有传统教育理念典型特

🔗名人点睛

一个好的教师，是一个懂得心理学和教育学的人。
——苏霍姆林斯基

征的指令性指导向作为现代教育发展基本趋势的指向性指导过渡，表现为：

①教育过程已由教师向幼儿的垂直传授转向教师与幼儿之间的平等对话。

②幼儿学习已开始由被动接受转向主动构建。

③教师的角色发生了很大改变，强调教育过程中教师的主导性和幼儿的主体性。

学习主题三 幼儿教育的评价

一、幼儿教育评价的含义 >>>>>>>>>>>>>>>>>>>>>>>>>>>>>

> **幼儿教育评价：**
> 把教育活动中幼儿所有行为和人格的变化对照一定的标准进行判断的过程。

> **学习笔记**

幼儿教育评价是把教育活动中幼儿所有行为和人格的变化对照一定的标准进行判断的过程。幼儿教育评价具有以下三个特点。

第一，评价主体多元化，应积极支持园长、教师、家长和幼儿多方参与评价。

第二，评价内容生活化，幼儿一日生活诸方面皆可作为评价内容。

第三，评价技术多样化，定性描述与定量测验相结合。

要构建一个较为完整的幼儿教育评价框架，必须把握以下三点。

第一，幼儿有其独特的需要、生活背景、兴趣和学习方式，幼儿教育不像小学教育，有教科书、课程指南和严格的时间安排。

第二，幼儿学习偏于做中学和发现学习，幼儿的接受学习比起小学生要少许多，因此对学习过程的评价是很重要的。

第三，幼儿教育重视幼儿的整体发展，包括认知、情感、社会、身体诸方面的发展，而小学教育重视认知的发展。

二、幼儿教育评价的类型 >>>>>>>>>>>>>>>>>>>>>>>>>>>

> **诊断性评价：**
> 在教育活动之前进行，目的是了解幼儿的现有水平，以便为教学活动做准备的评价方式。

> **形成性评价：**
> 在教育活动过程中进行，以了解教育目标完成的程度和幼儿学习中的问题为目的，以便调整教育活动的评价方式。

（一）按评价的功能分类

1. 诊断性评价

诊断性评价也称准备性评价或配置性评价，是在教育活动开始之前进行，目的是了解幼儿的现有水平，以便为教学活动做准备的评价方式。评价的内容除认知外，还有情感等。例如，在幼儿刚入园时，对幼儿的身心发展情况进行测试，以便了解幼儿已有的发展水平和情感状况，为制订教育计划及方案奠定基础。

2. 形成性评价

形成性评价也称诊断进步评价或进展评价，是在教育活动过程中进行，以了解教育目标完成的程度和幼儿学习中的问题为目的，以便调整教育活动的评价方式。形成性评价能够指导幼儿的学习，帮助幼儿发现不清楚的知识点。例如，幼儿园定期对幼儿的身心发展情况进行测试，以便获得改进保教工作的依据。

3. 终结性评价

终结性评价也称总结性评价，是在教育活动结束后进行，以评定教育目标完成情况为主要目的的评价方式。例如，在幼儿即将毕业时，幼儿园对幼儿的身心发展情况进行测试，以评定幼儿在幼儿园阶段的发展状况，预测其未来发展的可能性，这便是终结性评价。

4. 形成性评价和终结性评价的区别

①形成性评价在学习过程中进行，终结性评价在学习完成后进行。

②形成性评价在教育过程中多次进行，终结性评价在教育活动结束后进行。

③形成性评价能发现个人的学习目标，终结性评价通常包括长期的学习目标。

④形成性评价能反映幼儿的个人进步，终结性评价是对总体教育目标的达成情况、教育方法的有效性和适当性进行的评定。

⑤形成性评价测查的是一个单元等的学习情况，终结性评价测查的是一门课程或一个学期的学习情况。

（二）按评价的参照体系分类

1. 相对性评价

相对性评价也称常模参照评价，是将个体成绩与同一团体的平均成绩或常模相互比较，从而确定其成绩的适当等级的评价方式。相对性评价没有绝对不变的参照标准，反映的是某一集合内各个对象所处的相对位置。例如，红红在某幼儿园大班，该班幼儿连续拍皮球的平均数是 50 个，红红最多能连续拍 30 个，那么红红在拍皮球方面的发展是比较弱的。这便是一种相对性评价。相对性评价的优点如下：

①提供了明确的标准，成绩测验中减少了教师的主观判断。

②可以发现个体差异。

③可以激发幼儿学习的外部动机，亦可作为编班、选材的依据。

相对性评价的缺点是不太重视幼儿的努力状况及进步程度。

2. 绝对性评价

绝对性评价以了解幼儿的达标程度为目的，其参照标准是根据教育活动目标在测量之前就确定了的。绝对性评价是在集合之外依照一定的目标和原则确定一个绝对的标准，将评价对象与这个标准进行比较的评价方式。例如，幼儿园在学年初会针对幼儿制定相应的发展目标，学年终期以这个目标为标准对幼儿进行测试，从而了解幼儿的整体发展状况，这就是绝对性评价。这种评价的优点是：

终结性评价：
在教育活动结束后进行，以评定教育目标完成情况为主要目的的评价方式。

学习笔记

相对性评价：
将个体成绩与同一团体的平均成绩或常模相互比较，从而确定其成绩的适当等级的评价方式。

绝对性评价：
在集合之外依照一定的目标和原则确定一个绝对的标准，将评价对象与这个标准比较的评价方式。

①有助于了解幼儿完成教育活动目标的情况。

②有助于了解幼儿学习内容完成的具体情况。

③有助于激发幼儿的竞争意识。

3. 个人内评价

个人内评价是指比较同一个体在同一教育活动中或不同教育活动间成绩或能力差异的评价方式。它将被评价对象现在和过去的情况或自身不同的侧面进行比较。例如，小蕊上了中班之后相比于在小班时的词汇量增加了许多，而且说话越来越完整了，说明小蕊的语言能力有了很大的发展。这是一种个人内评价。个人内评价不像绝对性评价和相对性评价那样具有某种共同的标准，而是依据个人标准进行的。其优点是有利于教师深入了解幼儿的个体差异，也可作为因材施教和个别化教育指导的依据。个人内评价包括以下两种情况。

①横向评价，指在同一时间里，对幼儿在教育活动中所具有的特性进行比较，包括对态度、兴趣、能力等的比较；不同主题活动中的成绩比较；同一主题中的能力比较。

②纵向评价，指对幼儿在不同时期教育活动中的表现进行前后对比，以便使教师了解幼儿进步的状况。

（三）按评价的主体分类

1. 自我评价

自我评价是被评价者参照一定的评价标准对自身所做的评价。自我评价是帮助被评价者更好地认识自我、分析自我，从而促进被评价者自我提高的过程。

2. 他人评价

他人评价是被评价者之外的任何组织或个人对其进行的评价。

三、幼儿教育评价的新趋向 >>>>>>>>>>>>>>>>>>>>>>>>>>

（一）传统测验与评价的问题

传统测验涉及以下术语：成就测验、态度测验、能力测验、智商测验、项目分析、平均数、常模、正态分布曲线、百分点等，这些术语基本属于标准化测验的范畴。传统测验在评价中使用的是常模参照，即评价结果与总体的统计分布特征相关。这种评价的假设以所有的评价项目、设施或情境的总体都是同质的为前提下，因此这种评价存在一定的局限。例如，想了解一个幼儿的焦虑水平，需要对该幼儿及引起焦虑的特定情境进行分析。

对传统测验进行评价时要注意以下几个方面。

①测验常被认为可以激励幼儿，但其负面影响大。在测验中存在文化方面的偏差，有些幼儿付出了极大努力却得到了很低的分数，这种评价方式将挫伤幼儿的学习积极性。

②测验成绩作为评定教师工作的标准，会对教学产生不利影响。因为这种评价结果会使教师产生压力，不得不为应付测验而进行教学。

③将测验成绩作为评定幼儿的指标，实际上是不全面的。应该强调测查幼儿的实际应用、问题解决等能力，注意评价幼儿在学校里各方面的表现。

④标准化测验所测查的知识是很明确的，但可能会误导教师，使教师不得不为测验分数而教，从而失去师幼互动的机会。

⑤一般认为标准化测验是促进幼儿智力发展和取得进步的有效方法，但实际情况并非如此。因为：一是学习基于学习者的积极参与；二是学习者以不同的方式和不同的速度学习；三是学习既是个体活动也是团体活动。

（二）真实性评价：一个新的趋向

1. 真实性评价的含义

真实性评价指在真实环境中评价幼儿的表现，它与课堂实践联系密切，其评价对象是幼儿学习过程中有意义的、重要的经历。真实性评价的特点包括以下几点。

①实施多种模式的评价。

②鼓励多种形式。

③容忍带有矛盾性观点的答案。

④激活幼儿学习知识的各种途径。

⑤针对现实生活问题的解决。

2. 真实性评价对幼儿发展的意义

①有利于幼儿掌握应用于真实生活世界的知识。

②评价结果不能反映幼儿的天赋和能力，但与幼儿的努力相联系。

③使幼儿通过联系现实生活牢固地记忆所学的知识。

④能激发幼儿学习的动机。

⑤所考查的内容与幼儿课外生活联系紧密。

⑥使幼儿希望学习更有意义的主题。

⑦激发幼儿的批判性思维。

3. 真实性评价的形式

(1)运用成长记录袋

成长记录袋是一种评价幼儿学习的方法，将学习主题与幼儿的生活联系起来，在进行作品评定过程中，幼儿与教师可以充分沟通与交流。在建立成长记录袋过程中，教师可以了解在具体的课堂教学中幼儿获得了什么。这种评价方法可以评价幼儿的个体差异，使幼儿在了解自己的学习过程中获得自信。运用成长记录袋的过程如下。

①将幼儿分成小组，集体讨论并提出与教学有关的问题。

②将问题列出来，每一个问题都要让幼儿去讨论。

③让幼儿修改他们所选择的问题，明确问题并找出问题的关键。

④教师与幼儿协商，并让幼儿对问题做出回应。要让幼儿知道，每隔一段时间教师就会要求他们对学习问题进行反馈。

⑤建立一份自我评价表，让幼儿自己打分，该分数占总分的10%～15%。

成长记录袋也可包括各种学习痕迹，如录像、光盘、作业本等。运用这种评价方法可以使幼儿获得极大的进步。

(2)制定学习契约

学习契约是在课堂中进行的真实性评价，是关于幼儿学习所达成的共识和预期，促使幼儿、教师和家长都能意识到要完成的工作、需要达到的预期结果和所采取的评价标准。制定学习契约可以使评价满足每个幼儿的学习需要。学习契约的内容包括：①学习的结果是什么；②幼儿预期要完成的任务是什么；③新的知识、技能是怎样呈现的，幼儿怎样掌握这些内容；④为学习任务的完成制定日期；⑤制定学习的评价标准。

这种契约包括教师评价和幼儿自我评价两个方面。幼儿自我评价可以使幼儿更全面地了解所学课程的内容，发现自己的优缺点，重视自己的学习进步。为了提高幼儿自我评价的能力，要引导幼儿进行定期反思。例如，思考以下问题。

遇到了哪些问题？

哪些问题还没有解决？

个人的能力如何？

认识到自己有哪些不足之处？

原来的学习计划有无改变？

(3)个人表现与小组成就相联系

①学习小组内部冲突的解决。

在小组学习中，难免会出现学习上的分歧和争论。解决好冲突会使小组的凝聚力增强，使大家在思想上取得进步，并获得对问题的深刻理解。解决小组冲突要注意以下几点。

一是要倾听每个幼儿的声音。真诚地倾听可以增强幼儿的自信心、认同感和成就感。当幼儿以开放的态度倾听他人的观点时，问题就容易得到解决。要至少接纳每个幼儿的一种想法，鼓励每个幼儿发表意见。

二是要明确责任。明确每个幼儿应该做的事情和共同目标，帮助幼儿树立团队责任意识。

三是要尊重每个幼儿的价值。能够描述每个幼儿的长处，确认每个幼儿喜欢做的事，鼓励每个幼儿克服短处、发挥长处。

四是树立榜样。榜样能够为小组中的幼儿提供可观察、模仿的正确解决冲突的行为方式。

五是幽默。同伴们在一起大笑，不嘲笑彼此的缺点。

②检查记录卡，相互进行评价。

在小组学习中，幼儿之间检查记录卡，彼此分享不同的观点，评价彼此的作品。幼儿比较喜欢在小组活动中进行个人与同伴的评价。通过与同伴的比较，幼儿能更全面地了解自己的优缺点。

(三)高质量评价的关键条件

任何一种高质量的评价模式都必须满足10个关键条件。

①评价必须与教学目标一致。

②评价包括对学习过程和结果的测评。

③表现性评价活动不是评价本身。

④将评价方式与教学结果、课程内容整合到一起。

⑤幼儿学习的整合和活动观要求评价综合化和复杂化。

⑥评价方案的设计取决于评价目的，用于评分和监控幼儿进步的方案与用于诊断和提高的方案之间存在一定的差别。

⑦有效评价的关键是任务和预期学习结果之间的匹配程度。

⑧评价幼儿表现的标准很重要，如果没有标准，评价仍是孤立的、插曲式的活动。

⑨评价结果能为幼儿的学习情况提供大量的反馈信息，以供教师进行教育决策。

⑩评价系统应包括过去一直使用的多种方法。

案例导入评析

"京剧脸谱"的主题活动属于艺术课程。幼儿通过欣赏京剧片段，体会京剧的艺术之美。在活动中，教师及时介绍京剧知识，便于幼儿接受和理解；同时，不失时机地使用夸张的颜色，引导幼儿按照模板设计自己喜欢的京剧脸谱，让幼儿练习对称、夸张等美术表现方式。这是一个较为成功的设计案例。当然，还可以结合语言表述和艺术再现，让幼儿进一步体会艺术的真谛和民族文化的精髓与奥秘。

在海上航行的船如果没有指南针就会迷失方向，在沙漠里如果没有太阳就很容易迷路，任何一件事没有目标就如同航行没有指南针，沙漠里没有太阳，幼儿教育更是这样。幼儿教育目标指引着幼儿教育的方向。有了明确的目标，还需要有好的教育活动设计来实现目标。幼儿的发展是多方面的，从单一方面来评价幼儿是片面的、不准确的。现代教育评价理论为幼儿教育评价提供了很多科学理念和做法。

幼儿园教师资格考试模拟测试

一、选择题

1. (   )模式是将某一主要内容分解为若干子内容，再将子内容分解为若干次子内容的教育活动设计形式。

A. 递进式   B. 放射式

C. 立体式   D. 网络式

专题十二　云测试

2. 在幼儿教育评价中，（　　）是在教育活动过程中进行，以了解教育目标达到程度和幼儿学习中的问题为目的，以便调整教育活动的评价方式。

A. 诊断性评价　　　　　　　　　　B. 形成性评价

C. 终结性评价　　　　　　　　　　D. 总结性评价

3.（　　）的参照标准是根据教育活动目标在测量之前就确定了的，此类评价的目的在于了解幼儿的达标程度。

A. 个人内评价　　　　　　　　　　B. 个体间评价

C. 绝对性评价　　　　　　　　　　D. 相对评价

二、填空题

1. 西方教育心理学界曾发起克服教学目标含糊性的运动，以_____一书的出版为标志。

2. _____是将递进式、放射式和立体式结合起来形成的教育活动设计形式。

三、简答题

1. 如何进行幼儿教育活动设计？

2. 如何对幼儿教育活动情境或环境进行评价？

3. 在小组学习中解决小组冲突的方法是什么？

4. 克服教学目标含糊性的方法有哪些？

四、论述题

1. 结合实际谈谈如何克服教学目标的模糊性。

2. 结合实际谈谈如何运用真实性评价。

3. 结合实际谈谈如何对幼儿教学活动的效果进行评价。

五、案例分析题

1. 孩子们正在建筑区活动，这里有各式各样的积木。他们正在用这些积木搭建一个动物园。小辛和小迪正在为动物园的笼子是否应该上锁争论不休。小费大声说道："坏的动物应该被锁起来，好的动物要让它们自由活动。"小雷问："怎样才能区分动物的好与坏？"

老师开始听孩子们讨论，哪些动物是坏动物。"动物园建设者"小楠提议，他们应该重新规划动物园，让好的动物在一侧，坏的动物在另一侧。其他小朋友似乎都很赞同这个意见，于是他们重新放置。随着动物园规模的扩大，其他小组的孩子也加入了进来。

老师花了一些时间快速地记录下发生在课堂上的趣事，之后把它们整理成书面资料。在记录中，老师发现不同的孩子拥有不同的能力、特长和兴趣。

问题：怎样评估每个孩子的能力和特长？

2. 在大班下学期，李老师发现幼儿普遍对小学的学习生活不够了解，一些幼儿对上小学有些担心。于是，教师准备开展"我要上小学"的主题活动，希望通过各种形式的活动，增进幼儿对小学生活的了解，帮助幼儿进一步做好进入小学的心理准备。

问题：请根据李老师班级的情况，设计"我要上小学"的主题活动。

要求：

(1)写出主题活动的总目标。

(2)围绕主题设计三个子活动，写出其中一个子活动的具体方案，包括活动名称、目标、准备和主要环节。

(3)写出另外两个子活动的名称、目标。

专题十三 幼儿活动室的管理、环境设计与教育技术

学习目标

1. 了解群体心理的动力表现。
2. 理解活动室的结构和常规类型。
3. 了解技术在幼儿教育中的运用。

学习要点

1. 活动室的群体管理与常规管理
   活动室的群体管理心理
   活动室常规与活动室结构
2. 活动室的环境设计
   教学设计的相关理论
   活动室环境设计的原则与要求
3. 技术与幼儿教学
   技术与教育技术的概念
   技术在幼儿教育中的心理价值
   现代教育技术在幼儿教育中的教学价值
   技术在幼儿教育中的运用

案例导入

区域活动开始了，幼儿根据自己的喜好选择了不同的区域玩游戏。姚老师发现，创想区一个人也没有，于是问："谁愿意去创想区玩啊？"可是没有人理睬。他又提高了嗓门："今天谁愿意去玩纸箱啊？"小雨举手说："我去吧。"还有几个幼儿也陆续响应了。但是他们没玩多久就不玩了。见此情况，姚老师把游戏的玩法从头到尾给大家讲了一遍，并分配了不同的角色。在姚老师的帮助下，创想区里的"纸箱加工厂"又顺利地开展起来。但是在活动进行到一半时，创想

区里便乱成一团，他们都在玩"开小汽车"的游戏。看到姚老师过来了，他们又赶紧玩起了纸箱，嘴里还不停地说："一点儿都不好玩。"

问题：根据幼儿的反应，分析创想区"纸箱加工厂"游戏的设置是否合理，应该怎样做呢？

学习主题一
活动室的群体管理与常规管理

教师在活动室教学中应创设必要的环境条件和活动程序，吸引幼儿积极参与，使他们与教师合作，消除活动室内发生的冲突，矫正问题行为。活动室管理对教学和评价有制约作用。在幼儿园中，园长的领导类型、班集体的规模、班集体的性质都会影响活动室的管理。

一、活动室的群体管理心理 >>>>>>>>>>>>>>>>>>>>>>>>>>>>>

（一）活动室里的群体及其对个体的影响

> **群体：**
> 人们以一定方式的共同活动为基础而结合起来的联合体。

所谓群体，是指人们以一定方式的共同活动为基础而结合起来的联合体。在活动室内，幼儿群体会对个体行为产生巨大的影响。1920年，奥尔波特让被试分别在单独情境和社会情境里进行作业，结果表明，被试在社会情境里进行连锁联想、乘法运算、解决问题以及思维判断等活动所取得的成绩要比单独一个人好。像这种群体对个人活动所起的促进作用，被称为社会助长作用。可是，有时群体会对个人活动起社会阻抑作用。社会阻抑作用即个人和他人一起做一项工作时，做得又慢又差，是一种由于他人在场或与他人一起活动，造成行为效率下降的现象。

幼儿群体对个体活动产生助长作用还是阻抑作用，取决于以下四个因素。

①活动的难易程度。如果幼儿所从事的是简单的活动，其他成员在场会使他们表现得更加出色。如果所从事的是复杂的活动，其他成员在场则会起到阻抑作用。

②竞赛动机的激发。当他人在场时，个体的求成动机容易转化为竞赛动机。一旦个体希望自己做得比别人好，其他成员在场容易起到促进作用。

③被他人评价的意识。当个体本着希望得到老师及同伴好评的目的进行活动时，其他成员在场容易起到促进作用。

④注意的干扰。其他成员在场会引起活动者的注意分散，容易起到阻抑作用。

（二）正式群体与非正式群体的协调

1. 正式群体

> **正式群体：**
> 由教育行政部门明文规定的群体，其成员有固定的编制，职责权利明确，组织地位确定，如幼儿园班级。

正式群体是由教育行政部门明文规定的群体，其成员有固定的编制，职责和权利明确，组织地位确定，如幼儿园班级。正式群体的发展经历了松散群体、联合群体和集体三个阶段。

①松散群体。幼儿只在空间和时间上结成群体，成员间尚无共同活动的目的和内容。

②联合群体。成员的活动已有共同目的，但活动还只具有个人意义。

③集体。这是群体发展的最高阶段，成员间的共同活动对每个成员不仅有个人意义，还有重要的社会意义。

2. 非正式群体

在正式群体内部，幼儿会在相互交往的基础上形成以个人兴趣爱好为联系的纽带，结成一种具有强烈感情色彩的非正式群体。活动室里的非正式群体主要是同伴群体，比较常见的有朋友关系、小集团等。非正式群体对个体的影响是积极的还是消极的，主要取决于非正式群体的性质以及与正式群体目标的一致程度。

3. 协调正式与非正式群体之间关系的措施

第一，要不断巩固和发展正式群体，使本班幼儿之间形成共同的目标和利益，产生共同遵守的群体规范，并以此协调幼儿的行为，满足成员的归属需要和实现彼此之间的相互认同，使班级成为坚强的集体。

第二，要正确对待非正式群体。对于积极型的非正式群体，要支持和保护。对于中间型的非正式群体，要持慎重的态度，积极引导。对于消极型的非正式群体，要教育、争取和引导。

（三）群体心理动力的表现和利用

不管是正式群体还是非正式群体，都有群体凝聚力和群体规范、活动室气氛，以及在相互交往基础上形成的吸引与排斥、竞争与合作等人际关系，这些影响群体与成员个人行为发展变化的力量总和就是群体心理动力。

1. 群体凝聚力和群体规范

群体中服从的结果趋于行为的一致性，容易出现群体思维，使群体具有很高的凝聚力。群体凝聚力指群体对每个成员的吸引力。关系融洽、凝聚力强的班级会使其成员产生强烈的自豪感和认同感，有利于教学任务的完成；而同伴间关系紧张、凝聚力弱的班级，会使其成员灰心丧气，不利于教学任务的完成。所以，群体凝聚力常常成为衡量一个班集体的重要标志。群体规范是约束群体内成员的行为准则。规范的形成是成员约定俗成的结果，受模仿、暗示和顺从等心理因素的制约。群体规范的形成经历以下三个阶段。

图 13-1　上海市万荣幼儿园

①成员相互影响，每个成员发表自己对某一事物的评价与判断。

②出现一种占优势的意见。

③趋同倾向导致评价、判断和相应行为的一致性。

2. 活动室气氛

教室里的座位和布置等可以说是硬情境；活动室气氛则是软情境，通常是指活动室里某些占优势的态度与情感的综合状态。活动室气氛影响师幼之间的互动。通常情况下，活动室气氛可以分成三种。①

积极的活动室气氛是安静与活跃、热烈与深沉、宽松与严谨的有机统一。营

---

① ［美］申克：《学习理论：教育的视角》，韦小满等译，414 页，南京，江苏教育出版社，2003。

学习笔记

群体凝聚力：
群体对每个成员的吸引力。

活动室气氛：
活动室里某些占优势的态度与情感的综合状态。

造积极的活动室气氛可参考以下建议。

①以情动人，感染幼儿。教师要以积极的情绪感染幼儿。

②趣味教学，激发兴趣。关注教学中的趣味性，以激发幼儿的兴趣。

③发现幼儿的点滴进步，及时给予鼓励，增强幼儿的信心。

④任务设置难易适度，维持活动的激情。

消极的活动室气氛通常以紧张拘谨、心不在焉、反应迟钝为基本特征。

对抗的活动室气氛则是失控的气氛，如幼儿过度兴奋、随便插嘴、故意捣乱等。

3. 教师在群体心理动力中的作用

（1）教师的领导方式

教师的领导方式是教师用来行使权力与发挥其领导作用的行为方式。勒温将教师的领导方式分为集权型、民主型和放任型三种。民主型教师会起到积极的作用。民主型领导方式的特点包括平等的师幼关系、热爱幼儿、多维度的评价体系、支持和引导幼儿、能够与幼儿真诚合作等。

（2）教师的移情

教师的移情是指教师将自身的情绪或情感投射到幼儿身上，感受幼儿的情感体验，并引起与幼儿相似的情绪反应。移情的教师会使幼儿更多地参与活动室活动，获得较高的成就感。

（3）教师的期望

教师的期望包括接受、反馈、输入和输出。教师的合理期望是指以幼儿身心发展的基本规律和学习特点为出发点，教师对幼儿在德智体美劳五大领域的发展水平以及学习效果的适度预期或希望。合理期望影响教师的教学态度和行为。例如，教师允许幼儿提问和回答问题，耐心倾听幼儿回答问题等，都会对活动室氛围产生积极的影响。

（4）教师的焦虑

焦虑是教师对当前或预计到的对自尊心有潜在威胁的任何情境所具有的一种类似于担忧的反应倾向。教师的焦虑水平过低，会缺乏激励力量，容易形成消极的活动室气氛；教师的焦虑水平过高，会使幼儿变得忧心忡忡，做出不适当的反应，形成消极、紧张的活动室气氛。

二、活动室常规与活动室结构 >>>>>>>>>>>>>>>>>>>>>>>>>>>

（一）活动室常规的概念及功能

为了维持正常的教学秩序，协调幼儿的行为，最终实现活动室目标，必然要求幼儿共同遵守活动室行为常规，从而形成活动室常规。常规是对幼儿活动室行为所施加的准则与控制。若幼儿从外部对自己的行为施加准则与控制，就是外在常规，即他律。若幼儿从内部对自己的行为施加准则与控制，就是内在常规，即自律。常规的发展是他律转化为自律的过程。

1. 活动室常规的功能

①活动室常规有助于幼儿的社会化，使幼儿了解在各种场合受赞同或默许的行为准则。

教师的移情：
教师将自身的情绪或情感投射到幼儿身上，感受幼儿的情感体验，并引起与幼儿相似的情绪性反应。

②活动室常规有助于幼儿人格的成熟，使幼儿在对社会要求与期望做出反应的过程中，形成独立、自信、坚持、忍受挫折等成熟的人格品质。

③活动室常规有助于幼儿道德准则和道德义务的内化，使幼儿把外部的行为准则与自己的自觉要求有机结合起来。

④活动室常规有助于幼儿产生安全感，避免对自己的行为感到迷惑和担心，减少过度焦虑。

2. 活动室常规的类型

根据活动室常规形成的原因，活动室常规可以分为以下四种类型。

(1)教师促成的常规

为了给予幼儿较多的监督和指导，教师为他们的学习设置了一个有结构的情境。这样的结构就是教师促成的常规。这种常规包括同情、理解、调解、协助、支持、征求和采纳幼儿的意见等。

> **教师促成的常规：**为了给予幼儿较多的监督和指导，教师为他们的学习设置了一个有结构的情境。

(2)集体促成的常规

同伴集体在幼儿的社会化方面起着越来越大的作用，表现为：①同伴集体不仅为其提供了一种新的价值观念与行为准则，而且为其提供了作为一个独立自主的人来行事的体验，找到了保持安全感的新源泉；②同伴集体的行为准则为幼儿提供了道德行为的新参照点，避免了幼儿在思想、情感和行为方面的不确定性、无决断力、内疚感和焦虑。

(3)任务促成的常规

幼儿卷入任务的过程，就是接受常规约束的过程。

(4)自我促成的常规

当幼儿能够正确地评价自己的和集体的行为准则，并在此基础上发展新的、更好的集体准则时，说明幼儿已经形成了自我促成的常规。当这种外部的常规控制被个体内化为个人自觉的行为准则时，自律便出现了。

> **自我促成的常规：**幼儿能够正确地评价自己的和集体的行为准则，并在此基础上发展新的、更好的集体准则。

(二)活动室结构

在教师的指导下进行学习的幼儿、学习过程和学习情境是活动室的三大要素。这三大要素相对稳定的组合模式就是活动室结构，包括活动室情境结构与活动室教学结构。

1. 活动室情境结构

(1)班级规模的控制

心理学研究表明，班级规模越大，幼儿的学习效果越差。当班级规模超过25人时，班级规模对教师态度的消极影响会更加明显。过大的班级规模限制了师幼交往和幼儿参加活动室活动的机会，阻碍了活动室教学的个别化，并可能导致较多的常规问题，从而间接地影响学习效果。

(2)活动室常规的建立

活动室常规是每个幼儿都必须遵守的基本的日常活动室行为准则。上课、发言、教室整洁等方面的常规赋予幼儿的

图 13-2　中华女子学院附属实验幼儿园

行为以一定的意义，使幼儿明白行为所依据的价值标准，具有约束和指导幼儿活动室行为的功能，从而使活动室行为常规化。当活动室常规真正被幼儿采纳和接

受时，便逐渐被内化为幼儿自觉行为的内部观念。

（3）幼儿座位的分配

在分配幼儿的座位时，教师主要关心的是减少活动室的混乱。人际关系和谐有助于活动室常规的维持。当幼儿的座位被调到前排或中间位置时，大多幼儿能感受到教师的关注和重视，体验到教师对自己有较高的期望，容易集中注意力。而当座位被调到左右两边或后面时，幼儿常有被教师忽视之感。让调皮的男孩与文静的女孩坐在一起，可能会比较有效地控制男孩的行为。[1]

2. 活动室教学结构

（1）教学时间的利用

幼儿在活动室里的活动可以分为学业活动、非学业活动和非教学活动三种。在通常情况下，用于学业活动的时间越多，学业效果越好。由教师支配的时间分为以下四种。

①教师支配的总时间，指幼儿园为完成学习任务安排给教师的时间。

②教学时间，指教师在完成活动室常规和教学组织后用于教学的时间。

③幼儿参与的时间，指在教学中引起幼儿积极关注或学习的时间。

④学习时间，指幼儿花费在学习任务上并获得成长的时间，不包括幼儿听不懂或理解错误的时间。

在日常教学管理中建立完善的活动程序，有效地将幼儿吸引到学习上来，使花费在维持常规上的时间减到最少。

资料库

制定课堂常规指南

1. 尽早制定规章，最好在学年初期。

2. 让幼儿参与规章的制定并明确为什么这些规章很重要。

3. 限制规章的数量。

4. 以简短明确的措辞果断地宣布规章。规章必须传达所期望的行为，而不是不合适的行为。

5. 明确奖励和惩罚。

6. 把规章张贴在教室里。

7. 经常练习和回顾这些规章，尤其是在学年初期。

8. 在学年初期告知家长这些规章和期望，可以通过信件、电子邮件、家长会或者班级网络平台来完成。

9. 注意这些规章必须随幼儿的年龄和成熟水平而变化。

10. 遵守课堂规章，如靠内侧行走、低声说话等。

11. 服从指示，如通过语言让他人明白你的需要，友好待人。

（2）日程表的编制

日程表是使活动室教学有条不紊地进行的重要条件。对于日程表的编制，首先，尽量将核心教育活动安排在幼儿精力充沛的上午，将轻松的活动安排在下午。其次，将形象性的与抽象性的学习活动交错安排，避免同类刺激长时间作用于大脑皮层的同一部位而导致疲劳和厌烦。

[1] 皮连生：《学与教的心理学》，336 页，上海，华东师范大学出版社，1997。

（3）教学过程的规划

教学过程的合理规划是维持活动室常规的又一个重要条件，不少常规问题是教学过程的不合理规划造成的。

学习主题二
活动室的环境设计

一、教学设计的相关理论 >>>>>>>>>>>>>>>>>>>>>>>>>>>>>

社会文化理论认为，知识是教师和幼儿共同学习的文化工具。幼儿的学习是在多种技术手段以及认知、社会交往活动的支持下进行的。

环境心理学理论认为，人的心理是受周围环境影响的。这个理论关注人们对实际环境的认识与理解，以及人们生活的物质环境与社会环境的整体关系。

图 13-3　锡林浩特市民族幼儿园

教师可以运用这些心理学原理来设计活动室的物理环境。教师在活动室环境设计上应注意以下几点。

第一，有利于幼儿在某一时间应采取的行为的产生。

第二，使学习内容具体、直观，包括系统的观念模型、可选择的行为方式及行动后果。

第三，便于评估当前状态。

第四，遵循目的与所需行为之间、行为与结果之间以及可视化信息与系统解释之间的自然路线。

二、活动室环境设计的原则与要求 >>>>>>>>>>>>>>>>>>>>>

活动室是吸引人注意的场所，要顾及室内色调、气味以及计划开展的活动等。影响活动室设计的因素有很多，如幼儿园周围的社区及其文化教育的价值观和期望。

（一）活动室环境设计的原则

活动室环境设计的原则包括以下几条。

一是使用不同的方式表述教学内容，如文本、图片、模型等。

二是提供多种表达与调控的方式，将写作、美术、摄影、戏剧、音乐和计算机技术等作为教学工具。

三是通过多种途径吸引幼儿的注意，激发幼儿的动机，发展幼儿的兴趣爱好，改变幼儿的认知结构等。

图 13-4　东莞市松山湖艺鸣幼儿园

（二）活动室环境设计的要求

为了促进幼儿自信心、自我约束能力、社会行为、逻辑思维能力、创造力和问题解决能力的发展，活动室环境设计应注意以下几点。

①提供柔软、带响声的物品，提高幼儿的心理安全感，使用可组合的家具，在需要的时候为幼儿创造安静、舒适的私人空间。

②使用各种装饰品使活动陈设更个性化。

③使活动室的陈设显得与幼儿亲近，能为幼儿所理解，并以此增强幼儿的自信心。

④提供足够的空间以及充足而适宜的物品，便于开展小组活动，促进幼儿的社会性发展，最大限度地减少冲突。

⑤借助角色扮演，提供非结构性的、需要探索的物品以发展幼儿的思维能力和表达能力。在活动室悬挂印刷图片、手工绘画或肖像作品。

⑥使用可以适应不同尺寸、能力和竞争要求的可调节的活动装备，帮助幼儿评价自己的技能与进步，并努力用设备来提高幼儿的动机水平。

⑦使材料贴近幼儿。在活动室中安排快速通道，把不同的活动区域分开，以减少对幼儿的干扰，同时使幼儿更容易获得教学材料，从而全心全意投入活动中。

总之，活动室的设计要考虑是否符合幼儿的需要，是否符合教学的要求，材料安排是否有足够的弹性，应以幼儿发展水平为依据并征询幼儿的意见。

学习主题三
技术与幼儿教学

一、技术与教育技术的概念 >>>>>>>>>>>>>>>>>>>>>>>>>>>>>>>

（一）技术的概念

关于技术的概念，我国学术界有两种解释。一种解释：泛指根据生产实践经验和自然科学原理而发展成的各种工艺操作方法与技能；除操作技能外，广义的技术还包括相应的生产工具和其他设备，以及生产的工艺过程或作业程序、方法。另一种解释：指为社会生产和人类物质文化生活需要服务的，供人类利用和改造自然的物质手段、智能手段和信息手段的总和。前一种定义范围较小，局限于技术的有形的物质性方面，在这种理解下，教育技术就是教育媒体，这是不全面的。后一种定义比较全面，技术包含的内容除了有形的物质性方面之外，还有无形的非物质性方面，后者的范围更广。因此，我们对技术的含义应该理解为有形技术和无形技术的总和。

（二）教育技术的概念

教育技术：
人类在教育活动中采用的一切技术手段和方法的总称。

教育技术是人类在教育活动中采用的一切技术手段和方法的总称。根据对技术概念的解释，教育技术也分为有形和无形两大类，即物化形态和智能形态。物化形态的技术指的是凝固和体现在有形物体中的科学知识，包括一些实际物体；而智能形态的技术指的是以抽象形式表现出来的功能形式，作用于教育实践的科学知识，如系统的方法。所以，可以把教育技术理解为解决教育、教学问题过程中运用的媒体技术和系统技术。

幼儿期是形象思维、直接兴趣、动作技能、口头语言等发展的关键时期。因此，幼儿教育要突出准确、直观、形象、生动、有趣的特征。现代教育技术，尤其是电脑多媒体技术，能够运用有趣的图形、悦耳的声音、生动的画面等，将科技教育过程中许多抽象的和难以理解的内容变得具体化和易于理解，这与幼儿的认知特点非常吻合，能够有效快捷地帮助幼儿获取相应的知识。因此，幼儿教育的技术化进程势在必行。

二、技术在幼儿教育中的心理价值[①] >>>>>>>>>>>>>>>>>>>>

（一）现代教育技术的注意优势

注意是人的心理活动指向并集中于某一对象，使这一对象得到更好的反映，伴随人的心理活动过程。良好的注意品质是学习的重要保证。恰当地运用现代教育技术，可以激发幼儿的好奇心、求知欲，减少注意活动中意志成分参与所需的认知负荷，对培养幼儿良好的注意品质具有不可替代的优势。

（二）现代教育技术的兴趣、 情感优势

兴趣和情感都是由客观对象是否符合主体需要而产生的主体对客观对象态度的反应。在教学过程中如果能调动幼儿的学习兴趣和积极情感，就能减轻幼儿的认知负荷，从而达到提高教学质量的效果。

传统教学通过教师精彩的演讲来感染幼儿，现代教育技术开辟了兴趣、情感激发的广阔途径。

①以形象的画面直接展示学习材料的意境，把大自然的奇异景观引进课堂，把事物的内部联系模拟出来，填补因时空限制而造成的幼儿感官上的空白，使幼儿在身临其境的感受中理解学习材料，产生学习的兴趣。

②以丰富的画面信息拓展学习材料的内容。在传统的教学方法中，学习材料大多以概念的方式呈现，具有概括性，幼儿已有的认知表象往往不能满足其理解和感受学习材料的需要。运用现代教育技术可以把学习材料的各个方面展示出来，让幼儿全面透彻地了解。

③借助网络技术开展自主学习、合作学习，指导幼儿进行交互活动，可以调动幼儿学习的积极性。

（三）现代教育技术的感知优势

感知是主体认识客观事物的基础，是幼儿原有认知基础与"最近发展区"联结的纽带。如果感知客观事物的材料不真实、不完善，幼儿就难以实现对事物的概括和抽象，认知发展水平就会受到制约，认知负荷就会加大。现代教育技术提供了多方位、多角度感知客观事物的条件，能满足幼儿认知建构的需要，减小认知负荷，提高教学质量。在教学活动中，主要表现为以下几个方面。

①运用现代教育技术可以多角度地展示事物的属性、结构，引导幼儿仔细观察，从而帮助幼儿概括事物的特征。

---

① 王道福、曾云华：《论现代教育技术的认知心理优势》，载《教育与职业》，2007(3)。

②多方位地展示事物的内部联系，通过模拟事物结构，以虚变实，缩小认知建构的层次差距，帮助幼儿理解学习材料。

③对那些微小的、容易被忽视的重要细节或特定对象进行特写，通过放大、定格或夸张的手法增强幼儿感知的效果，减小幼儿感知选择的误差，实现注意分配的有效性。

④运用现代教育技术可以促进多种感官共同参与，产生通感或移情的效果。

(四)现代教育技术的思维优势

培养幼儿的思维能力是教学的一项重要任务，传统教学达到的程度有限。运用现代教育技术恰当地创设问题情境，有利于触发幼儿的灵感，出现更多的思维支撑点，使幼儿的思维能力得到有效的培养和发展。现代教育技术的思维优势主要表现在以下几点。

①运用现代教育技术进行设疑训练，设置不同程度的问题有利于培养幼儿思维的层次性，使幼儿得到发展。

②运用现代教育技术设置问题情境，展示事物的各种特征和属性，启发幼儿概括事物的本质，有利于培养幼儿思维的概括性，实现布鲁纳论述的"发现学习"。

③运用现代教育技术把事物发展、变化的过程直观而又相对集中地呈现在幼儿面前，使幼儿理解学习过程，有利于培养幼儿思维的灵活性。

④运用虚拟现实技术进行模拟设计，启发幼儿多方位、多角度地思考问题，有利于培养幼儿的创新思维和发散思维。

三、现代教育技术在幼儿教育中的教学价值 >>>>>>>>>

(一)现代教育技术作为教学的演示工具

教师可以利用幻灯片制作软件或其他一些多媒体制作工具，结合现有的计算机辅助教学软件或多媒体素材库，选择合适的内容设计成计算机辅助教学课件，替代传统工具，实现传统工具无法实现的教育功能。

(二)现代教育技术作为情境探究和发现学习的工具

教师根据幼儿学习的内容，利用多媒体集成工具，将需要呈现的学习内容以多媒体的方式进行集成、加工、处理，进而转化为学习资源，并根据教学的需要，创设一定的情境，让幼儿在这些情境中进行探索、发现。幼儿通过对设置的问题情境进行思考、探索，提高发现问题、解决问题的能力。另外，在虚拟的环境中实际操作、观察现象、进行分析，可以培养幼儿初步的科学研究的态度和能力，帮助幼儿掌握科学探索的方法与途径。

(三)现代教育技术作为教学的协作工具

现代教育技术作为教学的协作工具，主要涉及师幼之间、幼幼之间的合作。幼儿在与计算机进行交互时，无论是遇到困难还是取得成功都非常愿意与他人合作。

四、技术在幼儿教育中的运用 >>>>>>>>>>>>>>>>>>>>>>>>>>>>

(一)运用技术促进幼儿学习

信息时代的到来给幼儿打开了一个新的窗口。教育技术化的发展给幼儿提供了新的学习媒介和学习形式。多媒体技术与幼儿园游戏化主题课程的整合，让幼儿在新的学习环境中获得最佳的学习效果。幼儿在学习中运用技术时可采用"四结合"模式。

"做"是指与幼儿做游戏。活动开始时先做游戏，以便引起幼儿对活动的兴趣，并将游戏导入幼儿的电脑活动中。

"认"是指幼儿的认知活动。幼儿在活动中能掌握一些简单的计算机应用知识，如鼠标的单击、拖动，字母键、数字键的正确敲击等。

"导"是指引入活动。幼儿在掌握了一些简单的多媒体运用知识后，教师应将这些技能引入幼儿园的活动中，使幼儿主动积极地参与到多媒体环境下的主题教学活动中，成为活动的主体。

"玩"是指幼儿上机操作、玩耍。幼儿与计算机进行适宜的交互，并在教师提供的游戏平台上操作、玩耍，可以进一步发展其协作式学习的能力。

幼儿园应多运用适合幼儿进行"自主发现、自主探索"式学习的多媒体计算机技术，构建新的课堂教学模式，优化幼儿园课程，深化教学改革。

(二)运用技术开展教学

技术的表现形式多种多样，教师在实际教学中要善于掌握各类教学技术，并将其恰如其分地运用到幼儿教育中。

1. 教学幻灯片的制作

教师可以制作教学幻灯片、课题成果汇报幻灯片、家长会幻灯片和各种讲座幻灯片等，供人阅览及辅助教学。

2. 教学资源的共享

教师可以将自己多年积累下来的优秀教育活动设计、科研成果、评价量表等相关的教学资料储存起来，建立幼儿园教育教学资料库并推进资源共享，这有利于扩大教学的影响范围，有利于幼儿园教师彼此交流教学心得和交换教学意见。

3. 教学软件的选择

教师在多媒体教学中应当根据幼儿的学习特点和发展规律来评价和选择技术环境下的教学软件，在充分了解所选软件的潜在教育价值的基础上，认真观察幼儿使用软件的情况，弄清楚可能存在的问题，然后向着适合幼儿发展的方向进行引导和调整。选择适合的教育软件是保证幼儿成功应用信息技术的关键。

4. 辅助教学

多媒体技术运用多种现代手段对信息进行加工处理，可以使一些在普通条件下无法实现或无法观察到的过程与现象生动形象地显示出来。多媒体技术将图、文、声、像融为一体，其传输信息的方式突破了传统媒体的线性方式，以全方位方式进行，具有形象生动、信息刺激性强、时空宽广等特点。在幼儿教育中采用多媒体技术实施教育，对优化教育过程、提高教育的有效性影响很大。

教育培训不仅在技术层面关注教师对现代技术的掌握，而且让他们明确技术与幼儿发展的关系，提供信息技术与课程整合的理念、策略及典型范例，深入了解如何在幼儿教育情境中适宜地应用信息技术。

现代教育技术的应用能使教师的综合素质得到提高。教师在实践中不仅丰富了现代科技知识，提高了科技教育能力，而且使教学向高层次发展。

新技术对教育的作用

新技术对幼儿学习的影响：①弊：新技术并不能保证有效学习，有时会阻碍学习。例如，幼儿因上网玩游戏而耽误学习；②利：把基于真实世界的问题引入课堂，把科学、教学领域的工作实践引入课堂，激发幼儿学习的兴趣。

新技术的两个特点：①交互性。在天文学、语言艺术等领域，通过技术把幼儿、同伴、专业人员联系在一起。例如，在某个项目中，在超过34个国家的2000多所学校里，成千上万名学生(从幼儿到12年级儿童)采集有关环境的数据，包括大气、水和陆地植被，并将数据提交给数据档案库。网络将这些学生连接成学习共同体。②支架和工具。新技术可以延伸人类的能力，拓展支持学习的社交环境，为学习提供支架和平台。

(三)教育技术与教学课程的融合

学习笔记

所谓教育技术与教学课程的融合，从教育活动实践的角度看，是指教育技术(主要指计算机)作为一种工具、媒介和方法融入包括教育活动的准备、实施过程以及评价等在内的教育活动的各个层面。教师应当根据活动计划日程表和活动主题来统筹安排，使计算机技术无论从环境上、功能上还是理念上都能被整合到幼儿教育实践中去。教育技术作为辅助课堂教学的工具，最终是为教学服务的。实现教育技术与幼儿教学课程的有效融合，应做到以下三点。

1. 重新定位教学过程各要素的关系

教学过程的四个基本要素是教师、幼儿、教材(内容)和教育技术。教育技术与教学课程融合，必须重新确定教学过程各要素的关系。

(1)教师角色的转变

在转变角色的过程中，首先，教师要克服对教育技术的焦虑感，并掌握基本的教育技术知识和操作技能。其次，教师要转变教学理念，从教学的实际需要出发，根据学习心理学原理挑选、组合教学软件，合理地安排教学活动进程，使教育技术有机地融入教学中，并且能从教育技术的角度进行自我评价和反思教学过程，从而加以改进。只有这样，才能真正做到教师角色的转变。

父母运用技术协助督导

技术已经改变了幼儿园教师的教学方式和幼儿的学习方式，也改变了父母的角色。在技术的帮助下，父母现在拥有更多参与、监督与指导幼儿教育的资源，表现为：

一、父母积极参与对幼儿的技术指导

现代技术提供了大量交流信息、获得信息以及得到帮助的新方式，为有效解决父母与学校交流在时间和地域上的局限性问题提供了可能，可以帮助父母随时随地了解幼儿在学校的表现和促进亲子关系的优化发展。

二、父母对幼儿保育进行监督的技术

技术将会改变父母了解有关他们孩子信息的方式。以前父母只能根据保育员的定期报告来了解幼儿的保育情况。信息技术的发展提供了一种全新的、实时的保育新体验。在互联网支持下的幼儿园能够及时更新保育方案的图片，从而让父母通过特定的用户ID和密码来了解孩子的活动情况。

三、父母对幼儿使用技术的监督

这种教育技术是一把双刃剑，能提供丰富的和有价值的教育信息和资源来帮助幼儿成长，但如果使用不当也会导致幼儿长期沉迷于不良的技术信息中不能自拔。为了保证教育技术使用的正确性，父母可以采用"过滤器"的监督方式，阻止幼儿接触他们认为不合适的网站和信息，从而限制幼儿上网的自由，能减少不良信息对幼儿的影响。

(2)幼儿地位的转变

要充分利用教育技术在交互性、即时反馈和个别化方面的潜在优势，保证幼儿从被动接受的地位转变为主动参与、发现、探究和知识建构的主体地位。

(3)教学内容的转变

教学内容应包含"学会学习，管理自己的学习"这一类的信息，让每一个幼儿成为策略型的学习者，能进行自我调节，以适应社会发展的需要。教育技术为这类信息的传播提供了平台。

(4)教育技术作用的转变

教育技术由作为教师讲解的演示工具转变为教师活动的体现者和幼儿的认知工具。例如，基于网络的教学系统，在教学内容的承载、课程的快速生成、课程的网上发布、教学活动设计和管理、自动测试、自动判题等方面已经很成熟。

2. 认真进行课堂教学设计

在课堂教学设计中，教师采取更为现实的态度，对课堂教学进行动态的设计，实时关注教学中各要素的状态，在教学问题产生后设计相应的方案，有利于创造性人才的培养。这种设计要求教师认真、深入理解并把握教学设计的内涵。

3. 关注教育技术的人文影响

现代通信技术表面上拉近了人们的距离，却无意中使人们的心理距离越来越远，感情越来越淡漠。教育技术的人文影响在融合过程中属于内隐因素，不易被观察、测量，也不直接作用于教学效果，但是它们影响着教育技术在教育中的地位和教育功能的发挥，影响着管理者的决策，甚至影响幼儿的未来发展，所以教育工作者要关注教育技术的人文影响。

图 13-5　广西壮族自治区直属机关第一幼儿园

案例导入评析

"纸箱加工厂"游戏作为大手工制作，可以锻炼幼儿的操作能力，对于培养幼儿的空间想象力、艺术创造力都大有好处。幼儿之所以对这个游戏不太感兴趣，是因为：一是对这样的游戏不熟悉，不知道最后会有什么样的成果；二是对材料和操作步骤等不熟悉，缺少这方面的技能；三是还有很多其他游戏对他们有吸引力，影响他们对这个游戏的关注。教师在了解到以上原因后，可以采取相应措施，鼓励幼儿做这方面的尝试和练习。

　　每个孩子刚生下来都是一张白纸，长大以后成为一幅什么样的画，在很大程度上受周边环境的影响。在幼儿进入幼儿园后，教育环境会对幼儿产生至关重要的影响。好的教学环境能让幼儿感受到丰富的刺激，开启智慧之门。活动室结构的科学设置以及良好的同伴关系和师幼关系，有利于幼儿产生学习的愿望和进行有效学习。另外，教学中充分利用新技术，也会取得意想不到的教学效果。

幼儿园教师资格考试模拟测试

一、选择题

1. 当班级规模超过(　　)人时，班级规模对教师态度的消极影响更加明显。

A. 15　　　　　　　　B. 20　　　　　　　　C. 25　　　　　　　　D. 30

2. 将核心教育活动安排在(　　)更符合幼儿的学习特点。

A. 上午　　　　　　　B. 中午　　　　　　　C. 下午　　　　　　　D. 晚上

专题十三　云测试

3. 教学过程的四个基本要素是教师、幼儿、教材(内容)和(　　)。

A. 教育氛围　　　　　B. 教育环境　　　　　C. 教育资料　　　　　D. 教育技术

二、填空题

1. 正式群体的发展经历松散群体、联合群体和_____三个阶段。

2. 在教师的指导下进行学习的幼儿、学习过程和_____是活动室的三大要素。

3. 幼儿在学习中运用技术可采用"四结合"模式，包括做、认、导和_____。

三、简答题

1. 活动室管理的类型有哪些？

2. 活动室环境设计的原则和要求是什么？

3. 日程表的编制应该注意什么？

4. 在幼儿园班级环境设计中幼儿的主体性如何体现？

5. 简述良好的幼儿园环境设计的标准。

四、论述题

1. 试讨论活动室里的群体对个体的影响。

2. 简述教师如何对幼儿早期的学习环境进行技术整合。

3. 彭老师担任大一班的班主任，学期初他组织班上新来的两位教师和保育老师开会，他在笔记本上写下："一、大一班幼儿进餐、午睡、喝水的情况介绍；二、大一班集体活动和区域活动的情况介绍；三、大一班家长的情况介绍。"请结合彭老师的计划谈谈幼儿园班级管理的内容。

五、案例分析题

　　圆圆上幼儿园了，一开始参与活动还比较积极，可一个月后，她开始对自己感到不满，时间长了，就有些自卑。后来，她很少和其他小伙伴一起玩。如果要求她画画，她会表现得很被动；如果是听音乐，她会表现得好一点。

　　问题：圆圆在学习或交往上可能出现了什么问题？使用什么方法可以帮助圆圆更好地融入集体活动？

专题十四　幼儿的学习动机与学习迁移

学习目标

1. 了解学习动机的类别。
2. 知道成就动机理论的基本观点。
3. 理解归因理论。
4. 体会早期迁移理论的差异。
5. 掌握产生式迁移理论及其迁移训练。

学习要点

1. 幼儿的学习动机

　动机与学习动机

　学习动机理论

　幼儿动机发展与教育指导

2. 幼儿的学习迁移

　迁移与迁移分类

　学习迁移理论

　促进学习迁移的教学方式及幼儿学习迁移的教育指导

案例导入

　　辉辉是个 6 岁的男孩，现在上幼儿园大班，他非常讨厌学习。之所以如此，是因为他说话总是不连贯，唱歌也跑调。他在小班的时候各方面都表现不错，后来因为病了一段时间，上了大班后就感觉不如其他小朋友了。

　　问题：为什么辉辉会出现这种情况？成人应如何培养孩子正确的学习动机？

学习主题一
幼儿的学习动机

一、动机与学习动机 >>>>>>>>>>>>>>>>>>>>>>>>>>>>>>>

（一）动机

心理学认为动机是个体的内在过程，行为是这种内在过程的结果，或者说，动机是引起个体活动，维持已有的活动，并促使该活动朝向某一目标进行的内在过程。动机是特定活动的原因。① 与动机相关的概念有需求、内驱力、态度和兴趣等。

（二）学习动机

幼儿只有具备一定的学习动机，才会取得好的学习效果。学习动机是指激发个体进行学习活动，维持已有的学习活动，并使行为指向一定学习目标的一种内在过程或内部心理状态。学习动机可分为以下几种类型。

1. 内部动机与外部动机

内部动机是指幼儿对学习活动本身感兴趣而产生的学习动机，如为了提高自身文化素质，满足求知欲或自尊而努力学习。这种动机属于奥苏贝尔所说的认知内驱力。外部动机是指由学习活动以外的诱因激发出来的动机，如学习是为了得到教师的表扬或避免学习失败的惩罚。

2. 辅助性动机与主导性动机

在一定时期内或一种活动中，总有一些或一种动机处于支配地位，发挥主导作用，这种动机被称为主导性动机。其他动机处于从属地位，起辅助作用，这种动机被称为辅助性动机。如果辅助性动机与主导性动机一致，活动的动机就会加强；如果彼此冲突，活动的动机就会减弱。

3. 近景性动机与远景性动机

近景性动机与学习活动本身直接联系，表现为对学习内容的直接兴趣和爱好，以及对学习活动直接结果的追求。教师的生动讲解、新颖的教学内容、灵活多样的教学方法都可以激发幼儿的近景性动机。远景性动机是指与学习的间接结果相联系的学习动机。近景性动机是远景性动机的基础。

4. 普遍性动机与偏重性动机

有的幼儿对所有学科都感兴趣，而有的幼儿只对某些学科感兴趣。前者是普遍性动机，后者是偏重性动机。这两种动机都不是短时间内就能形成的，而是与幼儿长期的学习生活有关。

---

① [美]韦纳：《人类动机：比喻、理论和研究》，孙煜明译，1 页，杭州，浙江教育出版社，1999。

学习动机：
激发个体进行学习活动，维持已有的学习活动，并使行为指向一定学习目标的一种内在过程或内部心理状态。

内部动机：
幼儿对学习活动本身感兴趣而产生的学习动机。

外部动机：
由学习活动以外的诱因激发出来的动机。

想一想
幼儿学习动机的发展表现出哪些特点？

二、学习动机理论 >>>>>>>>>>>>>>>>>>>>>>>>>>>>>>>>

（一）行为主义的学习动机理论

1. 驱力理论

驱力理论是以生理学观点为基础的早期动机理论。当有机体的基本需要被剥夺时，驱力就会产生；当需要得到满足时，驱力就会减弱。赫尔进一步将驱力理论系统化，指出驱力与习惯强度是行为的决定因素，所有的习惯都是刺激与反应之间的联结强度。用公式表示如下。

动机＝驱力×习惯

驱力理论在解释人的生理性需要与其相关的行为方面颇有价值。例如，一个在沙漠中迷路的人，首先要寻找水源、食物，而沉船落水的人最需要的是救援。驱力理论对于人类复杂社会行为的解释有一定的局限性。

> **驱力理论：**
> 以生理学观点为基础的早期动机理论。

2. 强化理论

强化理论把动机看成由外部刺激引起的一种对行为的冲动力量。经典条件作用理论和操作性条件作用理论都认为，强化是形成和巩固条件反射的重要条件。人的某种学习行为倾向完全取决于先前这种学习行为刺激与反应通过强化而建立的联结。强化可以使人在学习过程中增强重复某种反应的力量，如在学习过程中，采取奖赏、表扬等外在强化手段，可以激发幼儿的学习动机。

> **强化理论：**
> 把动机看成由外部刺激引起的一种对行为的冲动力量。

（二）自我效能感理论

自我效能感理论最早由班杜拉提出，是指个体对自己是否能够成功地进行某一成就行为的主观判断。影响自我效能感的因素主要有以下几种。

①个人自身行为的成败经验，这个因素对自我效能感的影响最大。

②替代经验，人的许多效能期望源于观察他人行为及其结果而获得的内心体验。

③言语劝说，因其简便而运用广泛，但在缺乏经验基础时，言语劝说的效果是得不到巩固的。

④情绪唤醒，高水平的情绪唤醒会使成绩降低，从而影响自我效能感。

班杜拉的研究表明，自我效能感具有以下功能：一是决定人们对活动的选择以及对活动的坚持性；二是影响人们在困难面前的态度；三是影响新行为的获得和习得行为的表现；四是影响活动时的情绪。

> ✏ **学习笔记**

资料库

自我效能感的作用

安德鲁斯（Julie Andrews）在她出版的自传《家》一书中提到了她在12岁那年到米高梅电影公司试镜的经历。安德鲁斯这样写道："当时我看起来如此平凡，他们必须给我化点妆才行。""最后的结论是，'她不能上镜。'"

罗琳（J. K. Rowling）的小说《哈利·波特与魔法石》在被伦敦一家小型出版社接受之前，曾经遭到12家出版社的拒绝。迪士尼曾经被一家报纸的编辑以"缺乏想象力"为由解雇。"飞人"乔丹（Michael Jordan）上高中时曾被校篮球队拒之门外。

是什么让有些人能够走出失败，并最终获得成功，而有些人却在挫折面前认输了？有心理学家认为是自我效能感发挥了作用，这是个体具备的一种坚定不移的信念。自我效能感由班杜拉在20世纪70年代首次提出，现已成为教育界的一个关键理念，被广泛应用于医疗保健、管理、运动等领域。同时，它也是积极心理学运动的主要特征。积极心理学的重点即发展性格中的优势，而不是减弱不良特质。

（三）人本主义动机理论

人本主义心理学家马斯洛强调，人类动机是由多种性质不同的需要组成的，而各种需要之间又有先后顺序和高低层次之分。他的这种理论被称为需要层次论。

1. 需要层次

需要有以下几种：生理的需要、安全的需要、归属与爱的需要、尊重的需要和自我实现的需要。前四种为缺失性需要，后一种为成长性需要。一般来说，缺失性需要得到满足后才会产生成长性需要。

2. 自我实现是需要的最高层次

> **自我实现：**
> 圆满人性的充分体现，具体包括人的友爱、合作、求知、创造等特性或潜能。

自我实现是需要层次的最高层，这是马斯洛动机理论的中心思想。自我实现是圆满人性的充分体现，具体包括人的友爱、合作、求知、创造等特性或潜能。达到自我实现境界的人有以下共同特征：具有独立与善于独处的性格，能接受并悦纳自然、他人和自己，富有献身精神、幽默和创造力，能认清现实并保持与现实的良好关系。在自我实现中，高峰体验是一个重要的概念，是一种统一性的感受。在这样的时刻，人会有一种回归自然或与自然合一的欢乐情绪。高峰体验是极度的欢乐，也是宁静而和平的喜悦。要达到自我实现，需注意以下几个方面。

①能充分、活跃、忘我地体验生活，全身心地投入某一件事。

②自我实现是一个连续进行的过程，是愿意做出成长的选择而不是畏缩的选择。

③要诚实，不隐瞒，在他人遇到问题时有反躬自问的责任心。

④自我实现不只是一种局部状态，而是在任何时刻、在任何程度上都能发挥一个人的潜能的过程。

图 14-1　雷州市北和镇中心幼儿园

（四）成就动机理论

1. 阿特金森的期望—价值理论

阿特金森(见图 14-2)假设，成就动机由追求成功的倾向和避免失败的倾向组成。追求成功的倾向(Ts)由三个因素决定：追求成功动机的强度(Ms)、成功的主观概率即期望(Ps)以及成功的激励值(Is)。用公式表示：$Ts = Ms \times Ps \times Is$。

避免失败的倾向(Taf)也由三个因素决定：避免失败的动机强度(Maf)、失败的主观概率(Pf)和避免失败的激励值($-If$)。用公式表示：$Taf = Maf \times Pf \times (-If)$。

图 14-2　阿特金森

　　由于追求成功的动机和避免失败的动机在活动中同时起作用，因此实际上成就动机(Ta)等于两者之差，用公式表示：$Ta = Ts - Taf$。

　　可见，仅有高追求成功倾向并不能保证高成就行为，因为若避免失败的倾向也很高的话，成就动机的值也不会很高。所以，在制定学习任务时，既不能太难也不能太容易。如果学习任务过难，可能使幼儿追求成功的倾向降低，避免失败的倾向增强，使其成就动机降低，最终放弃学习任务；如果学习任务过于容易，不经过努力就能达到，缺乏挑战性，其对幼儿的激励作用就不大。因此，应针对不同幼儿的情况，为他们制定需要付出努力才能完成的学习任务。

　　2. 奥苏贝尔的成就动机理论

　　奥苏贝尔认为，学校教育情境中的成就动机应至少包括三个方面的内驱力。第一是认知内驱力：一种要求获得知识、技能以及善于发现问题、解决问题的需要，以好奇心、求知欲、探索精神等心理因素表现出来；第二是自我提高内驱力：一种因自己的成就而赢得相应社会地位的需要，往往以自尊感、荣誉感、胜任感等心理因素表现出来；第三是附属内驱力：一种为了获得成人和同伴们的赞许、认可而努力学习的需要。这三种内驱力因年龄、性别、个性、社会经历和文化背景等的不同而有所变化。

　　（五）归因理论

　　归因是个体对自己或他人行动结果的原因的知觉或推断。韦纳（见图14-3）曾说，寻求理解是人类行为的主要激发因素，是人类动机的主要源泉。他提出了成就归因理论。

　　1. 归因理论的分析

　　（1）原因因素

　　韦纳认为，学业成绩的影响因素包括四个方面：一是能力，评估自己是否胜任此项工作；二是努力，自己做此项工作是否尽力了；三是工作难度，判断该项工作对自己的难易程度；四是运气，这项工作的成败是否取决于机遇与幸运。除此之外，还包括他人帮助、情绪状态和身体状态（如疲劳、生病）等因素。

　　（2）归因的维度

　　①内控与外控。

　　这是根据个体内部或外部环境因素划分的维度。这个维度源于海德的朴素心理学，即行为的结果依赖个人因素和环境因素。能力、努力及身心状况属于内控因素，而任务难度、运气、他人帮助属于外控因素。

　　②稳定性与不稳定性。

　　这是根据归因的因素是否随时间或情境的变化来划分的。韦纳认为，在内部原因中，能力是稳定的，努力是不稳定的；在外部原因中，任务难度是固定的，而运气是不稳定的。

　　③可控性与不可控性。

　　可控性指影响因素是否能由个人意志控制。韦纳认为，采用因素来源和稳定性两个维度有不合理之处，如努力、心境、疲劳等都有内部的和不稳定的特性，

图14-3　韦纳

学习笔记

但它们之间又是有区别的。努力受主观意志的控制，而心境和疲劳等在大多数情况下不受主观意志的控制。内部的、稳定的原因也有类似情况，如勤奋、懒惰、忍耐等个性特征受主观意志的控制，数学、音乐等特殊才能不受主观意志的控制。

2. 归因效果

(1)期望影响

稳定性归因将影响个体对成功的期望。在成功的前提下，稳定性归因将提高个体对成功的期望，并使个体继续努力；不稳定性归因，如一时的努力，会使个体降低成功的期望，不做努力。在失败的前提下，稳定性归因会使个体相信失败会重复出现，感到无望，从而导致个体对成功的期望减弱；不稳定性归因会使个体仍抱有希望，从而提高对成功的期望。

(2)情感反应

人们对成功与失败的不同归因会引起不同的情感反应。例如，同样是成功，当把成功归因于运气时，会使人惊讶；当把成功归因于他人帮助时，则会使个体产生感激之情。

(3)自豪与自尊

归因来源影响自豪和自尊的情感，也就是说，个体把成功归因于内部比归因于外部环境可以产生更强的自豪感和自尊感；个体把失败归因于能力比归因于运气更容易产生低自尊甚至自卑感。

(4)愤怒、内疚和惭愧

这些情感与控制维度相联系。如果一个人把考试失败归因于外部因素，就会产生愤怒。而内疚与惭愧一般都是由经常失败的内部归因引起的。

(六)成就目标理论

这是一种社会认知取向的动机理论，认为成就目标、期望、归因、动机定向、自我能力知觉、社会比较和成就行为之间存在密切的关系，成就动机与成就行为之间存在更深层的内在机制。

1. 两种不同的幼儿反应倾向

在认知—情感—行为交互作用的动机模式中，具有同等能力的幼儿在失败情境中或挑战任务面前有两种不同的反应倾向：一种是自弃性倾向，面对失败和困难，往往过低地估计自己的能力，对任务反感、厌倦，并有退避倾向；另一种是自主性倾向，表现得很自信，相信通过自己的努力，运用技能和策略可以解决难题。自主性倾向的幼儿具有适应性动机模式，自弃性倾向的幼儿则具有适应不良的动机模式。

2. 目标导向动机模式及其对动机过程的影响

(1)两类不同的目标导向动机模式

两类幼儿的目标导向是不同的。

①操作性目标：自弃性倾向的幼儿寻求操作性目标，关心自身能力的评价多于自身能力的发展。操作性目标者一般对外界的评价比较敏感，比较看重成就，相信成功是判断一个人有能力的依据，所以他们极力避免显示自己的不足。

学习笔记

自弃性倾向： 面对失败和困难，往往过低地估计自己的能力，对任务反感、厌倦，并有退避倾向。

自主性倾向： 相信通过自己的努力，运用技能和策略可以解决难题。

②自主性目标：自主性倾向的幼儿寻求自主性目标，关心自身能力的发展多于自身能力的评价。

（2）不同目标导向对动机过程的影响

①认知。

拥有不同目标导向的幼儿，在成功与失败的情境中会建立不同的认知倾向：操作性目标幼儿往往认为能力与努力呈负相关，一个人很努力意味着能力差，不努力意味着能力强。自主性目标幼儿关注的是提高能力的最佳方式。

②情感。

操作性目标幼儿认为失败意味着低能力的评价和对自尊的威胁，这种威胁可能首先导致焦虑，并随之产生消极的情感和情绪。而对于自主性目标幼儿来说，失败的结果意味着需要更加努力、更加机智地对待学习任务，需要掌握更好的方法和积累经验。

③行为。

行为主要反映在任务选择上。操作性目标幼儿常回避挑战性任务，因为挑战性任务会产生失败的经验，这使得他们选择容易的任务以避免失败；自主性目标幼儿会寻求具有挑战性的任务，高努力或失败很少会引起消极情感。

可以说，目标结构是一把双刃剑，在归因模式、防御策略、焦虑情绪和内在动机等方面，既有利也有弊。

3. 内隐智能观及其对自我概念的影响

（1）内隐智能观的两种理论

为什么操作性目标幼儿和自主性目标幼儿会选择不同的目标？两类幼儿的目标定向与他们对智能的不同理解有关，于是出现了两种理论。

①增长理论。

增长理论认为，智能是可以训练、变化和控制的，多数自主性目标幼儿认同这种观点。自主性目标幼儿认为，能力可以在学习活动中得到发展，所以他们会选择具有挑战性的学习目标。

②实体理论。

实体理论认为，智能是固定不变、不可控制的，多数操作性目标幼儿认同这种观点。操作性目标幼儿认为自己能力差是一个不可改变的事实，他们不相信经过努力可以提高。

总之，无论是增长理论还是实体理论，都是个体对自身能力的一种信念。

（2）内隐智能观对自我概念的影响

实体理论中的自我是作为固定特征被评价的，增长理论中的自我是可训练的、系统的，通过个人努力可得到发展的。操作性目标幼儿的自尊大多通过操作目标来获得，他们采用尽可能获得成功和避免失败的策略来提高和维护自尊。而对于大多数自主性目标幼儿来说，自尊是在学习目标下获得的，有挑战性的任务会促进自尊。

4. 成就目标理论的应用：习得性无助的表现及对策

习得性无助是指个体经历了失败与挫折后，面临问题时产生的无能为力的心理状态。操作性目标幼儿具有习得性无助的行为倾向，表现为以下两种情况。

学习笔记

习得性无助：个体经历了失败与挫折后，面临问题时产生的无能为力的心理状态。

✏ 学习笔记

(1)社交习得性无助

研究表明，习得性无助的幼儿在被拒绝以后会比其他幼儿表现出更多的消极行为。另外，习得性无助的幼儿面临困难时比其他幼儿更缺乏新的策略，更喜欢重复无效策略，或放弃有效策略。

资料库

习得性无助幼儿的特征

1. 常说"我做不到"。
2. 无法集中注意力听老师讲解。
3. 即使有需要，也不寻求帮助。
4. 什么都不做(如盯着窗外发呆)。
5. 表现出厌倦、无兴趣，容易沮丧。
6. 不愿意回答老师的问题。
7. 想尽各种办法逃避任务。
8. 取得成功时缺乏自豪感。

(2)学业习得性无助

学业习得性无助更多表现为：认知上怀疑自己的学习能力，觉得自己难以应对课堂学习任务；情感上心灰意冷、自暴自弃，害怕学业失败，并由此产生高焦虑或其他消极情感；行为上逃避学习。

学业习得性无助不是一朝一夕形成的，而是由于经常失败而习得的行为方式：一是由失败的信息引起了消极的情感体验，如经常受到成人的指责，为了维护自尊而产生消极防御，其主要表现形式之一就是逃避学习；二是失败的信息通过归因影响自我信念的确立，进而形成消极的自我概念。

资料库

帮助幼儿克服习得性无助的策略

1. 发扬优点。首先了解幼儿的长处，然后以此为起点，帮助幼儿建立自尊心。
2. 克服缺点。不要嘲笑幼儿的缺点，要帮助幼儿正视它们，注意讲究策略。例如，可以共同制订学习计划，签订一个如何完成计划的合约书。
3. 运用先行组织者策略或指导发现法。例如，教师可以通过给幼儿呈现实际生活中的问题来开始他的教学。
4. 创设具有挑战性的活动，让幼儿主动提出问题，并用自己的知识和技能加以解决。

三、幼儿动机发展与教育指导 >>>>>>>>>>>>>>>>>>>>>>>>>>

(一)幼儿学习动机的发展特点

1. 外部动机起主导作用

幼儿的学习动机主要源于成人的肯定，属于外部动机。在幼儿的成长过程中，他们很早就开始探索周围的世界，对环境中的新奇事物特别敏感。幼儿的这种好奇心与探究环境的倾向性使其内部动机逐渐发展起来。

2. 动机主从关系开始形成

幼儿动机的关系是在具体情况下、在狭窄的范围内形成的。在遇到主从动机之间的斗争时，往往选择较近的、较容易达到的动机。动机系统还具有情境性，是相当不稳定的。年龄较大的幼儿则逐渐摆脱那些外表较诱人的情境，形成较稳定的动机体系。

（二）增强幼儿学习动机的教育指导

1. 归因训练

合理归因可以提高自信与坚持性，而错误归因会使个体自卑与自弃。归因训练是内部学习动机培养的重要方法。归因训练使幼儿避免"失败—缺乏能力—失落感—表现较差"这种恶性循环。[①] 按照归因过程，可以得出三个假设：一是由原归因知觉导致情绪、行为反应；二是归因维度与特定情绪、特定行为相联系；三是归因知觉会影响行为。

资料库

提供学习的外部诱因的原则

1. 表达明确的期望。幼儿需要清楚地了解自己应该做什么、如何被评价以及成功之后会有什么收获。

2. 提供明确的反馈。对反馈的研究发现，在某些情况下，提供有关努力的信息可以作为一种有效的奖励加以使用。

3. 提供及时的反馈。及时的反馈很重要，如果行为和行为结果之间的时间间隔较长，幼儿则难以将两者联系起来，对年幼的幼儿来说尤其如此。

4. 经常提供反馈。教师应经常给幼儿提供反馈，以使幼儿尽最大努力去学习。频繁地给予小奖励比偶尔给予大奖励更能促进幼儿学习。

5. 提高外部动机源的价值和有效性。除非幼儿看中教师所使用的诱因，否则诱因不具有激励作用。

人们在活动中出现错误的、不精确的反应，其归因会导致不良的情绪和行为。实施一系列干预，纠正或改善不适当的归因方式，能改变情绪和行为，这便是归因训练的基本出发点。

归因训练步骤：一是选择对象，挑选出由归因不当而导致行为不适应的人作为训练对象；二是干预实施，按照规定的一套训练程序，在阅读、数学、智力游戏等活动中有目的、有计划、有针对性地进行；三是效果测量，对归因训练的结果进行评定。对学习困难的幼儿进行归因训练，可以消除他们的自卑心理，提高他们的学习动机。

2. 以幼儿为本

马斯洛认为，幼儿学习动机的产生是以生理、安全、归属与爱等需要的满足为基础的。幼儿的学习动机主要和自己的需要、直接兴趣有关。幼儿动机的培养不是孤立的。幼儿动机的培养有以下几种方法。

学习笔记

---

① 　陈琦、刘儒德：《当代教育心理学》，135 页，北京，北京师范大学出版社，1997。

图 14-4　上海市金月亮幼儿园

(1)奖励和适宜的评价

在教育过程中，教师要给予幼儿恰如其分的评价，肯定其学习的价值。奖励是培养幼儿学习动机的主要手段，那些试图用批评、惩罚的手段来培养幼儿学习动机的方法是不可行的。

对幼儿的问题行为必要时可采用惩罚的手段，但应注意惩罚不可过度，不可任意惩罚幼儿。

(2)及时反馈以强化成就感

如果幼儿从教师那里能及时得到自己学习成就的反馈，认可自己的能力，他们的学习动机就会明显加强，对自己产生信心，充满创造的成就感。

(3)激发幼儿的探究欲

教师可利用幼儿对事物的好奇，提供活动机会，让幼儿发现事物的本质，激发其求知欲。

(4)让幼儿体验创造的快乐

不是任何需要都能成为学习动机，只有那些能推动学习的需要才能成为学习动机。例如，自我实现的需要、自我表现的需要、了解自己和他人以及周围世界的需要、审美和欣赏的需要、追求知识及满足好奇心的需要等，这些都是诱发学习动机的因素。这些需要的一个共同特点就是，创造性可以满足这种需要，并使人获得快感。教师要多让幼儿体验经过自己思考而获得成功的快感，也可给予幼儿有效的赞美。

奥苏贝尔明确指出，动机与学习之间的关系是典型的相辅相成的关系，绝非一种单向的关系。教学的最好办法是，把重点放在学习的认知方面，让幼儿获得成功的体验。幼儿只有体验到学习的乐趣，才有可能产生学习动机。

案例 🌸

案例一

在教师指导幼儿进行计算时，有的幼儿按要求将每一组活动都操作了一遍，小宇则拿起按高矮排序的八个小人纸卡，没有进行对比排序，而是模仿别人的样子，随便地摆一摆；看别人到其他组去了，他也把纸片放到盘子里，到其他组。他将每一组都看了一遍，抓抓操作材料，又跑到另一组。看到老师在检查作业，他赶紧说："我做好了，什么时候玩娃娃家？"

分析：小宇没有计算操作的动机，可能是因为计算活动的任务难度影响了他的学习动机。在任务难度一般时，幼儿往往能够完成，并对活动产生兴趣。反之，当任务难度超出幼儿的能力范围时，他们对活动就不感兴趣了。

案例二

在美术活动"我设计的房子"中，欣欣画了一个章鱼房子，一边画，一边笑着说："我就喜欢画恐怖的房子。大章鱼来啦，大章鱼上岸啦。"他拿起一支蓝色的笔，猛涂几下，又拿起一支红色的笔，涂章鱼长长的触手，涂得满纸都是红、蓝颜色。老师走过去说："哎呀，你涂得太乱了，看，应该顺着一个方向这样涂。"听了老师的话，欣欣又试了一下，还是很乱，他不说话了，心不在焉地东张西望起来。

分析：从上述情形中可以看出欣欣的绘画动机很强，兴致很高。涂色不均匀，是因为他手指的小肌肉没有发育成熟。面对老师的评价，欣欣说不出道理，只能用不高兴来表示对老师的抗议。教师在教育过程中，缺乏对幼儿生理发育方面的考虑，一味强调技能上的要求，反而会削弱幼儿的学习动机，影响幼儿的积极情绪。

学习主题二
幼儿的学习迁移

一、迁移与迁移分类 >>>>>>>>>>>>>>>>>>>>>>>>>>>>>>>>

迁移是一种普遍的学习规律。学习迁移是指一种学习对另一种学习的影响，或已习得的经验对完成其他活动的影响。[①] 学习迁移可以分为以下几种。

（一）正迁移、 负迁移与零迁移

正迁移指一种学习对另一种学习起到积极的作用，如加法的学习促进乘法的学习；负迁移指两种学习之间相互干扰、阻碍；零迁移指两种学习之间不存在直接的相互影响。

（二）水平迁移与垂直迁移

水平迁移也称横向迁移，是指处于同一抽象和概括水平的经验之间相互影响，学习内容之间的关系是并列的。垂直迁移又称纵向迁移，是指处于不同抽象、概括水平的经验之间相互影响。

（三）顺向迁移与逆向迁移

前面的学习影响后面的学习，称为顺向迁移；后面的学习影响前面的学习，则称为逆向迁移。

（四）一般迁移与具体迁移

一般迁移也称普遍迁移，是指将一种学习中获得的一般原理、方法、策略和态度等迁移到另一种学习中去。具体迁移也称特殊迁移，是指将一种学习中获得的具体化的、特殊的经验直接迁移到另一种学习中去。

二、学习迁移理论 >>>>>>>>>>>>>>>>>>>>>>>>>>>>>>>>

（一）早期的迁移理论

1. 形式训练说

形式训练说是以官能心理学为理论基础的。官能心理学认为，人的心智由意

> **学习迁移：**
> 一种学习对另一种学习的影响，或已习得的经验对完成其他活动的影响。

> **正迁移：**
> 一种学习对另一种学习起到积极的作用。

> **负迁移：**
> 两种学习之间相互干扰、阻碍。

📝 学习笔记

[①] 施良方：《学习论——学习心理学的理论与原理》，464 页，北京，人民教育出版社，1994。

志、记忆、思维和推理等官能组成，各种官能可以像肌肉一样通过训练增强力量。所谓迁移，就是心智的官能通过训练得到发展的结果。

另外，一种官能的改进会加强其他的官能，这就是形式训练说。人们通过特定课程的学习，如拉丁文、几何，可以使思维具有逻辑性，从而大大提高心智。

2. 共同要素说

共同要素说的理论基础是联想主义，是桑代克 20 世纪初提出来的。所谓迁移，就是将先前学习任务中获得的特定行为应用于新的任务。两项学习任务中特定行为间之所以发生迁移，是因为它们之间有共同的元素，也就是共同的刺激—反应联结。在教学上，应该把幼儿学习课程分析成特殊的行为，并按从低到高的顺序来进行教学，这样在学习更高级的技能之前，较低级的技能已经学过了。

3. 概括化理论

概括理论由贾德(1908)提出。他对桑代克的共同要素说提出了批评。他认为，迁移的重要条件是儿童能够自己概括出一般原理，并将其运用于相应的情境中。为了使儿童能够迁移，应该把重点放在让儿童思考可能被泛化到各种新情境中的那些特征上。

贾德做了一个实验：让两组被试对放在水下的目标掷标枪。在开始实验前，他向实验组被试解释折射原理。开始实验时，目标物放在水下 12 英寸(1 英寸≈ 2.54 厘米)处，两组被试表现相当。也就是说，关于折射作用的知识在这时没有什么价值。随后，把目标物放在深水处，在接下来的尝试中，实验组被试的中标率明显高于控制组。这说明实验组被试已经将折射原理概括化，从而对不同深度的目标物做出调整和适应，把原理运用到了实际情境中。

4. 转化理论

转化理论来自格式塔心理学家苛勒的研究。所谓学习迁移，实际上是一个转化或关系转化的问题。在他看来，一种情境中的"手段—目的"的整体关系，是迁移的基础。

换言之，产生迁移的原因并不是两种情境之间存在相同的要素，而是两者之间存在相同的关系或完形。

共同要素说：
两项学习任务中特定行为间之所以发生迁移，是因为它们之间有共同的元素，也就是共同的刺激—反应联结。

概括化理论：
迁移的重要条件是儿童能够自己概括出一般原理，并将其运用于相应的情境中。

案例

乡土教育活动：家乡的大米

一、活动目标

1. 知道大米是怎么来的，米能够制作成许多好吃的东西。

2. 知道水稻是家乡的主要农作物之一，感受粮食的来之不易，体验农民劳动的辛苦。

二、活动准备

联系好观察的地点，稻谷若干，古诗一首及相应的图片，幼儿收集的各种米制品。

三、活动过程

(一)看收割

1. 参观前谈话：秋天来了，田野里金灿灿的是什么呀？想不想去看一看？

2. 看收割：重点观察农民伯伯、阿姨劳动时的情景(观察收割机的工作过程)。

3. 参观后谈话：引导幼儿运用语言和动作来描述劳动者劳动的情景。

（二）读《悯农》

1. 启发导入：理解古诗的题目；图片辅助理解；学念古诗。

2. 引导讨论：这张图片说的是什么意思？农民伯伯在干什么？（感受农民的辛苦）

（三）金色的稻田

1. 带幼儿到稻田里实地观察水稻。教师可以和幼儿一起拾稻穗。

2. 绘画：拾稻穗。操作演示，幼儿创作。

（四）不浪费粮食

指导幼儿吃完自己的饭菜，不浪费一粒粮食。

（五）稻谷画

怎样用稻谷作画和装饰？幼儿创作：用稻谷和辅助材料进行自由创作。

（六）大米制品展览、品尝会

介绍自己带来的大米制品，说说是怎么制作的。相互分享大米制品。

5. 学习定势理论

学习定势理论是目前较为流行的理论之一。这种理论认为，迁移取决于通过练习而获得的定势或学习能力。学习定势理论的奠基人哈洛对猴子的学习进行了大量研究，结果表明，对某一种问题的练习，有助于解决另一种不同的问题。学习定势理论可以被看成转化理论的一种替代，它不认为是通过顿悟来解决新问题的。事实上，在哈洛看来，从一种情境迁移到另一种情境中的是一个人学会如何学习的能力。因此，学习定势是一种策略的迁移。

想一想
不同的迁移理论在教学指导中的作用有何不同？

（二）20世纪60至80年代的迁移理论

1. 能力论

把迁移解释为能力的提高，称为能力论。这个理论认为，旧经验是能帮助新学习的。从能力观点看，迁移发生的关键有两点，一是新学习中需要哪些能力；二是旧经验中已学到哪些能力。

2. 编码系统理论

布鲁纳强调编码系统对迁移的影响。他认为，迁移是指把习得的编码系统应用于新事例。正迁移就是把编码系统正确地应用于新事例，负迁移则是把习得的编码系统错误地应用于新事例。他认为迁移分为两种：一种是特殊迁移，是联想的延伸，指动作技能、机械学习的迁移；另一种是非特殊迁移，即原理和态度的迁移。他认为，后一种是教育过程的核心。掌握学科的基本结构、基本原理和概念，是通向有效训练迁移的重要途径。

3. 认知结构迁移理论

奥苏贝尔认为，一切有意义的学习都是在原有学习的基础上产生的，不受原有认知结构影响的有意义学习是不存在的。一切有意义的学习必然包括迁移，幼儿所获得的认知结构的组织特征，如清晰度、稳定性、概括性和包容性对学习迁移起着重要作用。

奥苏贝尔通过设计先行组织者来改变被试的认知结构变量，目的是为学习任务提供观念上的固定点，增强新旧知识之间的可辨别性，以促进类属学习。通过呈现先行组织者，在已有知识与需要学习的新知识之间架起一座知识之桥。

学习笔记

📝 学习笔记

4. 认知迁移理论

认知迁移理论具有以下两个基本假设。

①人类记忆是一种高度结构化的储存系统，是以一种系统的方式储存和提取信息的。

②知识结构的丰富性并非始终一致。所谓知识结构的丰富性，是指知识结构内各单元(如节点、命题等)之间相互联系的数量。

这个理论认为，迁移的可能性取决于在记忆搜寻过程中遇到相关信息或技能的可能性。在教学中，应呈现给幼儿最大范围的实例，并把这些知识应用于实际情况，以使幼儿了解课堂中习得的知识是如何应用的，它与真实的生活背景是如何联系的。

(三)20世纪90年代后的迁移研究

1. 产生式迁移理论

在问题空间方面，迁移是通过问题空间的类比实现的，即通过将已掌握的问题空间与新问题的空间相匹配，将原问题空间中的算子、关系或路径迁移到未知的目标系统中相应的算子、关系或路径中去。实际上，这种算子等规则即产生式，是有关条件和行动的规则，简称 C-A 规则。其中 C 代表行为产生的条件，是学习者工作记忆中有关的认知内容，而非外部刺激；A 代表行动或动作，既可以是外部反应，也可以是头脑中的心理运算。这个理论叫作产生式迁移理论。

类比能很好地解释简单的迁移任务，当新的情境比较复杂时，类比常常不能奏效。在认知技能方面，人们关心如何在新问题情境中使用已习得的技能。有研究发现，在教被试两种文本编辑器时，被试学后面的编辑器时比学前面的快。两种编辑器所共有的过程元素能预测迁移量。此外，两种任务的表面结构很不相同，但具有共同的抽象结构的文本编辑器，这些任务的学习之间有很大的迁移。迁移的影响因素有以下几个①。

①迁移量取决于实验情境及两种材料之间的相关。从一种技能到另一种技能的迁移量主要依赖两种情境的共有成分。如果两种情境有共同的产生式，或有产生式的交叉、重叠，就可以产生迁移。

②表征和练习程度是迁移产生的主要因素。不同领域的迁移各不相同，其共有成分的数量也不同。

③迁移量也依赖学习或迁移时注意的指向。教学中应该更加注重对已有技能的训练。

2. 产生式迁移的教学训练

产生式迁移出现在一个人用以前问题解决的经验来拟订新问题的解决方案时。现实教学中遇到的问题，一方面是一般问题解决策略的失败，另一方面是在解决新问题时没能意识到其与已有知识的相关性。在过去的几十年中，认知和教育心理学家在克服迁移障碍的研究方面取得了进展。问题解决迁移取决于以下几个因素。

(1)观念性理解

观念性知识的激活对于解决问题来说是很重要的。即使幼儿在一个特定的问题解决领域掌握了正确的观念性知识，他们在解决新问题时，也不是总能激活有

---

① 陈琦、刘儒德：《当代教育心理学》，116页，北京，北京师范大学出版社，1997。

用的知识。

(2)掌握特定领域的基本技能

有助于解决新问题的相关知识往往是自动化的基础，以程序的形式表征。自动化的基本技能在解决新问题时不需要重新学习，这样在解决新问题时可以有时间和心理资源去掌握新的技能，而且原技能和目标技能之间重叠得越多，迁移越有可能出现。

(3)掌握特定领域的策略

①有意识地自我评价。关于策略的训练，布朗曾在研究中比较学过自我评价策略的幼儿和没有学过自我评价策略的幼儿。结果表明，自我评价过程对迁移是十分重要的。鼓励学习者自我评价的方法主要有：记录他们为试图达到一个目标使用或不使用策略的结果；让幼儿独立解决一个问题，然后一起讨论，着重比较成功解决者和不成功解决者使用策略的不同。

②对策略有深刻的理解。知道为什么和如何使用策略，以及策略使用的条件。

③倾向于把成功归因为努力和策略的使用，让学习者愿意花时间寻找策略。

④倾向于排除干扰，可以有更多的、可用的认知能力对任务进行表征。

⑤需要陈述性知识。许多策略需要陈述性知识来补充。例如，在阅读中，陈述性知识有助于激活与现在所学相关的先前知识，以使新信息形成一个精致化的记忆结构。

资料库

如何激活观念性知识

1. 创造问题解决的情境：在解决问题时，与其相关的信息在问题情境中的编码比其他方式的编码更可能引发人们的回忆。当前情境提供的相关知识的线索越多，相关的知识越有可能被激活。

2. 教学应有固着点：教学应放在一个共同的情境中，这个情境足以让幼儿探索、明确和解决问题。

3. 认知学徒法：把幼儿放在问题解决的情境中。最初，教师给幼儿设置问题，给出解决方案，逐渐把解决问题的责任传给幼儿。认知学徒法是根据手工行业中师父带徒弟的方法设计的，学徒从学习开始就置身于问题解决的情境中。

三、促进学习迁移的教学方式及幼儿学习迁移的教育指导 >>

(一)促进学习迁移的教学方式

教授幼儿特殊领域的知识技能，既包括问题背景知识、相关的智慧技能等，也包括一般领域的技能，如解决问题的一般策略、元认知策略等，通过教学促进幼儿的学习迁移。

1. 传授基本技能

传授基本技能是促进迁移和解决问题的有效途径，这里有两种方法。

(1)掌握/自主学习法

掌握/自主学习法要求幼儿在解决高水平的问题之前，先熟练掌握解题所需的基本成分技能。幼儿必须完成一系列训练和练习，直到这些技能达到熟练程度。

学习笔记

(2)障碍排除法

障碍排除法可帮助幼儿获得解决问题的必要经验及乐趣，其基本思想是降低问题解决中的任务要求，特别是对基本技能的要求，以免过多耗费幼儿的心理能量。

资料库

理解教学的三种方法

1. 结构定向，指通过向幼儿提供可以直接操作的实物，帮助幼儿在熟悉的具体情境与抽象的概念之间建立联系，如数学教学中利用诸如计算棒之类的实物。

2. 生成技术，要求幼儿在自己已有的经验与要学习的知识之间建立联系。

3. 发现教学法，给幼儿呈现各种问题，要求幼儿找出问题的答案。

类比迁移：
幼儿将记忆中关于某一领域的已有信息迁移到有待解释的另一领域。

2. 理解教学

学习者是信息的主动加工者，必须尽力理解所学材料的意义。为促进迁移，教学方法应激发学习者进行有意义学习所需的内部认知过程，保证幼儿成功地选择相关信息，并在新知识之间建立内在联系。

3. 类比教学

类比教学是针对类比迁移提出的。类比迁移是指幼儿将记忆中关于某一领域的已有信息迁移到有待解释的另一领域，也就是利用自己已有的有关某一问题的解答方法来解决新问题。以已知问题为基点，以新问题为目标，基点与目标都包含表面特征(问题的特定文字或目标)与结构特征(问题中各成分之间的关系)。当基点和目标具有共同或类似的结构时，基点就成为一个类比物，尽管两者在表面上可能并不相似。

学习笔记

(二)幼儿学习迁移的教育指导

1. 影响幼儿学习迁移的主要因素

(1)幼儿原有的认知结构

原来的学习对后继学习的影响是比较常见的迁移方式，原有认知结构的可辨性、可利用性与稳定性会影响新的学习。

资料库

迁移对学习的影响

1. 学习需要的知识基础必须达到迁移学习的最低限度。

2. 理解性学习比死记硬背更能促进迁移。

3. 在多元情境而非单一情境中学到的知识更有利于迁移。

4. 从练习中获取的潜在主题和原理，包括时间、地点、原因和方法，可以灵活地应用。

5. 有些日常情境中的知识会阻碍幼儿后继的学习，把人的思维引向错误的方向。像"一块石头要比一片叶子落得快些"，但在真空条件下是不存在快慢之分的。

(2)先后两种学习任务之间的相似性

相似性主要是由学习任务之间含有的共同成分决定的，共同成分越多，任务越相似，迁移发生的可能性就越大。

(3)学习的心向与定势

心向与定势常常指同一现象，指先于一定活动而指向该活动的一种动力准备状态。定势对学习迁移的影响表现为两种：一是积极的作用，定势可以成为积极的、正迁移的心理背景；二是消极的作用，表现为功能固着，新的学习受先前对事物固定用途思维的局限。

2. 知识系统化可以促进幼儿的学习迁移

冯忠良认为，迁移的实质是新旧经验的整合，是经验的一体化现象。整合可通过以下三种方式实现。

①同化：把新的材料、经验或概念吸收入已有的知识中，使已有的知识丰富起来。

②顺应：学习者接收新的知识，改变原有的想法，对事物有了新的认识。

③重组：组合原有经验系统中的某些构成要素或成分，调整各成分间的关系或建立新的联系，从而将其应用于新情境。

对于幼儿而言，要使其对所学知识、技能和规范产生迁移，关键是让幼儿尽量做到知识的系统化。所谓知识的系统化，是指在向幼儿传授关于现实事物和现象的知识时，引导幼儿理解知识的简单联系和规律。

3. 为迁移而教

为迁移而教，就是让幼儿能举一反三、触类旁通，即教是为了不教。这里应注意以下两点。

(1)教给幼儿基本概念、原理

在学习过程中，要帮助幼儿形成一些简单的、初级的概念，将知识分类、归纳、比较，使之系统化，鼓励幼儿概括活动的经验。在教给幼儿基本概念、原理时，要提供有关概念、原理的各种实例，这样有助于幼儿接受、运用和巩固知识，并促进幼儿各种能力的发展。如果使用的实例不充分，则所学概念的概括性就可能受到限制。

图 14-5　三都水族自治县第一幼儿园

(2)帮助幼儿在问题情境与学习情境中找到共同要素

迁移至少有一部分取决于已有知识和新知识之间的共同要素。另外，为了实现迁移，即使有了共同要素，也必须提高幼儿对不同学习情境之间相似性的知觉能力。教学中要让幼儿有大量辨认各种情境相似性的机会。

案例导入评析

造成辉辉这种状况的原因，除他自身的因素外，与教师和家长在教育过程中过分重视他的外在表现、忽视对他内在动机的培养也有很大关系。引导幼儿学习，需要调动其学习的兴趣，重视过程的感受，不必过于重视结果，让幼儿体会到进步，增强其学习效能感。

学习动机与迁移是传统教育心理学的重要内容。教学中教师的期待会对幼儿的动机产生显著影响，教师应向幼儿表达积极的期望，认为幼儿都有能力学习。当然，激发幼儿对知识的兴趣，即内在动机，将更有助于幼儿的长远发展。有的学习迁移会自动地发生，而大多数迁移是有意识的，还涉及抽象过程。给予幼儿有关技能与策略的反馈，会使迁移更有可能发生。

幼儿园教师资格考试模拟测试

一、 选择题

1. 自我效能感理论的提出者是( )。

A. 班杜拉   B. 斯金纳   C. 奥苏贝尔   D. 华生

2. 小刘为了得到教师或父母的奖励而努力学习,则他的学习动机是( )。

A. 高尚动机   B. 内部动机   C. 外部动机   D. 低级动机

专题十四 云测试

3. 某幼儿认为学习成功是自己努力的结果,其归因是( )。

A. 内部的、不稳定的、可控的   B. 外部的、稳定的、可控的

C. 外部的、稳定的、不可控的   D. 内部的、稳定的、可控的

4. 下列情境中涉及内部动机的是( )。

A. 王老师对张华的数学测试成绩表示满意

B. 幼儿把当前的学习和国家的利益联系在一起

C. 老师表扬爱劳动的幼儿

D. 王佳每天独自听音乐

5. 与长远目标相联系的一类动机,具有较强的稳定性和持久性,可被称为( )。

A. 直接的近景性动机   B. 间接的近景性动机

C. 远景性动机   D. 直接的远景性动机

6. 根据韦纳的归因理论,属于稳定的内在原因的是( )。

A. 能力   B. 努力   C. 任务   D. 运气

7. 根据迁移的影响效果分类,迁移可以分为( )和负迁移。

A. 正迁移   B. 水平迁移   C. 一般迁移   D. 特殊迁移

8. 只有当学习情境和迁移测验情境存在共同成分时,一种学习才能影响另一种学习,才会产生学习迁移。这是( )的观点。

A. 形式训练说   B. 共同要素说

C. 概括化理论   D. 奥苏贝尔的认知观

9. 概括化理论,亦称类化说,由心理学家( )提出。

A. 桑代克   B. 布鲁纳   C. 贾德   D. 奥苏贝尔

10. "心智的组成成分是各种官能,它们遵循着用进废退的原则",这是( )的观点。

A. 形式训练说   B. 共同要素说

C. 概括化理论   D. 奥苏贝尔的认知观

二、 填空题

1. 成就动机理论认为,避免_____者倾向于选择非常容易或者非常困难的任务。

2. 个体对自己是否能够成功地进行某一成就行为的主观判断就是自我效能感,这个概念是由_____提出来的。

3. 在学习动机理论中,需要层次理论的代表人物是_____。

4. 奥苏贝尔认为,学习情境中的成就动机至少包括三个方面的内驱力,即_____、自我提高内驱力以及附属内驱力。

5. 个体的成就动机可以分为两部分:趋向成功的倾向和_____的倾向。

6. 马斯洛提出人有五种基本需要,其中最高级的是_____的需要。

7. _____也称"普遍迁移""非特殊迁移"，是将一种学习中习得的一般原理、方法、策略和态度等迁移到另一种学习中去。

8. _____与定势指同一现象，即先于一定的活动而指向该活动的一种动力准备状态。

三、简答题

1. 简述教学中促进学习迁移的方法。

2. 简述学习动机的种类。

3. 简述成就动机理论。

4. 简述形式训练说的基本观点。

6. 幼儿学习动机的主要特征是什么？

7. 韦纳的归因理论对实际教学的作用有哪些？

四、论述题

1. 结合教育教学实际分析如何激发幼儿的学习动机。

2. 试述归因理论及其教育价值。

3. 试述马斯洛的需要层次理论及其教育启示。

4. 结合实际谈谈如何在教学工作中促进学习迁移。

五、案例分析题

1. 在一次关于数概念的活动中，老师要求幼儿将活动手册左边的数字配对到右边相应的物体上，然后涂色。老师在教室里来回走动，检查他们的进度。发现小莲在涂色，老师问她为什么不先做题目，她小声说，自己不会。又发现小涛、小任和小道在搭积木，老师走到他们身边，说道："现在不是建构时间。""但是我们已经完成任务了！"小涛大声说。老师说："我要检查你们做得是否正确。如果都做对了，你们就可以在其他人之前玩积木。"

问题：各个幼儿的学习情况如何？分析他们的学习动机有什么不同。

2. 小王是一位有追求的年轻教师，在学习了《幼儿教育心理学》中有关学习迁移的内容后，决定在教学中进行尝试，可一时又不知从何处入手。

问题：请从理论与实践两个方面出发，给小王老师提一些有益的建议。

专题十五　幼儿园教师的心理健康与专业发展

学习目标

1. 了解教师常见的心理异常行为。
2. 知道教师心理健康的自我调适和社会支持。
3. 掌握建立和谐师幼互动的方法。
4. 知道新手教师和专家型教师的差异及如何缩小差距。

学习要点

1. 教师心理健康的现状与异常行为
　　教师心理健康在学校教育中的影响
　　教师心理健康的现状及反思
　　常见的教师异常心理及其成因
2. 教师心理健康的自我调适
　　心理的自我调适
　　职业的自我调适
3. 教师心理健康的社会支持
　　社会层面的防护
　　教育系统的支持
　　幼儿园环境的优化
4. 幼儿园教师的成长
　　从新手教师到专家型教师的成长过程
　　成长为专家型幼儿园教师的几个重要条件

案例导入

　　特级教师冯艳宏是一名优秀的幼儿园教师。刚工作时，冯老师在实习半年后带了一个比较难管的小中混合班。当时条件很艰苦，但是冯老师本着对幼儿负责的态度迎难而上。根据当时班上的情况，为了幼儿能早日形成良好的生活常规，她在日常活动中经常会编一些儿歌，如"挺起胸，抬起头，甩起胳膊大步走"，并通过简单的绘画形式来示范，要求他们表现出好的行为等。幼儿对冯老师这种自编的"边诗边画"的教学形式非常感兴趣。后来，她给自己订了一个计划：没有图片自己画，没有教材自己编，没有诗歌自己创，没有纸张地面练，缺少教师综合兼，时间不够回家干。经过全园教师的共同努力，"诗画"这种教学形式越来越成熟。诗画教学要求教师具备作画的娴熟技巧和看图编诗的敏捷思维。冯老师经过 10 年的时间成长为一名全国特级教师（专家型教师）。

　　问题：新手教师如何成长为专家型教师？

学习主题一
教师心理健康的现状与异常行为

　　教师对幼儿健康成长的重要性不言而喻，教师在向幼儿传授知识的同时，也在以自身的人格力量潜移默化地影响着幼儿。所以，教师的心理健康水平与幼儿健康的心理和健全的人格有着密切联系。

一、教师心理健康在学校教育中的影响 >>>>>>>>>>>>>>>>>

（一）对教师自身的影响

1. 心理健康有助于身体健康

　　心理健康与身体健康的关系极为密切。大多身体疾病是由心理因素导致的。自信、平和的心态有助于提高人的免疫力，有效地抵抗疾病的侵袭。

2. 心理健康有助于提高教师的工作效率

　　一个心理健康水平较高的教师，在智力、情感、意志和个性等方面都会有正常的、健康的发展，容易形成健全的人格，并能运用自己的智慧和才能去适应并改变客观环境，获得与环境的平衡，这样有利于教师的学习和工作，从而提高工作效率。

图 15-1　扎兰屯市师苑幼儿园

（二）对幼儿的影响

　　首先，教师的心理健康水平会影响幼儿的心理健康水平。其次，教师的心理健康水平会影响幼儿的知识学习。最后，教师的心理健康水平会影响幼儿个性的发展。幼儿具有强烈的"向师性"，所以幼儿的心理发展水平及健康程度与教师的心理发展水平及健康程度有着密切的关系。

资料库

教师心理健康的标准

1. 具有正常的智力。
2. 具有愉快的情绪，遇事能够多从正面分析、思考。
3. 具有良好的性格和融洽的人际关系。
4. 具有坚强的意志和坚韧不拔的毅力。
5. 具有一定的挫折承受力。
6. 具有独立学习、工作、生活的能力。
7. 能够勇于适应新情况、新环境。
8. 能够正确面对理想与现实的矛盾。

二、教师心理健康的现状及反思 >>>>>>>>>>>>>>>>>>>>>>>>>>

（一）教师心理健康的现状

学习笔记

教师的心理健康问题不容忽视。在我国，对教师心理健康状况的调查研究开始于 20 世纪 90 年代初，主要采用问卷调查法，通过水平测查，找出问题所在，并寻找解决办法。

（二）对教师心理健康现状的反思

1. 正确认识教师职业

教师首先是普通的人。与其他职业相比，人们对教师的角色期望较高，教师角色的社会角色定势较强。在以人为本的社会，我们应站在教师个体的角度来认真看待对教师的期望和评价。

2. 正确看待教师的心理健康问题

教师心理健康是教师个体心理系统自动调节的平衡化机制的正常运转，是一个不平衡—平衡—不平衡—平衡连续不断变化的动态过程。不平衡状态即所谓"不健康状态"，它是下一个平衡状态的起点，由此构成一个螺旋式上升的心理运动过程。教师心理健康问题的研究在本质上应与其他群体一样，不应加入职业要求的成分，师德问题也不应与教师的心理健康问题相混淆。

3. 教师心理健康的研究

心理健康可以说是一个很大的概念，我们难以把握它具体的内涵和外延。因而我们的研究思路可以转向更具体的微观方面：第一，调查者必须对心理测量、测量工具和施测群体有明确的认识，对其结果的评价和解释都要慎重；第二，心理测量应与其他研究方法相结合，尤其应与访谈等质性研究方法相结合；第三，调查的结果只是为我们提供了一个数量化的参考，研究者更多地需要据此进行进一步探讨和研究，着眼于问题的解决。

三、常见的教师异常心理及其成因 >>>>>>>>>>>>>>>>>>

(一)常见的教师异常心理

1. 反应过度问题

长期处于高压的工作状态，使教师不仅可能成为高血压、心脏病等身体疾病的高发人群，还可能产生过度的心理反应，具体表现为：一是行为偏颇；二是情绪异常；三是认知障碍，过大的压力会直接影响教师的智力功能，导致知觉狭窄和思维僵化、判断力和决策力降低等认知障碍。

2. 人际交往问题

良好的人际关系是心理良好发展、个性保持健康和生活具有幸福感的重要条件之一。激烈的竞争可能使教师的人际关系紧张。

3. 神经症

神经症是一种由心理因素造成的常见心理障碍，一般没有可以查明的器质性病变，但又确实有身体异常的表现。神经症的一般类型有神经衰弱、强迫症、焦虑症、疑病症、恐怖症、抑郁症等。神经症在教师群体中的主要表现为强迫症、焦虑症及神经衰弱等。

4. 心身疾病

心身疾病又叫心理生理疾病，是指与心理社会因素关系密切的躯体疾病。常见的教师心身疾病有冠心病、原发性高血压、消化性溃疡、紧张性头痛和偏头痛等。

> **心身疾病：**
> 又叫心理生理疾病，是指与心理社会因素关系密切的躯体疾病。

(二)教师异常心理的成因

1. 高压力的诱发作用

压力引起的一系列不适当的意识和行为是导致心理健康问题的主要原因。职业压力导致教师的不稳定情绪、消极行为增多，从而引发心理健康问题。教师职业具有高压力性，可以从以下几个方面来分析。

①教育直接关系着人才的培养，教师是教育成败的关键。社会大众对教师的要求和期望越来越高，势必会给教师造成巨大的心理压力。

图 15-2　新泰市羊流镇村办幼儿园

②当前正在进行的课程改革对教师提出了更高的要求，如教学方法、手段、形式等的更新，加重了教师的心理负担。

③由于学校管理不当而引起的与教师直接相关的问题，除了教师角色模糊和冲突以外，还有工作超负荷或不足。

2. 教师多重角色的冲突

在社会生活中，教师要扮演很多角色，教师作为社会提倡的价值楷模，是榜样的形象。然而教师也是普通的社会人、自然人，不断地在普通人和价值楷模之间进行角色转换，这可能会使教师的心理负担过大，因而对心理健康造成危害。

> **想一想**
> 教师的高职业倦怠会对幼儿学习产生哪些负面影响？

教师职业倦怠：
教师不能顺利应对工作压力时的一种极端反应，一种伴随长期压力而产生的情感、态度和行为的衰竭状态。

3. 教师的职业倦怠

教师职业倦怠是指教师不能顺利应对工作压力时的一种极端反应，一种伴随长期压力而产生的情感、态度和行为的衰竭状态。主要表现在三个方面：第一是情绪衰竭，是个体对压力的评估，表现为个体情绪和情感处于疲劳状态，工作热情丧失；第二是态度消极，涉及个体对他人的评估，表现为个体以消极的态度对待服务对象；第三是低个人成就感，涉及个体对自我的评估，表现为个体对自己工作的意义与价值的评价降低。

资料库

教师期望效应的研究

罗森塔尔等人对教师的期望效应做过一个经典研究。其步骤如下：

（1）对全班学生做一个所谓学习潜力的测验，实际上是普通的智力测验。

（2）随机在各班抽取少数学生。

（3）故意告诉教师，这些学生是班里最有发展潜力的。

（4）要求教师注意长期观察，但不要告诉学生本人。

结果，8个月以后，这些学生的学习成绩和智力确实比其他学生进步得快。这种由研究者提供的假信息所引起的教师对学生的期望，产生了自我预言效应。也就是说，教师会将这种期望或明或暗地传递给学生，学生也会按照教师期望的方向来塑造自己的行为。罗森塔尔借用古希腊神话中的典故，把这种期望的自我预言效应称为"皮格马利翁效应"。

期望效应的作用表现为：

一是营造心理气氛。为被寄予期望的学生创造亲切的、肯定的心理气氛。

二是提供反馈。教师通过交往频率、目光注视、赞扬等向学生提供不同的反馈。

三是输出信息。教师给被寄予不同期望的学生提供难度不同的学习材料，对问题做程度不同的解释、提示。

四是输入信息。教师给被寄予期望的学生提供提出问题的机会、听取学生回答的耐心程度不同，从而使学生获得不同期望的信息。学生继而进行归因，产生自我认知与自我评价，从而强化教师原有的期望。于是，被寄予高期望的学生会变得越来越好。

学习笔记

教师的职业倦怠问题不容忽视。教师职业倦怠对本人、幼儿和幼儿园都有很大的危害。一项调查表明[①]，幼儿园教师的职业倦怠状况不容乐观。具体表现为：在所调查的447位幼儿园教师中，2.9%的教师有严重的职业倦怠表现，59.5%的教师有比较明显的倦怠倾向，基本无倦怠的教师只占37.6%。处于严重倦怠状况的教师比例虽然较低，但59.5%的教师已有较明显的倦怠倾向，这不得不引起社会的重视。因此，采取积极有效的措施应对幼儿园教师的职业倦怠已刻不容缓。

教师劳动的特殊性造成的角色模糊是教师感到有压力、紧张和倦怠的根源，社会对教师的期望和评价与教师的付出不成比例，导致教师的低成就感。此外，教师工作的过度负荷也是职业倦怠产生的主要原因。消除和缓解教师的职业倦怠，需要个人、组织和社会的共同努力。

---

① 梁惠娟、冯晓霞：《北京市幼儿教师职业倦怠的状况及成因研究》，载《学前教育研究》，2004(5)。

学习主题二
教师心理健康的自我调适

自我调适指教师能够以自己内在的精神力量，克服发展道路上的种种困难和障碍，去调控心理矛盾、疏通心理情结、解决心理问题、矫正偏颇行为、抚慰感情创伤；同时能够"未雨绸缪"，进行积极的预防，提高自我心理免疫力、承受力和修复力。

一、心理的自我调适 >>>>>>>>>>>>>>>>>>>>>>>>>>>>>>>

（一）认知调控

认知是心理过程的基础。对心理健康的维护，自然离不开认知调控。具体包括以下两个方面。

1. 确立适宜的自我概念

自我概念是个人心目中对自己的印象，包括对自己的身体、能力、性格、态度等方面的认识。个体只有树立正确而稳定的自我概念，才能正确认识自己，客观评价自己，合理要求自己，并愉悦地接受自己的优点和缺点，不给自己设定高不可攀的目标。

> **自我概念：**
> 个人心目中对自己的印象，包括对自己的身体、能力、性格、态度等方面的认识。

2. 辩证地对待问题

（1）辩证地对待失败

得与失循环往复贯穿于人的一生之中。如果你能积极看待困难和压力，那么你所处的逆境将成为你人生发展的契机。

（2）辩证地对待压力

心理压力即精神压力，现代生活中每个人都有所体验。心理压力总的来说有社会、生活和竞争三个压力源。面对压力时应做到以下几点。

①接受现实，随遇而安。

②合理宣泄，缓解压力。

③审时度势，学会放弃。

④自得其乐，自我放松。

> **想一想**
> 充沛的精力和良好的情绪对幼儿学习有很好的促进作用，这是为什么？

（3）辩证地思考

任何事物都有两面性，压力有利也有弊。在审视、思考、评价自我或某一客观现实时，如果能以积极的心态去对待，看到积极的一面，就有助于克服困难，使人看到希望，充满信心，保持斗志。

（二）情绪调适

要学会调适情绪，与情绪成为朋友，而不是沦为情绪的奴隶。情绪调适具体包括以下三个方面。

1. 进行有效的情绪控制

教师的职业要求教师学会控制自己的情绪。情绪控制的方法很多，大体可从两个方面入手：一是控制可能发生的冲动行为；二是从认识上分析造成不良情绪的原因。

2. 合理宣泄不良情绪

不良情绪积累过多，且得不到适当宣泄，容易使心身紧张。因此，教师应该选择在合适的时候、以合理的方式宣泄自己的情绪。

3. 提高耐挫力和代偿满足

心理挫折是一种主观感受，教师要学会自我安慰、自我暗示、自我激励，发挥主观能动性来面对、承受、化解心理挫折，提高克服困难与应对挫折的能力。如果在学校无法获得心理上的成就感和满足感，教师可尝试到学校以外的地方去寻求，从而体会一种代偿性的满足。

图 15-3 利津县机关第二幼儿园

（三）行为改变

人要想改变自己，靠的是起于内而达于外的行为。行为改变具体包括以下四个方面。

1. 角色学习

通过角色学习来改变自己的行为，从而调适心理。角色学习可以减少或消除教学情境中的不确定因素，帮助教师减少教育教学中可能产生的情感焦虑和偏颇行为。

2. 提升自身修养

教师是知识的传播者，因此，不断接受继续教育，学习新的知识，就成为教师专业发展的必然之举。所谓"活到老，学到老"，就是这个道理。积极参加继续教育也是教师维护自身心理健康的一项重要措施。

3. 人际沟通合作

通过人际沟通合作来改变自己的行为，从而调适心理。进行人际沟通合作，既是教师寻求解决问题的有效途径，也是减轻压力、化解烦恼的重要渠道。

4. 锻炼身体

通过系统的身体动作行为来改变自己的行为，从而调适心理。人的身心具有不可分割的一体性特点，生理健康与心理健康关系密切，生理健康能促进心理健康。不过，教师在进行体育锻炼时应注意适时适量，不能过于疲劳而影响正常的工作和学习。

二、职业的自我调适 >>>>>>>>>>>>>>>>>>>>>>>>>>>>>>>

(一)构建和谐的师幼关系

心理学家指出,人类的心理适应就是对人际关系的适应,人际关系越和谐,人的心理健康水平越高。因此,教师要学会与人交际,善于与人交际,将自己和谐地融入各种人际关系之中,特别是师幼关系,以保证自我良好地适应教育教学,从而更好地教书育人。

幼儿是敏感的,他们能从教师的语言、语调、眼神中感受到教师是否喜欢自己,从而做出相应的反应。因此,教师应对幼儿有更多的耐心,以促进和幼儿的有效沟通。

(二)逐步丰富内心世界

教师的内心世界,即教师特有的内部心理环境,是指教师在工作与生活中所依托的内部心理状态,包括与生俱来的气质禀性以及后天形成的个性特点、教育人格等。因此,要想真正提高心理健康水平,教师必须丰富自己的内心世界,可从以下两个方面入手:一是营造教育心境,教育心境是教师在教育活动过程中产生的持久的和弥散性的主导情感状态,是教师内心世界的直接反映;二是自我心理童化,即保持一颗童心,是指教师在教育活动过程中自我心理状态的主动对象化、儿童化的过程。

(三)有效防止职业倦怠

教师在多重压力的作用下,身心疲劳和不良情绪日积月累,最终可能会突破心理承受的极限,产生职业倦怠。

要防止和消除职业倦怠,除了自我减压之外,教师还可以寻求专家帮助,进行相应的心理咨询或心理治疗。

✎ 学习笔记

学习主题三
教师心理健康的社会支持

教师本人注重维护和增进自己的心理健康是非常重要的,幼儿园、教育系统和社会也要为教师提供良好的外部环境和支持。只有在宏观和微观、外部和内部条件都满足的情况下,才更有利于教师的心理健康。

一、社会层面的防护 >>>>>>>>>>>>>>>>>>>>>>>>>>>>>>>>

(一)社会支持监测系统

教师是社会人,对于教师心理健康的维护,首先要建立起社会支持监测系统,其内容包括以下两个方面。

1. 社会体制的支持

教师心理健康的维护是一项极为重要的社会工程，教师心理健康的维护，尤其离不开社会的支持，譬如相应的扶持政策、物质保障条件、社会舆论导向等。

2. 专业机构的支持

教师心理健康的维护又是一项要求极为严格、操作极为专业的科学工程，自始至终离不开专业化力量的支持，譬如心理健康维护的专业人员，心理教育、辅导、咨询、治疗的专业机构等。

（二）多维减负减压机制

过重的负担和过大的压力是心理健康问题产生的外部根源。因此，要想维护教师的心理健康，必须建立以社会减负减压为前提、以教育减负减压为核心、以指导教师自我减负减压为根本的多维减负减压机制。

二、教育系统的支持 >>>>>

教师是"从教"的人，也是"教师教育"的产物，教师的心理健康问题集中体现在对教育情境的适应和对教学岗位的胜任上。因此，学校有责任建立教育培训体系，具体包括职前教育培训、岗位适应培训等，使教师能够适应教育情境、胜任教学岗位。

三、幼儿园环境的优化 >>>>>>>>>>>>>>

幼儿园环境包括人文环境和自然环境。人文环境包括幼儿园里的人际关系、管理方式、激励机制和目标任务等，自然环境包括教师的工作条件、幼儿园设施和卫生绿化等。人文环境和自然环境都对教师的心理健康有一定的影响，其中人文环境对教师的心理健康影响更大。因此，幼儿园应加强校园人文环境的管理和建设。

首先，园长要端正领导作风，树立民主平等的观念，实行以人为本的管理，多采取激励的措施，调动教师的积极性。

其次，幼儿园内部应建立健全有效的激励机制和竞争机制。对教师实行科学、规范、客观、准确的考核与评估，以调动教师的工作积极性，提高工作效率，给教师提供各种体验成功的机会，以促进教师的心理健康发展。

最后，幼儿园还要创造条件，改善教师与教师之间、教师与幼儿之间的关系，及时处理和化解各种人际冲突和纠纷，使每个教师都拥有良好的人际关系，从而愉快地工作、生活和学习。幼儿园应积极倡导和经常开展丰富多彩的文体娱乐活动，丰富教师的业余生活，培养教师的高雅情趣，从而缓解教师的心理压力。

图 15-4 钦州市大垌镇小学中心幼儿园

🔗 **名人点睛**

学前教育不是婆婆妈妈的事，而是一门专门的学科，它有自己的理论体系，又是一门特别强调理论与实际相结合的学科。幼儿教育不是可有可无的，而是一项非常重要的工作。
——卢乐山

卢乐山简介

学习主题四
幼儿园教师的成长

一、从新手教师到专家型教师的成长过程 >>>>>>>>>>>>>>

（一）教师职业的发展过程

教师的职业发展一般经过六个阶段：阶段一，刚踏进学校的新教师即新手教师；阶段二，经过 1～2 年便是学徒期；阶段三，能够很好地胜任教学工作，成长为专业教师；阶段四，成长为专家；阶段五，那些能够正面影响课堂教学政策的教师，便是著名教师；阶段六，在教育领域做出过重大贡献，退休后仍能发挥余热者，便是退休/名誉退休教师[①]。

新手教师—学徒—专业教师—专家—著名教师—退休/名誉退休教师，这实际上是一个从低到高的阶梯，代表着教师一生的成长过程，大部分人只能走到最初几个阶段。

（二）专家型教师的成长

不断学习与成长，是教师职业的一个基本要求。

1. 新手教师和专家型教师

新手教师指刚走上工作岗位的教师或实习阶段的师范生。专家型教师指在研究和教学领域内有经验的和成果的教师。

2. 教师的成长阶段

教师在不同的发展阶段关注的焦点是不同的。教师的成长过程分为以下三个阶段。

（1）关注生存阶段

这个阶段的教师非常关心自身生存的适应性，很关心这样的问题：幼儿喜欢我吗？同事喜欢我吗？领导是否觉得我教得不错？

（2）关注情境阶段

当教师感到自己完全能生存时，就进入了关注情境阶段。教师开始越来越关注幼儿的发展状况，以及如何设计好一次活动的内容，关注班级大小、时间压力和备课材料是否充分等与教学情境有关的问题。

（3）关注幼儿阶段

这一阶段，教师开始考虑个体差异，认识到不同幼儿有着不同的情感需要，有些材料不适合某些幼儿。

总之，教师的成长过程实际上就是从新手教师到专家型教师的成长过程。

---

① ［美］费奥斯坦、［美］费尔普斯：《教师新概念——教师教育理论与实践》，王建平等译，311～313 页，北京，中国轻工业出版社，2002。

学习笔记

新手教师： 刚走上工作岗位的教师或实习阶段的师范生。

专家型教师： 在研究和教学领域内有经验的和有成果的教师。

想一想

专家型教师的基本素养包括哪些？

3. 新手教师与专家型教师之间的差异

(1)课时计划的差异

专家型教师的课时计划更多在头脑中进行，简洁灵活，并以幼儿为中心，有一定的预见性；而新手教师的课时计划更多着眼于细节。

(2)课堂过程的差异

①课堂规则。专家型教师制定的课堂规则明确，并能坚持执行；而新手教师制定的课堂规则较为含糊，有时不能坚持下去。

②吸引幼儿的注意力。专家型教师有一套完整的方法来吸引幼儿的注意力，而新手教师则在这方面有所欠缺。

③教材呈现。专家型教师通常以导入的方式将先前的知识与现有的知识联系起来，而新手教师对教材的呈现较为死板。

④课堂练习。专家型教师把练习当成检查幼儿学习的手段，而新手教师把练习当成必经的步骤。在辅导中，新手教师往往把握不准时间，或延时，或只顾自己关心的幼儿，忽略其他幼儿，或练习无反馈，把保持安静当成最重要的事。

⑤作业检查。专家型教师有一套检查幼儿作业的规范化、自动化的常规程序，而新手教师在这方面有所欠缺。

⑥教学策略的运用。专家型教师提的问题更多，并能给予反馈，也能根据幼儿的非言语线索来判断和调整教学，如对待幼儿的分心问题；而新手教师在这方面有所欠缺。

(3)课后评价的差异

专家型教师常讨论的是幼儿理解新材料的情况如何，很少关注课堂管理；而新手教师常关注的是自己对问题是否已解释清楚。

4. 如何缩小新手教师与专家型教师之间的差异

(1)训练新手教师

对新手教师备课的认知控制，主要通过教学策略训练进行，并具有积极的效果。以76名主修早期幼儿教育的学生为被试，将其分为8组在学校里见习。对实验小组进行认知控制训练，包括定向、模仿和复述。结果表明，受过教学策略训练的学生，其教学效果比较好。

(2)对教学经验的反思

反思性实践或反思性教学对教师的成长十分重要。一个教师成长公式是：经验＋反思＝成长。如果教师满足于获得经验而不对经验进行深入思考，那么其发展将受到极大限制。皮特森指出，正是教师专业知识的质量和反思能力使他们成为专家型教师。

(3)外部支持

①合作教师。将新手教师安置到那些经验丰富，而又肯于指导的合作教师的班上，使新手教师得到支持、指导和反馈。

②指导教师。安排指导教师帮助新手教师把教学实践与各种基础知识联系起来，形成关于教学的有效图式。

总之，教师是育人者，也是学习者，更是自我教育者和研究者。

二、成长为专家型幼儿园教师的几个重要条件 >>>>>>>>>>>>

学习笔记

（一）加强职前和职后培训

职前教师教育课程存在的问题包括：第一，备课时间不足；第二，课程内容相互脱节；第三，教学缺乏创意，以讲授和记忆为主；第四，课程内容浮浅，教学研究缺乏深度。

教师在走向岗位之前，应加强理论学习，了解一些哲学传统：一是学术性传统，强调教师的学科知识及促进幼儿的学习能力；二是社会效率传统，强调教师把通过研究获得的有关知识创造性地应用到教学实践中的能力；三是发展主义传统，强调教师根据幼儿的直接经验进行教学的能力；四是社会重建主义传统，强调教师分析社会环境的能力，为学校教育、人类生存状态的提升做努力。

教师走向工作岗位后，就成了一线教师。职后培训包括以下四种情况[①]：第一，以学习者为中心，把学习环境建立在学习者的力量、兴趣、需要的基础之上；第二，以知识为中心，学习学科教学法；第三，以共同体为中心，鼓励合作研究、教研；第四，以评价为中心，学会反思与评价。

资料库

建立和谐师幼互动的初步构想

师幼互动是指教师与幼儿之间的相互作用，是幼儿园人际关系的核心。亲密、矛盾和依赖是师幼相互作用和影响的主要方面。互动过程可看成教师与幼儿之间的一种社会交往，具有相对明确和固定的模式，可表达为迎接、确立一种对话关系、进行教学任务、确定关系以及分离。为建立和谐的关系，教育者要做到：

（1）改变教学理念。从偏重关注事务到兼重关注情感；从教师单一主导到师幼双重主体；从严格控制约束到适度自主自由；从谋求整齐划一到崇尚个性差异。

（2）具备良好的职业态度。这意味着教师对责任感和勤奋工作有积极的态度。

（3）体现好的教学风格。教师在正规的教学中强调所教的课程，引导幼儿学习课程的内容。教师在非正规教学中强调的是幼儿，在教学中满足的是幼儿的需要。实际上，教师应会同时使用多种教学方法。教师与幼儿的高频次谈话、教师的高创造性是十分重要的。

（4）灵活使用不同的教学方法。如果教师的思想过于僵化，或坚持认为自己的方法是正确的，那些怀疑自己的人都是错的，就会剥夺幼儿许多可能的学习经验，并对幼儿的发展不利。从教师的角色来说，幼儿园教师应该是家长代理人、知识传授者、教导者、辅导者、计划与决策者和评估与纪律维护者。

（二）具备一定的教育监控能力

教育监控能力，指教师为完成预定的教育目标，在教育过程中将自己所进行的教育活动和行为本身作为意识的对象，不断地进行计划、监察、反馈、评价、反思和调节。

元认知理论强调教师教育监控能力的重要性。教师的教育监控能力越强，教育教学的效率就越高，这样就越能促进幼儿的学习与发展。

---

① 庞丽娟：《教师与儿童发展》，238页，北京，北京师范大学出版社，2001。

（三）提高自我效能感

教师的自我效能感主要包括以下几点①。

①在认知和情感方面，教师对自己所从事工作的价值的认同，以及对教师主体的主观判断和自我把握。

②教师对自己教育能力的信念。

③教师在教育活动中对自己的主体性、积极性和创造性的认识。

提高教师的自我效能感，应注意以下几点。

①积累成功的教学经验。

②通过观察学习或想象那些和自己能力接近的教师的教学，能够提高自我效能感。

③重视他人的言语劝说和评价，特别是鼓励。

④保持良好的情绪和生理状态。

（四）要适应 E-learning 时代的挑战

随着信息技术的迅速发展，出现了 E-learning 时代。因此，教师的作用不应该减弱，而应该加强。在 E-learning 时代，幼儿的学习资源得到极大丰富。教师不仅是幼儿信息的提供者，而且是幼儿信息学习的引导者、信息筛选与组织的指导者；教师不仅是幼儿学习的评价者，而且是幼儿学习过程的设计者、学习问题的诊断者和帮助者。专家型幼儿园教师应该积极应对新技术时代带来的新挑战。

（五）教师要转换角色

幼儿园教师要成长为专家型教师，必须适应现实教学改革的新形势，转换教师的角色，包括以下几点。

①从传授者到促进者。教师要为幼儿的学习创造材料丰富、气氛和谐的环境，激发幼儿的求知欲和好奇心，允许幼儿在探索中犯错误，让幼儿在发现中学习。

资料库

教学的八条建议

1. 新学期开始，尤其是对于更换了教师和教室的班级来说，新接手的教师不要急于给幼儿提要求、立规矩，应该把与幼儿建立亲密关系放在第一位，熟悉了解幼儿，并帮助幼儿熟悉教师，熟悉新的班级环境。

2. 针对班上的个别幼儿，可以向原班级的教师了解情况。如果原班级教师的评价与自己观察到的结果不一样，要反思原因，避免产生偏见。

3. 如果教师因为个人原因或偏见产生移情，要马上进行反思，必要时可以寻求心理专业人士的帮助；也可以将自己的问题告知领导或其他同事，请他们帮助提醒自己。

4. 教师要时刻提醒自己：幼儿是独立的个体，他们有自己选择的权利。

5. 当教师对幼儿的一些行为无法引导和处理时，不要试图尽快解决问题，可以先听听同事的意见和家长的反馈。

---

① 陆宏、庞守兴：《基于网络的教学研究》，载《中国远程教育》，2000(4)。

6. 当幼儿的一些行为让教师的情绪失控时，建议教师先进行自我反省，问问自己：幼儿为什么会让我生气？也许幼儿恰好让教师看见了童年的自己。这个时候要处理的不是幼儿的问题，而是教师自己童年的创伤。

7. 永远不要认为教师就是万能的，也不要因为自己见的学生多，就认为自己可以解决一切问题。每个学生都不一样，他们来自不同的家庭，成长在不同的环境中。

8. 教师要避免教育的盲目性和过度感性。

②从控制者到引导者。教师的任务不在于消极地禁止幼儿做一些事情，而在于如何把幼儿的各种行为和活动转化为教育资源，意识到幼儿是一个完整的生命个体，引导幼儿积极参与、主动思考、善于发问。

③从独白者到对话者。学习活动人人参与、人人平等，师幼之间平等对话，教师与幼儿一起参与到活动中去。

④从教学者到研究者。自 20 世纪 60 年代，教育界便开始呼吁"教师即研究者"。传统的教师关注是否完成了教学目标，很少对动态的、偶然的课堂因素进行反思。新时代要求教师参与行动研究，在教育理论与教学实践之间建立一座沟通的桥梁，最终走向研究发展之道，成为真正的专家型教师。

案例导入评析

特级教师冯艳宏是从新手教师成长为专家型教师的典型例子。新手教师除了需要扎实的理论功底，还需要在实践中勇于创新，结合心理学和教育学的理论解决现实中幼儿学习的问题。新手教师还要结合自己的特长，钻研学科教学问题，形成具有个人特点的教学技能，既能在一线带班，又能带好班，还能为同学科的教师进行教学培训。在目前教学和科研相结合的发展背景下，教师还可以写些论文或编写些教案发表。

教师心理健康的现状是令人担忧的，学校应帮助和引导教师进行心理健康的自我调适，包括心理层面和职业层面。教师心理健康也需要社会的支持，包括社会层面的防护、教育系统的支持以及学校环境的优化等。幼儿园教师的成长，意味着每一位一线从业者都要不断学习理论，加强教学反思。

幼儿园教师资格考试模拟测试

一、选择题

1. 常见的教师异常心理不包括(　　)。

A. 反应过度问题　　　　　B. 人际交往问题

C. 心身疾病　　　　　　　D. 抽烟、酗酒

2. "教师开始考虑个体差异，认识到不同幼儿有着不同的社会和情感需要"。这是教师成长过程中的(　　)阶段。

A. 关注生存　　　B. 关注情境　　　C. 关注幼儿　　　D. 关注情感

3. 幼儿园人际关系的核心是(　　)。

A. 师幼互动　　　B. 和平相处　　　C. 友好互助　　　D. 教师期望

学习笔记

专题十五　云测试

二、填空题

1. 不平衡状态即所谓"不健康状态"，它是下一个平衡状态的起点，由此构成一个_____上升的心理运动过程。

2. 教师的职业倦怠主要表现为：情绪衰竭、_____、低个人成就感。

3. 期望效应的作用包括制造心理气氛、提供_____、输出信息、输入信息。

三、简答题

1. 教师健康的心理在幼儿园心理健康教育中有哪些价值？

2. 教师产生异常心理的原因有哪些？

3. 教师职业发展的过程包括哪几个阶段？

4. 建立和谐的师幼互动的初步设想有哪些？

5. 面对犯错误的幼儿，教师应该怎么做？

四、论述题

1. 结合实际谈谈教师针对心理健康问题应该如何自我调适。

2. 结合实际谈谈如何缩小新手教师与专家型教师之间的差距。

3. 谈谈幼儿园教师该如何在教学实践中实现专业成长。

五、案例分析题

1. 王老师是去年毕业来到幼儿园任教的。刚上班时，他的工作热情特别高，积极主动地做好组织管理工作。但在给大班组织了几次活动后，有的幼儿叫他"噢老师"。因为他每讲一句话就会"噢"一下，如"今天噢，大家一起进行了一个美术活动噢。大家先拿出我们的画笔，认真听老师讲噢。"被幼儿提醒后，王老师开始注意自己的语言，但有时难免会带出一两个。有的幼儿就是不体谅他，弄得他越来越怕跟孩子们在一起。每天备课时也很焦躁，觉得自己备不好课。有一次，在超市买东西，看见自己班上的孩子也在超市，他就转身逃走了。

问题：作为新手教师，王老师在教学中出现了什么心理问题？

2. 一天早上，陈一航蹦蹦跳跳地走进教室。在搬椅子时，他发现旁边小朋友的椅子上有一本书没有收好，便大声喊道："余老师，这儿有一本书没有收。"余老师笑着说："那就请你把它送回去，好吗？"他高兴地把书放回了图书角。由于陈一航平时吃饭、睡觉、上课、活动无不让老师费心，因此余老师一直盯着他送书的过程，生怕他把书放到别处去。当他把书放到书柜前，正想顺手往里面一扔时，余老师赶紧说："谢谢你，你帮了我一个大忙，要不等会儿我还得自己把书整理好。"他听后连忙把书放整齐，离开书柜后，还不时地回头看看书本是否会掉下来。

余老师被陈一航的这个行为触动，立刻走过去，轻轻拍了拍他，说："陈一航，原来你这么会整理书啊，那你做'图书管理员'吧，把小朋友们没有收好的书都送到这里来收整齐。"他高兴地说："当然可以！我放书放得最整齐了！"之后的一个星期，在余老师的引导下，陈一航很用心地寻找没有收回的图书角的书，把书摆放整齐，在其他方面也进步了很多。

问题：试运用所学的教师职业道德知识对余老师的做法进行分析。